dtv

Reihe Hanser

Alle kennen Schiller aus der Schule. Im Gedächtnis sind allenfalls einige markige Sätze hängen geblieben: »Dem Mann kann geholfen werden« kommt locker über die Lippen, ohne zu wissen, dass es der Schlusssatz der »Räuber« ist. Doch Schiller hat deutlich mehr zu bieten als Pointen. Seine Bühnenstücke und Balladen strotzen vor Dramatik und Leidenschaft, seine Erzählungen und historischen Schriften haben bis zum heutigen Tag nichts an Kraft verloren. Denn der lebensfrohe und energiegeladene Friedrich Schiller, der verändern, Grenzen sprengen, freier leben wollte, ist – als Mensch und als Autor – so spannend wie vor mehr als 200 Jahren.

Christiana Engelmann studierte Germanistik und Anglistik in München und Manchester. Sie arbeitet als Literaturkritikerin für den Hörfunk und für Zeitungen und Zeitschriften; sie ist in der Erwachsenenbildung tätig und lebt mit ihrer Familie in München.
Claudia Kaiser studierte in Paris, Wien und München Germanistik, Kunstgeschichte und Philosophie. Sie schreibt für Fachzeitschriften und ist Mitautorin einer französischen Literaturgeschichte. Sie lebt mit ihrer Familie in München.
Peter Schössow, geboren 1953, lebt in Hamburg, wo er an der Hochschule für Gestaltung studiert hat. Er ist Umschlaggestalter für Bücher und einer der großen deutschen Bilderbuchkünstler.

Christiana Engelmann
Claudia Kaiser

Möglichst Schiller

Ein Lesebuch

Mit Bildern von Peter Schössow

Deutscher Taschenbuch Verlag

Zur Rechtschreibung in diesem Buch:
Die Autorinnen halten sich an die Regeln der neuen Rechtschreibung.
Die Texte Friedrich Schillers und Sonstiger werden nach den verwendeten
Ausgaben zitiert.
Alle Bildvorlagen stammen aus dem
Schiller-Nationalmuseum/Deutsches Literaturarchiv in Marbach am Neckar.

Originalausgabe
November 2004
2. Auflage April 2005
© 2004 Deutscher Taschenbuch Verlag GmbH & Co. KG,
München
www.dtv.de
© Illustrationen an den Kapitelanfängen: Peter Schössow
Umschlagbild: Peter Schössow
Karte: Achim Norweg, München
Gesetzt aus der Bembo 11/13·
Gesamtherstellung: Druckerei C. H. Beck, Nördlingen
Gedruckt auf säurefreiem, chlorfrei gebleichtem Papier
Printed in Germany · ISBN 3-423-62196-6

Für Jan und Severin
Christiana Engelmann

Für Bert
Claudia Kaiser

Inhalt

XI. **»Die Muse schweigt«**
Schiller benutzt und parodiert

I.
FRIEDRICH SCHILLER – EIN ZEITGENOSSE?

Friedrich Schiller und das 21. Jahrhundert

Würde man Friedrich Schiller, geboren 1759 in Marbach am Neckar, nach 200 Jahren Tiefschlaf in der Weimarer Fürstengruft wie im Märchen wachrütteln und im Alltag des frühen 21. Jahrhunderts aussetzen – er wäre uns ein seltsamer Zeitgenosse. Jugendliche würden ihn wahrscheinlich peinlich finden und gelassen abwinken, wenn er überschwänglich seine Gefühle zeigte.

Was soll man schon sagen, wenn Banknachbar Schiller einem einen Zettel rüberschiebt, auf dem steht: »Ich habe noch Mark für Jahrhunderte in den Knochen.«? Schillers Energie und sein Wissensdurst würden vielen auf die Nerven gehen, und ihm dagegen ihre Gleichgültigkeit und ihr Desinteresse. Soft skills, wie Schillers Talent zur Freundschaft heute ganz sachlich genannt wird, hatte er reichlich, doch müsste er seine offene und überschäumende Art schnell ablegen und sich eine coole Fassade zulegen. Helfen würde ihm dabei, dass er im Grunde schüchtern war.

Als junger Mensch wurde er von heftigen Selbstzweifeln geplagt: »Schon 23 und noch nichts für die Unsterblichkeit getan!« Höchst sonderbar wäre es für Studenten und Professoren heute, wenn Schiller flehte: »Nehmen Sie mich so, wie ich hätte werden können, wäre mir ein glücklicherer Anfang beschert gewesen«, aber »durch die wahnsinnige Methode meiner Erziehung und die Misslaune meines Schicksals bin ich« schwer benachteiligt worden. Wahrscheinlich würde der Professor dem sensiblen jungen Mann schnell einen Termin für die nächste Sprechstunde verpassen.

Wenn Schiller heute einem Dichterkollegen schriebe: »Liebster Durs, ich habe Sehnsucht nach einem edlen

Freund. Schickst du mir das Fahrgeld, dann steige ich in den nächsten ICE nach Berlin und es wird eine Freundschaft beginnen, wie es sie seit Jahrhunderten nicht gegeben hat. Lass mich noch deine Handynummer wissen, falls ich mich verspäte. Außerdem habe ich da noch einige Rechnungen offen ...« Höchst unwahrscheinlich, dass je eine Antwort käme. Bei Schiller hat es geklappt.

Großes Staunen würde es heute auch hervorrufen, wenn er als Dozent, so vehement und erfolgreich wie damals in Jena, bei heutigen Studenten Begeisterung für die Wahrheit, Lust am Denken und Enthusiasmus zur Verbesserung der Welt wecken wollte: »Ein edles Verlangen muß in uns entglühen, zum reichen Vermächtnis von Wahrheit, Sittlichkeit und Freiheit, das wir von der Vorwelt übernahmen und reich vermehrt an die Folgewelt wieder abgeben müssen.« So endete seine erste Vorlesung im Jahre 1789. Schiller ging immer von der unbegrenzten Bildbarkeit jedes Menschen aus und von der Pflicht zur Selbstvervollkommnung. Sie sollte nicht besseren Chancen auf dem Arbeitsmarkt dienen, sondern als Abenteuer des Subjekts, als Lust am klugen Selbstentwurf und als Verantwortung für die Gesellschaft und ihre Nachkommen verstanden werden. Und da würden ihn heute vermutlich nur wenige begreifen. Wenn er dann noch auf den großen Fragen beharrte, als Dichter auf dem gewählten Ton bestünde, nicht einfach so Ernstes und Unterhaltsames mischen wollte, dann wäre er fast ein hoffnungsloser Fall. Aber mit Sicherheit fände er wieder einen gleich gesinnten Kollegen, so wie damals den Geheimrat Goethe, mit dem er die Szene aufmischen und neue Impulse setzen könnte.

Mit den Frauen hätte er es auch nicht leicht. Sie würden ihn vollends verunsichern. Ein Frauenheld ist er zwar nie gewesen, aber wählen konnte er immer. Er müsste aber schnell umdenken, denn welche Frau möchte schon ihr Leben in den Dienst eines wenn auch noch so interessanten

Künstlers stellen? Ein Liebesgeständnis, wie es Schillers Verlobte Charlotte beglückte, würde bei der Empfängerin heute große Zweifel auslösen: »Deine Seele muss sich in meiner Liebe entfalten, und mein Geschöpf musst Du sein.«

Aber wie damals würde Schillers Zuversicht, auch bei Misserfolg nicht aufzugeben, die richtige Haltung sein. Zwar fand er, dass er im Leben von Anfang an zu kurz gekommen war, aber sein Vertrauen in seine Talente war groß. Viele hatten ihm am Anfang geraten seinen Traumberuf an den Nagel zu hängen und schnellstens den Brotberuf des Arztes wieder aufzunehmen. Doch Schiller war sich sicher, dass er zum Dichter geboren war. Auch heute würden ihm seine Disziplin und seine Ausdauer über jede Hürde helfen. Er lebte sein Leben radikal, ganz von Pflicht erfüllt – eine bemerkenswerte Leistung. Von der heutigen Genussfreudigkeit könnte er sich anstecken lassen, falls er es wollte. Einer Kur würde er zustimmen, aber Urlaub? Etwas Luxus und einige kleine Genussmittel würde sich der heimliche Gourmet gönnen. Vor allem aber wäre die medizinische Versorgung für ihn ein Segen! Schiller als kerngesunder Mann, fit bis ins hohe Alter. Wie sehr hätte man ihm das gewünscht!

Denn Schiller starb schon mit 45 Jahren. Bis dahin hat er sich trotz schwerer Krankheiten seine Jugendlichkeit aufs Beste bewahrt, sich bis zum Schluss mit Elan in neue Projekte gestürzt, gegen Ungerechtigkeit und Einschränkung gekämpft und den »Träumen seiner Jugend immer die Treue gehalten«. Sein beharrlicher Optimismus wäre auch heute der Königsweg: Mit dem bereits Erreichten hat er sich nie zufrieden gegeben und Mittelmaß abgelehnt. Sich selbst und das Gegenüber im idealen Licht zu sehen, immer die Möglichkeit des anderen mitzudenken, das muss es gewesen sein, was den Umgang mit ihm so angenehm gemacht hat. Daher verwundert es nicht, dass er den besten aller pädagogischen Leitsätze formuliert hat: »Man muss können, was man will.«

Da wir Schiller aber nur in seinen Texten begegnen, verläuft das Gespräch mit diesem bemerkenswerten Zeitgenossen aus dem 18. Jahrhundert über seine Dramen, Gedichte, Balladen und Briefe. Seine Dramen beispielsweise erleben den Zeitsprung allabendlich auf deutschsprachigen Bühnen: Die Räuber in Lederkluft auf Motorrädern an der Tankstelle, Luise als magersüchtiges Mädchen im Unterrock, Karlos ein hysterisch zappelnder Punk, Johanna von Orleans eine kriegerische Emanze. Schillers Sprache, ihr hoher Ton, wird verschluckt, gebrüllt oder übers Mikrofon ins Publikum geschleudert. Verschenkt. Annäherung an Schiller im Geist der Zeit. Ohne die Verzerrungen der Gegenwart wäre erkennbar, wozu die deutsche Sprache fähig und dass sie fast schon eine Fremdsprache für uns ist.

Ebenso sind in Schillers Werken die großen Themen verarbeitet: Freiheit und Abhängigkeit, Verstrickungen von Macht und Ohnmacht, große Gefühle wie Freundschaft, Liebe und Leidenschaft und große Visionen und Ideale. Man lernt, wie man sich schützt vor Kleinlichkeit und Enge und vor dem Verfehlen der eigenen Ziele. In diesem Sinn lohnen Schillers Texte die schöne Anstrengung, und so ist er doch ein Zeitgenosse, der in vielem anders war als wir.

Also: Friedrich Schiller aus der Gruft geholt und sein Werk zum Leben erweckt!

II.
»WAS SIE ERSTICKEN SOLLTE, FACHTE SIE AN«
DICHTUNG AUS LEIDENSCHAFT

Heimliches Schreiben

Schiller hat das Dichten gelernt, wo es ihm verboten war: im Internat. In der Militär-Pflanzschule, gegründet von Herzog Karl Eugen. Natürlich durfte er hier dichten – aber nur das, was die Lehrer von ihm verlangten. Zum Beispiel ein Namenstagsgedicht für Franziska von Hohenheim, die Geliebte des Herzogs:

> Sie ist der Dürftgen Trost – sie gibt der Blöße Kleider,
> Dem Durste gibt sie Trank, dem Hunger Brot!
> Die Traurigen macht schon ihr Anblick heiter
> Und scheucht vom Krankenlager weg den Tod.
> (...)
> So wandelt sie dahin auf Rosenpfaden,
> Ihr Leben ist die schönste Harmonie;
> Umglänzt von tausend tugendsamen Taten,
> Seht die belohnte Tugend! – Sie! –
>
> O Freunde! laßt uns nie von unsrer Ehrfurcht wanken,
> Laßt unser Herz Franziskens Denkmal sein!
> So werden wir mit niedrigen Gedanken
> Niemalen unser Herz entweihn!

Das ist nur eine Kostprobe aus dem langen Huldigungsgedicht, das der Schüler 1778 im Alter von 18 Jahren schrieb und »Empfindungen der Dankbarkeit« nannte. Schiller probierte viele Stilrichtungen aus. Hier übte er sich treffsicher im schwülstigen Ton, der zu dieser Zeit üblich war, erfüllte die Erwartungen des strengen Herzogs und setzte sich in ein so gutes Licht, dass er in den nächsten Jahren Festreden halten durfte. Ein echter Erfolg in seiner Schülerkarriere, denn er hatte mit Verweisen und schlechten Noten ja auch schon einige Talfahrten erlebt.

Hat er das wirklich ernst gemeint, was er in dem Gedicht sagte? Die Geliebte eines tyrannischen Herzogs als Ausbund der Tugend zu feiern ist ja schon etwas merkwürdig. Aber manchmal war Schiller diplomatisch und passte sich an – zumindest nach außen. Vielleicht hat er sich mit dem Gedicht einen Spaß gemacht. Vielleicht aber empfand er die attraktive Franziska auch wirklich als Lichtblick in dieser kasernenhaften Schule, in der er sonst kaum Frauen zu Gesicht bekam. Heimlich schrieb er jedoch etwas ganz Anderes:

> *Spiegelberg.* (...) Wenn noch ein Tropfen deutschen Heldenbluts in euren Adern rinnt – kommt! Wir wollen uns in den böhmischen Wäldern niederlassen, dort eine Räuberbande zusammenziehen, und – Was gafft ihr mich an? – ist euer bißchen Mut schon verdampft?
>
> *Roller.* Du bist wohl nicht der erste Gauner, der über den hohen Galgen weggesehen hat – und doch – Was hätten wir sonst noch für eine Wahl übrig?
>
> *Spiegelberg.* Wahl? Was? nichts habt ihr zu wählen! Wollt ihr im Schuldturm stecken, und zusammenschnurren, bis man zum Jüngsten Tag posaunt? Wollt ihr euch mit der Schaufel und Haue um einen Bissen trocken Brot abquälen? Wollt ihr an der Leute Fenster mit einem Bänkelsängerlied ein mageres Almosen erpressen?

Das ist eine Szene aus dem damals hochmodernen Drama »Die Räuber«. Roller und Spiegelberg, die sich hier so verschwörerisch zusammentun und alle Gesetze brechen, gründen gerade ihre Räuberbande.

Als Schiller sein Drama schrieb, war er fast 20 Jahre alt und Lichtjahre vom Leben seiner Helden entfernt. Mit den »Räubern« flüchtete er aus dem Schulalltag. Der bestand in erster Linie aus Gehorsam, militärischem Drill und Lernen – aber der ehrgeizige Schiller war damit nicht zufrieden. Er hatte sich viel vorgenommen, sich geradezu mit Arbeit überladen in den letzten beiden Schuljahren

1779–80: Tagsüber saß er an der medizinischen Doktorarbeit, und nachts schrieb er heimlich sein revolutionäres Drama. Die Heimlichtuerei war ziemlich schwierig für ihn, denn beim Schreiben ging ihm das Temperament durch. Er gestikulierte wild, versetzte sich lautstark in die Rollen seiner Helden – und wäre einige Male fast erwischt worden.

Die Erzieher kannten ihn schon als begabten, aber schwierigen Jugendlichen. Die »Militär-Pflanzschule«, ab 1775 unter dem Namen »Hohe Karlsschule« zur Universität erklärt, war das Eliteinternat des Landes und ein pädagogisches Prestigeobjekt des württembergischen Herzogs. Ein eigenwilliger Kopf passte hier nicht hin. »Sklavenplantage« hatte der Dichter Daniel Schubart sie genannt: Ohne Ferien und abgeschottet von der Außenwelt verbrachte Schiller hier sieben Jahre in der verhassten Uniform. Sogar zum Essen marschierten die Jungen im Gleichschritt und das Anheben des Löffels zum Mund erfolgte auf Kommando des Aufsehers. Ihre Familien durften sie nie besuchen, dafür war sogar bei Todesfällen ein umständlicher Erlaubnisakt vonnöten. Der Schüler Schiller gehörte dem Herzog.

Wie ging Schiller damit um? Er schrieb darüber. Er schrieb über Unterdrückung, Macht und Gewalt – über alles, was er täglich erlebte. Ständig musste er Angst haben, entdeckt zu werden. Die Strafen im Internat waren drakonisch und brachen vielen Schülern das Rückgrat. Auch Schiller hat es mehrfach erwischt, von Stockhieben bis zum Arrest. Seine illegale Schriftstellerei aber gab er nicht auf: Er meldete sich krank und kam auf das Krankenzimmer. Teile seiner »Räuber« soll er buchstäblich beim Licht einer geklauten Kerze verfasst haben. Er schrieb nachts unter der Bettdecke oder am Tisch. Wenn der Herzog plötzlich im Schlafsaal auftauchte und seine Schüler kontrollierte, legte er schnell ein Schulbuch über die Seiten.

Schreiben, ein Dichter werden, möglichst noch ein be-

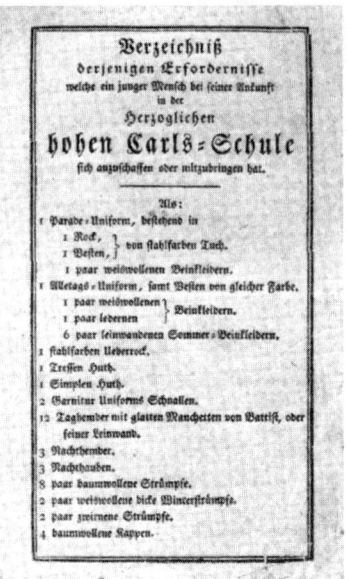

Reglement vor die von Sr. Herzoglichen Durchlaucht gnädigst aufge-
stellte Militarische Pflanz-Schule
Stuttgart: Cotta 1770

Verzeichnis derjenigen Erfordernisse
welche ein junger Mensch bei seiner
Ankunft in der Herzoglichen hohen
Carls-Schule sich anzuschaffen oder
mitzubringen hat

rühmter, war der Traum vieler Jugendlicher und geisterte auch in den Köpfen seiner Internatsfreunde herum. Mit Schriftstellerei konnte man etwas werden, auch wenn man kein Geld im Rücken und keinen Adelstitel hatte. Heimlich trafen sich die Eleven – also die Schüler – zum Lesen und Diskutieren verbotener Bücher. Literatur war damals eine wirklich aufregende Sache. In der Szene bewegten sich die hellsten Köpfe, die mutigsten und fortschrittlichsten Wortführer, die an dem herrschenden System rüttelten und die absolutistischen Fürsten am liebsten zum Teufel gejagt hätten.

Ein solch wagemutiger Wortführer war der Dichter Daniel Schubart. Der kritische Württemberger saß eine zehnjährige Gefängnisstrafe ab. Verhaftet wurde er wegen seiner satirischen Schriften. Schiller konnte ihn später einmal besuchen, als er schon aus der Schule entlassen und mit seinen »Räubern« bekannt geworden war. Die Freude auf der Festung Hohenasperg war groß, Schubart soll Tränen in den Augen gehabt haben.

Zu Schillers Internatszeiten wurde Schubarts Gedichtsammlung heimlich gelesen. Der kämpferische Schriftsteller imponierte den Schülern natürlich und wurde zum Idol der jungen Nachwuchsschreiber: besonders für den jungen Schiller – der später selbst als Dichter der Freiheit und des Tyrannenhasses in die Geschichte einging. Die Sammlung Schubarts gab den Anstoß für ein Jugendgedicht, das Schiller vermutlich um 1780 schrieb und »Die schlimmen Monarchen« nannte. Hier zwei Strophen daraus:

Traurig funkelt auf dem Totenkasten
Eurer Kronen, der umperlten Lasten,
   Eurer Szepter undankbare Pracht.
Wie so schön man Moder übergoldet!
Doch nur Würmer werden mit dem Leib besoldet,
   Dem – die Welt gewacht.
   (...)
Prägt ihr zwar – Hohn ihrem falschen Schalle! –
Euer Bild auf lügende Metalle,
   Schnödes Kupfer adelt ihr zu Gold –
Eure Juden schachern mit der Münze, –
Doch wie anders klingt sie über jener Grenze,
   Wo die Waage rollt!

Der Angriff gilt korrupten Herrschern, den Tyrannen und Ausbeutern ihres Volks. Schiller schickt sie aufs Altenteil, versenkt sie ins Grab, verspottet ihre glamourösen Leichen. Ihre Glanzzeit war kurz – wer triumphal log und betrog, wird heute von Würmern gefressen. Im Jenseits sind die noblen Verbrecher kleinlaut – aber auch im Diesseits müssen sie sich verantworten: vor den Dichtern, die vehement Anklage erheben:

Aber zittert für des Liedes Sprache,
Kühnlich durch den Purpur bohrt der Pfeil der Rache
Fürstenherzen kalt.

Diese fast expressionistische Sprache ist nicht leicht zu verstehen. Von gefährlichen Waffen ist hier die Rede: Worte sind Pfeile, Gedichte tödlich. Hütet euch vor meiner Rache! – so warnt der Autor die »schlimmen Monarchen«. Schiller wollte mit seinem Gedicht provozieren. Dichten allein schon bedeutete Opposition, Auflehnung gegen seine Ausbildung zum Mediziner und gegen den Herzog, der mit Literatur nicht viel im Sinn hatte. Und nun schrieb der begabte Junge, von dem sich Karl Eugen einiges erwartete, auch noch so etwas! Goethe nannte es »literarisches Faustrecht«, wenn man sich mit Dichten gegen jemand wehrte. Auch Schiller machte von diesem »Faustrecht« Gebrauch, und sein erster Schlag traf Herzog Karl Eugen, den Gönner und tyrannischen Übervater.

Im Dezember 1780 hatte Schiller die Schule beendet, 21 Jahre jung und voll Aufbruchsstimmung, und nichts lief so, wie er es sich vorgestellt hatte: wenig Geld, immer noch in Uniform, immer noch in Reichweite des Herzogs. Karl Eugen hatte ihn auf den niedrigsten aller möglichen Medizinerposten, ins berüchtigte Invalidenregiment, gesetzt! Wenn das eine gezielte Ohrfeige des Herzogs war, schlug Schiller zurück: Er wurde kein »Diener« des herzöglichen Hauses auf Lebenszeit, wie er es als Kind hatte geloben müssen. Professioneller Schriftsteller wurde er und noch dazu ein Dissident wie Schubart. Mit den »Räubern« vertrat er seine eigene politische Meinung in der Öffentlichkeit.

Doch es flog auf, dass Schiller gegen den Wunsch Karl Eugens dichtete und außerdem ohne dessen Erlaubnis die Aufführung seines Dramas in Mannheim besuchte. Im Juni 1782, ein halbes Jahr nach der Uraufführung der »Räuber«, erteilte ihm der Herzog Schreibverbot. Was für Schiller Berufsverbot bedeutete, denn er wollte ja Schriftsteller sein.

»Die Räuber«. Erstausgabe.

Der junge Autor war verzweifelt. Er schmeichelte dem Herzog, er fiel ihm in einem Bittbrief zu Füßen. Es ging um seinen größten Ehrgeiz, um seine Lebenslust und seine Existenz: »Ich weiß daß ich in der grosen Welt nichts gewinnen kann, daß ich in mein grösestes Unglük stürze; ich habe keine Aussichten mehr wenn Eure Herzogliche Durchlaucht mir die Gnade verwaigern solten ...« Der Herzog antwortete nicht. Aus der Traum, mit dessen »Erlaubniß Schriftsteller seyn zu dörfen«! Schiller verließ seine Heimat. Der Bruch zwischen Herzog Karl Eugen und Friedrich Schiller war endgültig.

Zwei Jahre später wollte Schillers Familie noch einmal vermitteln. Schiller wurde wütend. Er dachte nicht daran, für einen Hungerlohn wieder Arzt zu sein. Er wollte Dichter bleiben und hatte den Landesfürsten, der ihm gegenüber ohnehin nicht großzügig war, schon abgeschrieben. Jetzt akzeptierte er keinen anderen mehr über sich als das Publikum – und dieses wollte er keinesfalls enttäuschen. Sein Streit mit Karl Eugen war ein Skandal gewesen, den jeder mitverfolgt hatte. Er hätte also nur mit größtem Gesichtsverlust zum Herzog zurückkehren können! Oder mit Schillers eigenen Worten: Wie »sehr würde meine Ehre durch den Verdacht sinken, daß *ich* diese Zurükkunft gesucht – daß meine Umstände mich, meinen ehmaligen Schritt zu *bereuen*, gezwungen, daß ich die Versorgung, die mir in der grosen Welt *fehlgeschlagen*, aufs neue in meinem Vaterland *suche*«.

Schiller war nicht nur mutig, er war auch zäh und schaffte es, ein großer Schriftsteller zu werden. Man feierte ihn nicht nur in Deutschland, auch im Ausland begeisterte man sich für ihn. In Frankreich etwa, wo deutsche Literatur lange Zeit nicht hoch im Kurs stand. Aber selbst auf dem Höhepunkt seines Erfolgs beschrieb Schiller sein Leben als permanenten Kampf von Kindheit an: Kämpfen um Bildung, Beruf, Gesundheit, Ansehen.

Gelernt hatte er das schon in der Militär-Pflanzschule. Wollte man nach einer »Ursituation« suchen, die Schiller zum Dichter machte, gehört das sicher dazu: ein unterdrückerisches Schulsystem und ein Herzog, der ihm das Schreiben verboten hat. Solche Verbote spornten Schiller geradezu an und Hindernisse forderten ihn heraus.

»Leidenschaft für die Dichtkunst ist feurig und stark, wie die erste Liebe«, so der Autor selbst. »Was sie ersticken sollte, fachte sie an.«

Der Räuber Karl Moor: Schillers böser Bruder?

»Wenn Nordamerika frei wird, so ist es ausgemacht, daß ich hingehe. In meinen Adern siedet etwas – ich möchte gern in dieser holperichten Welt einige Sprünge machen, von denen man erzählen soll.« Als Schiller diese Sätze an eine Freundin schrieb, muss er sich sehr stark gefühlt haben, was nicht immer so war. Aber im Januar 1783 glaubte er, dass die Welt nur darauf wartete, von ihm erobert zu werden.

Ganz ähnlich Schillers berühmter Held Karl Moor. Dieser schillernde Charakter aus dem Drama »Die Räuber« ist aus demselben Holz geschnitzt: hochbegabt und ehrgeizig. Ein Abenteurer, den das Unerreichbare lockt. Ein jugendlicher Aussteiger.

Seine Kräfte messen, etwas Verrücktes tun, die gesellschaftliche Ordnung über den Haufen werfen – das sind die Themen der jungen Männer in den »Räubern«. Karl Moor steht im Mittelpunkt, er ist schlagfertig und voller Ideen. Seine Freunde bewundern ihn. Sein Bruder hasst ihn. Die Eifersucht des Bruders Franz auf den von allen geliebten Erstgeborenen ist Motor der Handlung. Franz steht immer im Schatten, während Karl alles hat: die Liebe des Vaters, die Sympathie der Diener, viele Freunde und Mädchen, die ihm hinterherlaufen. Als Karl auszieht, um zu studieren und sich die Hörner abzustoßen, wittert Franz seine Chance. Alles will er an sich reißen – den Vater, das Schloss, die Braut seines Bruders. Mit sadistischer Vorfreude malt er sich aus, wie er endlich Herr über alles ist und alle nach seiner Pfeife tanzen.

Aber Karl wird sein wildes Studentenleben leid und will wieder heim. Reuevoll wie der verlorene Sohn im Neuen Testament wendet er sich an den Vater. Er entschuldigt sich und ist ganz sicher, mit offenen Armen empfangen zu werden. Doch hat er nicht mit der Verschlagenheit seines Bruders gerechnet: Der unterschlägt nämlich den Bittbrief, liest dem Vater eine Fälschung vor und erzählt Schauergeschichten über Karl. Außerdem erschleicht er sich die Erlaubnis vom Vater, in seinem Namen zu antworten. Karl bekommt eine bittere Antwort: Verstoßen! Der Brief wird zum Wendepunkt seines Lebens. Statt mit dem Bruder und vor allem mit dem Vater zu reden, was einiges geklärt hätte, kehrt Karl dem bürgerlichen Leben den Rücken und wird Räuberhauptmann. Das kann nicht lange gut gehen, am Schluss ergibt er sich der Justiz. Auch die Daheimgebliebenen erwischt es schlimm: Franz stürzt über seine Intrigen und begeht Selbstmord, die Braut wird getötet, der Vater stirbt vor Kummer.

Eine Katastrophe! Dabei fängt alles so hoffnungsvoll an. Karls Charme ist nur schwer zu widerstehen. Zwar liebt er Randale und derbe Streiche, aber seine Ansichten sind immer originell. Originell und provokativ – so stellt er sich gleich beim ersten Auftritt vor:

> Pfui! Pfui über das schlappe Kastraten-Jahrhundert, zu nichts nütze, als die Taten der Vorzeit wiederzukäuen und die Helden des Altertums mit Kommentationen zu schinden und zu verhunzen mit Trauerspielen. Die Kraft seiner Lenden ist versiegen gegangen, und nun muß Bierhefe den Menschen fortpflanzen helfen.

Für Karl sind seine Zeitgenossen Nichtskönner, Nieten, schläfrige und impotente Spießer, die Heldentaten nur noch aus der Literatur kennen. Gemeint ist die ältere Generation. Moor beschimpft die Väter, die verweichlichten Rokokofiguren, die die Höfe und die Kunst überschwemmt haben mit ihrer Puder- und Perückenkultur. Er selbst ist jung und hat noch viel vor. Er wird den langweiligen Stubenhockern zeigen, wie man sein Leben in die Hand nimmt.

Karl Moor schwärmt und protestiert in der Sprache des Geniekults, in der Sprache des Sturm und Drang. »Sturm und Drang« hieß das zündende Drama, das der Jungautor Friedrich Maximilian Klinger fünf Jahre zuvor geschrieben hatte und das der Jugendbewegung zu Schillers Zeit den Namen gab. Der »Sturm und Drang« war sozusagen die »68er Revolte« im 18. Jahrhundert – genau 200 Jahre später, im Jahre 1968, gab es wieder so eine Protestbewegung. Der junge Schiller und seine Freunde hatten ihren Spaß daran, gesellschaftliche Spielregeln zu verletzen. Ihr Ideal war der große »Kerl«, das Genie. Genau das ist Karl Moor.

Und ganz ähnlich lebte der junge Autor selbst. Zumindest in der Stuttgarter Zeit, also 1782–83, in der er als Regimentsarzt immer noch in Diensten Karl Eugens stand. Sein Lebenswandel war berüchtigt: Er holte nach, was in der Karlsschule verboten war. Er spielte, rauchte, trank, besuchte regelmäßig Kneipen und fiel spät in sein Bett, das in einer verwahrlosten Junggesellenbude stand. Seine Freunde machten sich lustig über das »nach Tabak und sonsten stinkende Loch«, das er sich mit wechselnden Genossen teilte. Aus Geldmangel machte Schiller bald mit Wohngemeinschaften Erfahrung.

Seinen Karl Moor allerdings hat er weich gebettet. Karl von Moor lebt vom väterlichen Vermögen. Billigen Burgunderwein wie sein Autor hatte er nicht nötig. Es ist noch nicht lange her, dass er das Fleisch der ganzen Stadt aufkaufte, so dass Fisch im Preis stieg, die Leipziger notgedrungen fasteten und gegen die Stadtverwaltung protestierten. Das waren Jugendsünden – Moor zieht einen Schlussstrich unter sein bisheriges Leben. Aber ändert er sich wirklich? Seine Wunschfantasien lassen aufhorchen:

Ich soll meinen Leib pressen in eine Schnürbrust und meinen Willen schnüren in Gesetze. Das Gesetz hat zum Schneckengang verdorben, was Adlerflug geworden wäre. Das Gesetz hat noch keinen großen Mann gebildet, aber die Freiheit brütet Kolosse und Extremitäten aus. Sie verpalisadieren sich ins Bauchfell eines Tyrannen, hofieren der Laune seines Magens und lassen sich klemmen von seinen Winden. – Ah! daß der Geist Hermanns noch in der Asche glimmte! – Stelle mich vor ein Heer Kerls wie ich, und aus Deutschland soll eine Republik werden, gegen die Rom und Sparta Nonnenklöster sein sollen.

Wieder spart Karl nicht mit Vorwürfen gegen die angepassten Typen, die ihren Charakter genauso einengen, wie sie ihre Körper in »Schnürbrüste« zwängen, die für ihre Karriere alles tun und doch nicht weit kommen. Da blickt Moor ganz anders in die Zukunft: Ein Held will er werden, in die Fußstapfen germanischer Heerführer wie Hermann des Cheruskers will er treten, Deutschland befreien, eine Republik gründen. »Großmannssucht« werfen ihm seine Freunde später vor, zumindest ist er ein ganz fürchterlicher Angeber.

Wie kam Schiller auf diese Figur? Vielleicht wäre er als Karlsschüler selbst gern so stark und unabhängig, so draufgängerisch wie sein Held gewesen. Vielleicht hätte er lieber die Erzieher für ihre Schikanen beschimpft und dem Herzog seine Verbrechen vorgeworfen anstatt hymnische Festtagsreden zu schreiben.

Über seinen Dramenhelden reagiert Schiller einigen Schulfrust ab. Und er stellt hochbrisante Fragen: Welche Chance hat der Einzelne in der Gesellschaft? Ist er ohne jede Macht und Möglichkeiten oder kann er etwas bewegen? Wie weit kann, wie weit darf er sich entwickeln, was darf er sich nehmen? Mit diesen Themen beschäftigte sich Schiller sein Leben lang. Schon als Jugendlicher wollte er die engen Verhältnisse sprengen, in die er hineingeboren wurde. Er wollte mithalten mit den adligen Internatsfreunden und hatte ein Gespür für Aufstiegschancen: Als Schriftsteller konnte er Karriere machen.

Bei Moor dagegen geht alles schief. Das unterscheidet ihn von seinem »guten Bruder«, dem Autor. Moor gibt überraschend schnell auf, als ihm Steine in den Weg gelegt werden: Der intrigante Brief vom neidischen Bruder, die Nachricht, dass er zu Hause nicht mehr erwünscht ist, werfen ihn aus der Bahn. An der Spitze einer Räuberbande beginnt er ein neues Leben. Ab jetzt kann er tun und lassen, was er will.

Ein junger, gebildeter und reicher Mann als Räuber – das war für das damalige Publikum ein einschneidendes Theatererlebnis. So einschneidend und begeisternd, dass sich in einigen Gebieten Deutschlands Jugendliche in die Wälder zurückzogen, um genauso wie Karl Moor zu leben. Räuber als Beruf und ein Verbrecher als Vorbild! Da hat Schiller einiges bewirkt, womit er nicht im Mindesten gerechnet hatte. Und was ihm auch gar nicht so recht war. Er betonte immer wieder, dass er Karl Moor zwar zum Helden aufbaute, aber ihn auch wieder korrigierte und ins Gleis der Gesetze zurückführte. Doch die Zuschauer liebten gerade den »wilden« Karl: Ein moderner Robin Hood, der das, was er von den Reichen erbeutet, an Arme verschenkt, der Waisenkinder ernährt und arme Jungen studieren lässt, der sich seine eigene Moral zurechtgelegt hat, der man nur schwer widersprechen kann. Das bekommt auch der konservative Pfarrer zu spüren, der ihn zur Buße drängen will. Ihm rückt Moor den Kopf zurecht:

Aber hören Sie nun! so redet Moor, der Mordbrenner Hauptmann: Wahr ists, ich habe den Reichsgrafen erschlagen, die Dominikuskirche angezündet und geplündert, hab Feuerbrände in eure bigotte Stadt geworfen, und den Pulverturm über die Häupter guter Christen herabgestürzt – aber das ist noch nicht alles. Ich habe noch mehr getan. *(Er streckt seine rechte Hand aus)* Bemerken Sie die vier kostbaren Ringe, die ich an jedem Finger trage – gehen Sie hin, und richten Sie Punkt für Punkt den Herren des Gerichts über Leben und Tod aus, was Sie sehen und hören werden – diesen Rubin zog ich einem Minister vom Finger, den ich auf der Jagd zu den Füßen seines Fürsten niederwarf. Er hatte sich aus dem Pöbelstaub zu seinem ersten Günstling emporgeschmeichelt, der Fall seines Nachbars war seiner Hoheit Schemel – Tränen der Waisen huben ihn auf. Diesen Demant zog ich einem Finanzrat ab, der Ehrenstellen und Ämter an die Meistbietenden verkaufte und den traurenden Patrioten von seiner Türe stieß. – Diesen Achat trag ich einem Pfaffen Ihres Gelichters zur Ehre, den ich mit eigener Hand erwürgte, als er auf offener Kanzel geweint hatte, daß die Inquisition so in Zerfall käme ...

Moor sagt uns, es ist Zeit, umzudenken. Die Obrigkeit ist kriminell. Die Armen sind Opfer und die Räuber ihre Rächer. Natürlich war das Zündstoff und machte »Die Räuber« zur politischen Literatur.

Schiller hatte Glück, dass der Intendant Dalberg es wagte, das Stück in Mannheim aufzuführen. Auch hier durfte es jedoch erst auf die Bühne, als Schiller einiges entschärft hatte. Aber immerhin hatte Dalberg sich getraut, das revolutionäre Drama in seinem Theater zu spielen – und das trotz der Nähe zum mächtigen württembergischen Herzog Karl Eugen.

Für Schiller war das Risiko noch größer. Aber seine »Räuber« traten einen Siegeszug an, obwohl sie in einigen Ländern sogar verboten waren. Das alles am Vorabend der Französischen Revolution! Die Pariser Revolutionäre waren von »Monsieur Gille« begeistert. Die Nationalversammlung verlieh Schiller 1792 das französische Bürgerrecht. Er war geschmeichelt, beurteilte aber trotzdem die Französische Revolution mit ihren blutigen Hinrichtungen kritisch: »Ich kann seit 14 Tagen keine französischen Zeitungen mehr lesen, so ekeln diese elenden Schindersknechte mich an«, schrieb Schiller später einem Freund.

In den »Räubern« wird auch Moors Revolte verurteilt. Sosehr Schiller mit seinem Helden auch sympathisiert – für ihn geht Karl zu weit. Die Gewalt eskaliert, und die Räuber seiner Bande amüsiert es sogar, zu morden und zu vergewaltigen. Schiller lässt seinen Helden untergehen. Karl Moor verzweifelt:

> O über mich Narren, der ich wähnete die Welt durch Greuel zu verschönern, und die Gesetze durch Gesetzlosigkeit aufrecht zu halten. Ich nannte es Rache und Recht – Ich maßte mich an, o Vorsicht, die Scharten deines Schwerts auszuwetzen und deine Parteilichkeiten gutzumachen – aber – O eitle Kinderei – da steh ich am Rand eines entsetzlichen Lebens, und erfahre nun mit Zähnklappern und Heulen, daß *zwei Menschen wie ich den ganzen Bau der sittlichen Welt zugrund richten würden.*

Karl bereut sein Leben radikal. Er, der Religionsverächter, beugt sich unter die göttliche Vorsehung und er beugt sich den weltlichen Gesetzen. Rachsucht, so Moor, ist kein

Paris, le 10 Octobre 1792, l'an 1er de la République Françoise.

J'ai l'honneur de Vous adresser ci-joint, Monsieur, un imprimé revêtu du Sceau de l'État, de la Loi du 26. Août dernier, qui confère le titre de Citoyens françois à plusieurs Étrangers. Vous y lirez que la Nation vous a placé au nombre des amis de l'humanité et de la Société, auxquels Elle a déféré ce titre.

L'Assemblée nationale, par un Décret du 9. Septembre, a chargé le Pouvoir exécutif de Vous adresser cette Loi ; j'obéis, en vous priant d'être convaincu de la satisfaction que j'éprouve d'être, dans cette circonstance, le Ministre de la Nation, et de pouvoir joindre mes sentimens particuliers à ceux que vous témoigne un grand Peuple dans l'enthousiasme des premiers jours de sa liberté.

Je Vous prie de m'accuser la réception de ma Lettre, afin que la Nation soit assurée que la Loi vous est parvenue, et que Vous comptez également les François parmi vos frères.

Le Ministre de l'Intérieur
de la République Françoise
Roland

M. Gille Publiciste allemand

Praemissum

Ernennungsurkunde zum »Bürger von Frankreich«, 1792.

Nährboden für gesellschaftliche Veränderungen. Noch so ein Mensch wie er, und die ganze Welt gerät aus den Fugen. Ob er sich da nicht wieder überschätzt?!

Jedenfalls ist Moor ein Charakter, der Schiller brennend interessierte: der des »erhabenen Bösewichts«. Meistens sind es Männer, kritisch, risikofreudig und ihrer Zeit voraus. Schiller warnt aber auch vor ihnen: Er warnt vor falschem Ehrgeiz, vor den Verführungen der Macht. Mit seinem Drama rät Schiller, Gewalt nicht mit Gegengewalt zu beantworten, Gruppenzwänge kritisch unter die Lupe zu nehmen und sich nicht abhängig zu machen von so genannten Freunden. Nach dem Mord an seiner Braut Amalia verlässt Moor die Bande mit den Worten:

> Ich erinnere mich, einen armen Schelm gesprochen zu haben, als ich herüberkam, der im Taglohn arbeitet und elf lebendige Kinder hat – Man hat tausend Louisdore geboten, wer den großen Räuber lebendig liefert – dem Mann kann geholfen werden. *(Er geht ab).*

Hier ist er wieder, der originelle Typ, der Menschen um den Finger wickelt und mit dem Gesetz jongliert. Er will sich der Justiz stellen. Aber nicht direkt. Auf ihn ist ein Kopfgeld ausgesetzt, das Moor gern nutzen möchte. Also liefert er sich einem Tagelöhner aus, der die Belohnung gut gebrauchen kann. Sein »cooler« Abgangsspruch »Dem Mann kann geholfen werden« ist zum geflügelten Wort geworden.

Schiller wurde mit seinen »Räubern« über Nacht berühmt. Ein Zeitgenosse berichtet über die Uraufführung in Mannheim: »Das Theater glich einem Irrenhause, rollende Augen, geballte Fäuste, stampfende Füße, heisere Aufschreie im Zuschauerraum! Fremde Menschen fielen einander schluchzend in die Arme, Frauen wankten, einer Ohnmacht nahe, zur Thüre. Es war eine allgemeine Auflösung wie im Chaos, aus deßen Nebeln eine neue Schöpfung hervorbricht.« Heute kennen wir das aus Pop- und Rockkonzerten. Damals, im Jahre 1782, wurde Schiller zum Symbol des Freiheitskampfes. Von überall in Deutschland bekam er Fanpost, Einladungen und Geschenke. Die Mädchenherzen flogen ihm zu und begeisterte Leser wollten ihn unbedingt kennen lernen.

Der frühe Ruhm hatte aber auch seine Schattenseiten. Die »Räuber« verfolgten Schiller noch, als ihm sein Jugenddrama längst peinlich war. Später distanzierte er sich davon, fand es monströs, grell und voller Übertreibungen. Es half nichts, Schiller war für lange Zeit in einer Schublade gelandet: der Revolutionär. Traditionalisten trauten ihm nicht über den Weg. Und seine Fans waren manchmal enttäuscht, wenn sie ihm persönlich gegenüberstanden. Oder zumindest sehr »überrascht«, wie zum Beispiel eine seiner hilfreichen Freundinnen, als man ihr »einen blonden, blauäugigen, schüchternen jungen Mann vorstellte, dem die Tränen in den Augen standen und der kaum wagte, uns anzureden«. Vom »Räuber«-Autor hätte man wenigstens so etwas wie »rund geschnittene Haare, Kourierstiefel und eine Hezpeitsche« erwartet.

In seinen Erwartungen getäuscht sah sich damals auch Herzog Karl Eugen. Dieses Drama konnte er nicht durchgehen lassen. Das Verhältnis zu seinem Eliteschüler spitzte sich seit dem Sommer 1782 zu. Vielleicht war es sogar eine Art Machtkampf zwischen dem absolutistischen Herrscher und dem aufstrebenden Dichtergenie. Ein Machtkampf, den Schiller in Stuttgart nicht gewinnen konnte. Er flüchtete ins Ausland. Das Ausland begann damals schon jenseits der württembergischen Grenze, in der Kurpfalz, wo Mannheim mit einer der damals besten deutschen Bühnen lag. Hier war der Herzog bestenfalls ein mächtiger Nachbar und konnte ihm nicht mehr hineinreden.

Die waghalsige Flucht fiel auf den 22. September 1782. Schillers Freund Andreas Streicher hatte sie organisiert, er trug etwas Geld in der Tasche, und Schiller hatte zwei alte Pistolen bei sich, die eigentlich kaputt waren. Durch das Südosttor, das gerade der Schulfreund Scharffenstein bewachte, verließen sie Stuttgart. Gegen Mitternacht fuhr ihre Kutsche am herzoglichen Schloss vorbei. Ein Feuerwerk beleuchtete die höfische Kulisse und Schiller konnte in der Nähe sein Elternhaus sehen.

In der Kurpfalz konnte er erst einmal ruhig durchatmen. Bettelarm zwar und versteckt unter falschem Namen, denn hundertprozentig sicher fühlte er sich in seinem Asyl nicht. Gerettet von einer mutigen Freundin startete er von hier aus seine Dichterkarriere.

»Meine Knochen haben mir im Vertrauen gesagt, daß sie nicht in Schwaben verfaulen sollen«, so der Dichter als junger Mann. Nach Nordamerika hat er es zwar nicht geschafft – aber nach Weimar.

III.

»Eines Freundes Freund zu sein«

Freundschaften

Das 18. Jahrhundert ist das »Jahrhundert der Freundschaft«, als Freundschaft und offene Gefühlsbezeugungen Kult waren. Und mit der Freundschaftskultur blühte das Briefeschreiben. Verliebte und Freunde schrieben sich Briefe, auch wenn sie Nachbarn waren. Das heißt nicht, dass man sich aus dem Weg ging. Im Gegenteil: Gemeinschaft hatte einen hohen Wert, und man traf sich mehrmals wöchentlich zu geselligen Anlässen. Auch Schiller liebte Geselligkeit und das Briefeschreiben. Durchschnittlich fünf Briefe schickte er am Tag ab, berichten Biographen. Er war ein brillanter Briefeschreiber, der über sich und seine Zeit genau Auskunft gibt. Ohne Telefon und E-Mail lief alle Kommunikation über den Brief.

»Die Geschichte meines Lebens« hat Schiller die Geschichte seiner Freundschaften genannt. Ganz in diesem Sinn werden im folgenden Kapitel Schillers wichtigste Freundschaften als Etappen seines Lebens verstanden. Zugleich sind sie aber auch eine Chronik seines Erwachsenwerdens. Vom »Teeniedrama« über selbstverliebtes Schwärmen bis zu »reifen« Freundschaften reichte das Spektrum seiner Beziehungen. Schillers Talent bestand darin, an seinen Begegnungen im gegenseitigen Austausch zu wachsen.

»Was ich Gutes haben mag, ist durch einige wenige vortreffliche Menschen in mir gepflanzt worden, ein günstiges Schicksal führte mir dieselben in den entscheidenden Perioden meines Lebens entgegen, meine Bekanntschaften sind auch die Geschichte meines Lebens«, schrieb Schiller am 23. November 1800 an Charlotte von Schimmelmann.

Wunderschön gesagt, aber noch gewaltig untertrieben:

Ohne die *vielen* Freunde wäre er nicht weit gekommen, nicht im Leben, nicht in der Kunst, ja, nicht mal raus aus Württemberg. Sei es in Krisen, ob krank oder verschuldet, immer konnte er auf Freunde zählen. Oft musste er gar nicht erst fragen. Wohlhabende Gönnerinnen, Verleger, Kollegen, begeisterte Fans und lebenslange Vertraute tauchten im richtigen Moment auf. Zwar stand Freundschaft damals hoch im Kurs – ein wahrer Kult wurde in Briefen und Gedichten getrieben –, doch Schiller hatte in der Tat ein wahres Talent zur Freundschaft.

Schulfreunde

»Er war mein Busenfreund. Seine Seele schmolz in die Meinige«, schrieb er als Jugendlicher über einen neuen Freund. Gemeinsame Begeisterung für philosophische und politische Fragen brachte die Seelen zum Klingen. Schillers Talent, Freundschaften zu schließen und zu pflegen, war schon seinen Mitschülern an der Karlsschule aufgefallen. Eigentlich kein Ort, an dem Freundschaft gedeiht, könnte man meinen. Untertanen-Kompetenzen wie Gehorsam, harte Disziplin und Unterordnung wurden täglich eingeübt. Ein Klima von Misstrauen und Angst lag in der Luft. Das von Herzog Karl Eugen geforderte »Petzprojekt« ist nur ein Beispiel von vielen. Wir würden es heute Aufforderung zum Mobbing nennen. Karl Eugen ging geschickt vor und tarnte den Auftrag als Lernzielkontrolle. Nach vorgegebenen Kriterien hatten die Karlsschüler ihre Mitschüler zu charakterisieren: moralische Festigkeit, Gottesgläubigkeit, ihr Verhältnis zum Landesherrn, Disziplin, Hygiene, Fleiß, Interessen und Freundschaftsfähigkeit. Eine »janusköpfige« Einrichtung hat ein Schillerforscher die Karlsschule treffend genannt: Sie disziplinierte und kontrollierte die alltäglichen Bedürfnisse der Schüler bis in den Schlafsaal und lehrte zugleich im Sinne der Aufklärung zu denken. »Denkfreiheit und militärisches Reglement« gehen hier eine besondere Verbindung ein.

Diese »Anzeigen« gehören heute zu den ersten schriftlichen Zeugnissen Schillers überhaupt. Dass ihm die Aufgabe doch sehr unangenehm gewesen sein muss, ist im Vorwort nachzulesen, das der erst 15-Jährige im Herbst 1774 an seinen Landesvater Karl Eugen schreibt.

Durchlauchtigster Herzog,
Gnädigster Herzog und Herr!

Wann uns der ausdrückliche Befehl zu einer Unternehmung, deren Folgen wichtig genug sind, das Glück oder Unglück meiner Freunde zu veranlassen, nicht verbände, so würden wir, weit entfernt, den weisesten Endzweck unsers Durchleuchtigsten zu erreichen, weit entfernt, ein vollkommenes Urteil zu fällen, vielmehr verstummen müssen. Schon der größte Weise, der größeste Naturkundige würden sich nicht erkühnen, mit ihrem Urteil vor Euer Herzoglichen Durchleucht zu erscheinen und Beifall zu erwarten. Wieviel weniger sollte ich, viel zu unwissend, viel zu unerfahren, mich selbst zu kennen, auch den letzten meiner Freunde beurteilen.

Trotzdem war Schiller nicht gerade zimperlich bei der Beurteilung seiner Mitschüler. Was an der Eliteschule zählte, wird hier deutlich – und die Stimme des zukünftigen Dramenschreibers. Über seine Mitschüler schreibt er:

Chatillon, Schmidlin, Batz

Wann ich von Fleiß, von Geschicklichkeit, von fürtrefflichen Gaben reden sollte, so würde ich diese drei mit Recht obenansetzen können. Es ist Ihnen, Durchlauchtigster Herzog, schon vorher bekannt, was für Proben dieselbe von Fleiß abgelegt haben. Sie haben solche durch Belohnungen, durch Lobsprüche, durch Verheißungen angetrieben, sich zu edlen Gliedern des Vaterlands zu bilden. Könnte es nun möglich sein, daß einer derselben seinem Fürsten nicht mit Anbetung, nicht mit dankbarer Entzückung begegnen sollte, oder wird er gar den Gottesdienst vernachlässigen? Das sei ferne!

Sie ziehen durch den Gehorsam, durch die Hochachtung ihrer Vorgesetzte deren Bewunderung an sich, sie lieben ihre Freunde, welche aber doch über ihren Hochmut, über ihren Eigensinn klagen. Sie wenden auf die Reinlichkeit die größte Sorge, sind mit ihrem Schicksal vergnügt und halten überaus viel auf mathematische und philosophische Wissenschaften.

Karl Kempff

Nun komme ich zu dem, dessen Beschreibung seine Mitbrüder beschimpfen muß. Ich rede von seinem Betragen gegen Freunde deswegen zuerst, weil er am meisten wider die Pflichten der Freundschaft sündiget. Wann ich nicht überzeugt wäre, Euer Herzoglichen Durchlaucht wüßten schon vorher, wie falsch er einem seiner Freunde begegnet ist, so würde ich dieser Schandtat gedenken. Wie leicht kann derjenige, der in seiner Jugend falsch ist, im Alter ein Verräter werden. Jedoch sollte er gar unedle Gedanken von der Religion im Schilde führen, sollte er wider die Pflichten gegen seinen Wohltäter handeln? – Jetzund schon müssen Vorgesetzte über seinen Hochmut, über seinen Eigensinn klagen, Lehrer, die kurz vorher die Größe seiner Verleumdung eingesehen haben! und Freunde müssen seine Verachtung erdulden. Doch welches Glück ist größer, als von Lasterhaften gehaßt, beneidet und verachtet werden? Ich habe ihn aber doch niemalen mit seinem Schicksal unzufrieden gesehen, sondern er scheint ganz gelassen dem Ziel entgegenzugehen, welches ihm die Gnade des Fürsten bestimmt hat. Ich habe ihn jederzeit fleißig angetroffen, und Lehrer selbst rühmen die fürtreffliche Anwendung seiner guten Gaben zu Leibesübungen. Am Körper aber fängt er an, diejenige Reinlichkeit nicht mehr zu beobachten, die er bisher geäußert hat. Niemalen werde ich den Charakter seines Bruders *Dieterich Kempffs* besser beschreiben, als wann ich ihn demselben entgegensetzen kann.

Karl Kempff also sündigt »wider die Pflichten der Freundschaft«; ihm ist offensichtlich alles zuzutrauen. Ein verlotterter, arroganter, respektloser Typ. Ein hoffnungsloser Fall, an dem Schiller Maß für seine Bösewichter genommen hat. Für

Franz Moor aus den »Räubern« zum Beispiel. Und zudem hat er noch einen Bruder, der das genaue Gegenteil ist!

Was aber schrieben die Mitschüler über Schiller selbst? Von allen werden ihm »Lebhaftigkeit«, »Aufrichtigkeit« und ein »Hang zur Poesie« bescheinigt. Dass er immer guter Laune sei und ein »gutes Herz« habe, dem Herzog und den Lehrern die »edelste und erhabenste Gesinnung« entgegenbringe; nur zur Körperhygiene gibt es unterschiedliche Aussagen: Seine »Reinlichkeit könnte genauer sein«, »am Körper sowohl als im Zimmer ist er reinlich« oder er »ist gewiss ein wahrer Christ, aber nicht gar reinlich«. Viele erwähnen seine Krankheitsanfälligkeit, die seine großen Talente behindere. Und immer wieder, dass er »sehr viel Freundschaft für seine Mitbrüder« empfinde.

Friedrich Philipp Eisenberg schreibt so über »Mitbruder« Schiller:

> Schiller ist ein sehr lebhaffter und aufgeweckter Geist. Ein jeder seiner Gedancken ist voll natürlichem Witz. Noch nie habe ich ihn traurig gesehen. In guten Tagen ist er nicht allzu erhaben und im Unglück nicht niedergeschlagen. Gott fürchten hält er vor seine erste und vornehmste Pflicht. Seinen gnädigsten LandesHerren schäzt er über alles. Seine Vorgesezte ehrt und seine Kameraden liebt er. Seine sehr guten Gaben wendet er zur Erlernung der Schönen Wißenschaften an und er scheint zur Poesie Genie zu haben. Reinlich ist er sehr; sein lebhaftes Weesen zeigt von seiner Zufriedenheit. Er ist sehr aufrichtig und sehr umgänglich.

Zu diesem Zeitpunkt ist Schiller fünfzehn Jahre alt, »drei Zoll« gewachsen seit dem Eintritt in die Karlsschule im Jahr zuvor und oft krank. Ob ihn die Mitschüler richtig gesehen haben?

Einen geliebten, angeschwärmten Seelenfreund zu haben, am besten noch einen zweiten dazu, und beliebt zu sein war für die Jugendlichen im 18. Jahrhundert das höchste Glück. Dass sich Freunde ihre Empfindungen in Briefen offenbarten, auch wenn beide denselben Schlafsaal teilten, wie Schiller und Georg Friedrich Scharffenstein, gehörte zum Trend der Zeit. Ohne Telefon oder SMS war der Brief der wichtigste Weg, sich mitzuteilen. Und es war eine »Gebrauchskunst«, die lernbar war, wie Dichten und Schreiben. So gab es alle möglichen Floskeln und Wendungen für die unterschiedlichen Gefühle, und trotzdem waren die Briefe auch persönlich. Vor allem berauschten sich die sensiblen Jugendlichen an den Oden des Dichters Gottlieb Klopstock. Bei den von der Außenwelt abgeschnittenen Schülern der militärischen Pflanzschule fiel dessen gesteigerte Gefühlslage auf fruchtbaren Boden. So ist Schiller dem Mitschüler Scharffenstein hingebungsvoll zugetan – und wird enttäuscht:

[Stuttgart, Sommer 1777]

Ich habe nicht bös an Dir gehandelt, wie Du mein Herz anklagst. Es ist rein, heiter, hat bei Deinem Zettel keinen Anteil gefunden, hab nicht erröten, nicht weinen, nicht heben dürfen; denn es ist rein, ohne Falsch und Trug, darum kann ich itzt kluge, ernsthafte, aufrichtige Worte reden.

Wahr ists, ich pries Dich in meinen Gedichten zu sehr! Wahr! sehr wahr! Der Sangir, den ich so liebe, war nur in meinem Herzen. Gott im Himmel weiß es, wie er darin geboren wurde; aber er war nur in meinem Herzen, und ich betete ihn an in Dir, seinem ungleichen Abbilde! Dafür wird Gott mich nicht strafen; denn ich fehlte nur aus Liebe, nicht aus Torheit und falschem Sinn! Gott weiß, ich vergaß alles, alle andere neben Dir! (. . .) Es kostet Dich wenig Müh, Dich zu erinnern, wie ich (. . .) nichts als Freundschaft atmete, wie alles, alles, selbst meine Gedichte, vom Gefühle der Freundschaft belebendigt wurden; Gott im Himmel mög es Dir vergeben, wenn Du so undankbar, unedel sein kannst, das zu verkennen.

Und was war das Band unserer Freundschaft? War es Eigennutz? (Ich rede hier auf meiner Seite; denn ich kanns, weiß Gott, von Dir nicht ganz bestimmen.) War es Leichtsinn? War es Torheit, wars ein irdisches, gemeines oder ein höheres, unsterbliches, himmliches Band? Rede! Rede! O eine Freundschaft, wie diese errichtet, hätte die Ewigkeit durch währen können! – Rede! Rede aufrichtig! Wo hättest Du einen andern gefunden, der Dir nachfühlte, was wir in der stillen Sternennacht vor meinem Fenster oder auf dem Abendspaziergang mit Blicken uns sagten! Gehe alle, alle, die um Dich sind, durch, wo hättest Du einen finden können als Deinen Schiller, wo ich einen von Tausenden, der mir das wäre, was Du mir – hättest sein können! Glaube, glaube unverhohlen, wir waren die einige, die uns glichen. Glaube mir, unsere Freundschaft hätte den herrlichsten Schimmer des Himmels, den schönsten und mächtigsten Grund und weissagte uns beiden nichts anderes als einen Himmel. Wärest Du oder ich zehenmal gestorben, der Tod sollte uns keine Stunde abgewuchert haben. – Was hätte das für eine Freundschaft sein können! – Und nun! nun! . . .

Warum aber, weiß ich wohl, wirst Du mich fragen, warum bist du kälter geworden? Höre, Scharffenstein, Gott ist da, Gott hört mich und Dich, Gott richte! Meinst Du, es war Prahlerei, Phantasei, meinst, ich hätte Dich darum erwählt, um einen zu haben, von dem ich in meinen Gedichten plaudern könne? Hör, Elender, wende Dein Angesicht ewig zur Erde, wenn er noch einmal in Dir aufsteigt, der schändliche Gedanke, den Du doch in Deinem Zettel äußertest! . . .

Warum ich kaltsinnig worden? Weil ich Dich liebte, weil ich Dein Freund war und sah – daß Du es nicht von mir warst; – faßt Dich der Gedanke: Du warst nicht mein Freund! Du hättest Achtung vor mir haben müssen wie ich vor Dir; denn wenn man eines Freund ist, muß man in ihm Eigenschaften verehren, die ihn verehrungswert machen, aber, aber – möge das Dein Herz nicht treffen wie der Donnerschlag – Du hast nichts auf mich gehalten, die Eigenschaften, die das Wesen des Freundes ausmachen, in mir nicht gefunden. Du hast meine Fehler, für die ich doch täglich Reue und Leid fühle, lächerlich, Dich darüber lustig gemacht und, da es Deine Freundschaftspflicht gewesen wär, mir in Liebe und Kälte solche zu rügen, mir verhehlt, hast mir sie nur im Zorn vorgeworfen. Pfui! Pfui der schändlichen Seele! – war das Freundschaft oder wars Trug, Falschheit? – Sieh, hier hab ich Klage auf Klage gehäuft; aber ich wills verantworten, will Dir hernach alles vor Augen bewiesen hinlegen, sieh nur daraus, wie wenig Achtung, Liebe Du für mich hegtest, wie

klein Du mein Herz gefunden; konntest Du so mein Freund sein? Konntest Du den lieben, der so viel Lächerliches etc. an sich hat? – Oder wolltest Du den Namen Freundschaft borgen? – Oder hattest Du wirklich im Sinne, mich zu bessern? – Oh! Pfui des betrogenen, blinden Seelenkenners: Du hast den Weg verfehlt, Seelen zu bessern! – – So greift mans nicht an!
Du hast nichts auf mich gehalten!

Was ist passiert? Scharffenstein hat sich über Schillers Schwächen lustig gemacht. Statt ihn liebevoll unter vier Augen zu kritisieren hat er ihn vor den anderen »beschämt« und seine pathetischen Gedichte kritisiert. Alles bloß »Machwerk«, künstlich, abgekupfert und nicht eigenständig! Schiller ist zutiefst verletzt und rechnet mit ihm ab – per Brief. Ohne Selbstzweifel, unbeirrt in seinen Gefühlen und gewandt in der Rechtfertigung: Zugegeben, so argumentiert er, es war sein Fehler, dass er zu sehr geliebt hat, aber das ist verzeihlich, da er ja liebte. Da hat er keinen Geringeren als Gott auf seiner Seite. Den Fehler der »Eigenliebe« bekämpft er selbst am meisten, also ist er ihm auch nicht anzulasten. Scharffenstein aber hat sich zweier großer Vergehen schuldig gemacht: Er hat Schillers echte Freundschaftsgefühle, ihrer beider Seelenverwandtschaft verkannt. »Eine Freundschaft wie diese (...) hätte die Ewigkeit durchwähnen können!« Aber der Hauptvorwurf lautet: »Du hast nichts auf mich gehalten.« Der 17-Jährige fühlt sich im Recht. Scharffenstein hat gegen die Regeln der Freundschaft verstoßen, während er, Schiller, edle Ziele zu verwirklichen gedachte. Mit Scharffenstein wollte er die ideale Freundschaft zwischen Sangir und Selim aus Klopstocks Oden im wirklichen Leben erfüllen. Und als Verzeihender ist er eindeutig der moralisch Überlegene.

Was war mit dem Vorwurf der »Eigenliebe« gemeint? Schiller ist in die Idee der Freundschaft verliebt, vielleicht auch in sich als Verliebten. Aber immerhin, er ist erst siebzehn! Wenig später schreibt er an seinen Mitschüler Georg

Friedrich Boigeol: »Ich bin ein Jüngling von feinerem Stoff als viele …« Klingt überheblich, aber Recht hatte er wahrscheinlich. Mit Scharffenstein versöhnt er sich erst 1780 wieder.

Dieser Brief des abgewiesenen Jugendlichen enthält schon die Sprache, den Ton und die Haltung einiger seiner frühen Helden, von Ferdinand in »Kabale und Liebe« etwa, der Luise Liebe schwört und ihr Vorwürfe macht, wenn sie nicht so empfindet wie er. Oder von Karlos, dem spanischen Kronprinzen, aus dem Drama »Don Karlos«. Auch das Verzeihen am Schluss des Briefes erinnert an die letzte Szene aus »Kabale und Liebe« sowie das Vertrösten auf ein Leben im Himmel, wo wahre Freundschaft und Liebe einzig möglich sind.

> … Und nun will ich des Briefs ein Ende machen. Ich bin nicht verlassen. Sieh, ich hab eine Quelle gefunden, die mein Herze voll macht und segnet, einen großen, großen, herrlichen Freund, und darum vergeb ich Dir – vergeb ich Dir – vergeb ich Dir – so wahr mir Gott vergebe im letzten Zucken des Todes, vergeb ich Dir alles, will Dir Gutes tun für und für; aber ich werde lang mein Angesicht wegwenden müssen von meinem Scharffenstein, um Tränen zu verbergen! – Ich sag noch mal: Ich vergebe Dir. Sieh, eben hab ich in der Bibel das Leben Davids gelesen. Er und Jonathan liebten sich wie mein Selim und Sangir, ich werde auch im Himmel von ihnen geliebt werden, weil ich sie liebe! – Es hat edle Freunde in der Welt gegeben! – und ich suchte mir einen für die Unsterblichkeit – – – Aber im Himmel werd ich ja edle Herzen finden. Leid ist mirs, daß ich die liebe Strophe in meinem Selim und Sangir Lügen strafen mußte:
>> Sangir liebte seinen Selim zärtlich
>> Wie Du mich, mein Scharffenstein.
>> Selim liebte seinen Sangir zärtlich
>> Wie ich Dich, mein lieber Scharffenstein!
>
> Schiller

Solche Briefe schrieb der 17-jährige Schiller.

Freundschaft auf Leben und Tod

Karlos und Roderich, Marquis von Posa

Mehr als hundert Jahre nach Schillers Tod hat der berühmte Schriftsteller Thomas Mann einem in Freundschaftsdingen glücklosen Jugendlichen ein literarisches Denkmal gesetzt und dem Kollegen Schiller eine Hommage erwiesen. Thomas Manns junger Protagonist Tonio Kröger, aus der gleichnamigen Novelle, versucht seinen Mitschüler Hans Hansen mit Schillers Drama »Don Karlos« zum Freund zu gewinnen, obwohl dieser offen sagt, dass er eigentlich nur auf Pferdebücher stehe. Tonio hätte merken können, dass dieser Hans Hansen nie der seelenverwandte Freund sein und nie »Don Karlos« lieben würde. Zudem wirbt er noch ziemlich ungeschickt für sein Lieblingsbuch, mit einem weinenden König als Hauptfigur. Mehr kann man einfach nicht falsch machen. Hans Hansen sieht sich vielleicht schon als merkwürdigen Sonderling mit einem heulenden König in seinem Zimmer vereinsamen und geht Tonio Kröger in Zukunft lieber aus dem Weg. Aber »Don Karlos« hat viel, viel mehr zu bieten. Hätte Tonio doch bloß von der absoluten Freundschaft zwischen Karlos, dem Prinzen am spanischen Königshof, und Roderich, Marquis von Posa, erzählt! Diese Freundschaft, die für beide überlebenswichtig ist in einer Welt voller Misstrauen, Intrigen und Hinterhalt. Für den dramatischen Schauplatz seines vierten Dramas brauchte Schiller sich nur an seine Zeit in der Karlsschule zu erinnern, wo er acht lange Jahre die Tücken absolutistischer Willkürherrschaft erlebt hat. Aber auch das Heilmittel dagegen: verlässliche Freundschaften und das Bildungsgut der Aufklärung durch fortschrittliche Lehrer an ebenderselben Anstalt, die ihre »Zöglinge wie Obstbäume zu beschneiden« trachtete.

Hans Hansen jedenfalls, der vergeblich Umworbene, hätte sich vielleicht auch für die abgründige Eifersucht zwischen Karlos und seinem Vater, dem König eines riesigen Reiches, erwärmen lassen. Der Vater traut seinem Sohn nicht über den Weg und überhaupt nichts zu. Mit seinem Misstrauen liegt er ganz richtig, denn Karlos liebt seine Stiefmutter, also des Königs Frau. Karlos und sein Freund Roderich planen eine Rebellion, die nichts weniger als die Welt aus den Angeln heben und das Königtum abschaffen soll. Als der König sich Roderich im dritten Akt anvertraut, sagt dieser ihm Unerhörtes ins Gesicht: »Geben Sie Gedankenfreiheit, Sire.« Diese damals kühne Forderung hat noch Generationen von Zuschauern danach buchstäblich von den Sitzen gerissen. Während der Zeit des Nationalsozialismus, als Schillers »Wilhelm Tell« schon längst verboten war und »Don Karlos« noch auf dem Spielplan stand, wurde dieser Satz nicht selten mit offenem Applaus bedacht.

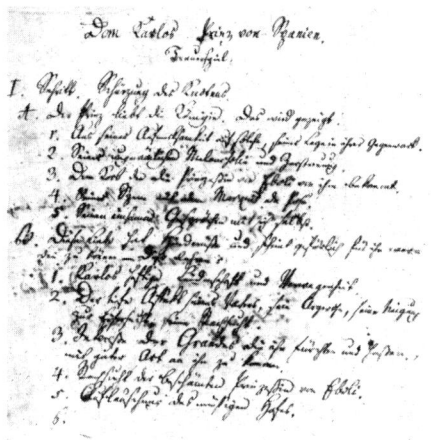

»Dom Carlos«. Der sog. »Bauerbacher Entwurf«.

Das Drama »Don Karlos«, ein »Familiengemälde in einem fürstlichen Hause« (1787), beginnt mit einem Blick auf die von Misstrauen vergiftete höfische Welt.

Im ersten Auftritt des ersten Aktes – der Exposition des Dramas – legt der Autor die Stränge des tragischen Konflikts aus. Karlos, der Kronprinz, und Domingo, der Beichtvater seines Vaters, treffen im Garten des königlichen Sommersitzes Aranjuez aufeinander.

> DOMINGO. Die schönen Tage in Aranjuez
> Sind nun zu Ende. Eure königliche Hoheit
> Verlassen es nicht heiterer. Wir sind
> Vergebens hier gewesen. Brechen Sie
> Dies rätselhafte Schweigen. Öffnen Sie
> Ihr Herz dem Vaterherzen, Prinz. Zu teuer
> Kann der Monarch die Ruhe seines Sohns –
> Des einzgen Sohns – zu teuer nie erkaufen.
> *(Karlos sieht zur Erde und schweigt)*
> Wär noch ein Wunsch zurücke, den der Himmel
> Dem liebsten seiner Söhne weigerte?

Domingo erzählt dem Prinzen, dass sich seine Eltern große Sorgen um ihn, den einst so hoffnungsvollen Sohn, machen. Seit acht Monaten, erfahren wir, ist der Prinz niedergeschlagen und »melancholisch«. Domingo drängt den Prinzen, ihm, als glaubwürdigem Mann der Kirche, den Grund seiner Depression anzuvertrauen. Karlos weiß, dass er hier nur ausgehorcht werden soll, und gibt einen unverfänglichen Grund an: Unglück mit den Müttern, lässt er den Geistlichen wissen.

> KARLOS. Hochwürdger Herr – ich habe sehr viel Unglück
> Mit meinen Müttern. Meine erste Handlung,
> Als ich das Licht der Welt erblickte, war
> Ein Muttermord.
> DOMINGO.   Ists möglich, gnädger Prinz?
> Kann dieser Vorwurf Ihr Gewissen drücken?
> KARLOS. Und meine neue Mutter – hat sie mir
> Nicht meines Vaters Liebe schon gekostet?
> Mein Vater hat mich kaum geliebt. Mein ganzes
> Verdienst war noch, sein Einziger zu sein.
> Sie gab ihm eine Tochter – O wer weiß,
> Was in der Zeiten Hintergrunde schlummert?

Hier hätte Tonio aus Schillers Leben erzählen, mit der biografischen Lesart den Pferdenarr Hans Hansen ködern können. Schiller sagt nämlich an anderer Stelle über seinen eigenen Start ins Leben:

> Durch eine traurige düstre Jugend schritt ich ins Leben hinein, und eine herz- und geistlose Erziehung hemmte bei mir die leichte schöne Bewegung der ersten werdenden Gefühle. Den Schaden, den dieser unselige Anfang des Lebens in mir angerichtet hat, fühle ich noch heute. (. . .) Denn ohne ihn würde selbst dieses Misstrauen mich nicht martern

Misstrauen durchzieht fast alle Dramen Schillers wie ein roter Faden. Ein kleiner Brief, vom Intriganten abgeschickt, kann Liebende und Herrscher in den Abgrund reißen. Die Freundschaft zwischen Karlos und seinem Freund Roderich, Marquis von Posa, ist eigentlich nicht zu erschüttern, doch auch sie kann nicht überleben.

Zweiter Auftritt

Karlos. Marquis von Posa

KARLOS. Wer kommt? – Was seh ich? O ihr guten Geister!
    Mein Roderich!
MARQUIS.   Mein Karlos!
KARLOS.   Ist es möglich?
    Ists wahr? Ists wirklich? Bist dus? – O, du bists!
    Ich drück an meine Seele dich, ich fühle
    Die deinige allmächtig an mir schlagen.
    O, jetzt ist alles wieder gut. In dieser
    Umarmung heilt mein krankes Herz. Ich liege
    Am Halse meines Roderich. (. . .)
KARLOS.   Laß mich weinen,
    An deinem Herzen heiße Tränen weinen,
    Du einzger Freund. Ich habe niemand – niemand –
    Auf dieser großen, weiten Erde niemand.
    So weit das Zepter meines Vaters reicht,
    So weit die Schiffahrt unsre Flaggen sendet,

Ist keine Stelle – keine – keine, wo
Ich meiner Tränen mich entlasten darf,
Als diese. O, bei allem, Roderich,
Was du und ich dereinst im Himmel hoffen,
Verjage mich von dieser Stelle nicht.

MARQUIS *(neigt sich über ihn in sprachloser Rührung).*

KARLOS. Berede dich, ich wär ein Waisenkind,
Das du am Thron mitleidig aufgelesen.
Ich weiß ja nicht, was Vater heißt – ich bin
Ein Königssohn – O, wenn es eintrifft, was
Mein Herz mir sagt, wenn du aus Millionen
Herausgefunden bist, mich zu verstehn,
Wenns wahr ist, daß die schaffende Natur
Den Roderich im Karlos wiederholte,
Und unsrer Seelen zartes Saitenspiel
Am Morgen unsres Lebens gleich bezog,
Wenn eine Träne, die mir Lindrung gibt,
Dir teurer ist als meines Vaters Gnade –

MARQUIS. O teurer als die ganze Welt.

KARLOS.   So tief
Bin ich gefallen – bin so arm geworden,
Daß ich an unsre frühen Kinderjahre
Dich mahnen muß – daß ich dich bitten muß,
Die lang vergeßnen Schulden abzutragen,
Die du noch im Matrosenkleide machtest –
Als du und ich, zween Knaben wilder Art,
So brüderlich zusammen aufgewachsen,
Kein Schmerz mich drückte, als von deinem Geiste
So sehr verdunkelt mich zu sehn – ich endlich
Mich kühn entschloß, dich grenzenlos zu lieben,
Weil mich der Mut verließ, dir gleich zu sein.
Da fing ich an, mit tausend Zärtlichkeiten
Und treuer Bruderliebe dich zu quälen;
Du stolzes Herz gabst sie mir kalt zurück.
Oft stand ich da, und – doch das sahst du nie!
Und heiße, schwere Tränentropfen hingen
In meinem Aug, wenn du, mich überhüpfend,
Geringre Kinder in die Arme drücktest.
Warum nur diese? rief ich trauernd aus:

Bin *ich* dir nicht auch herzlich gut? – Du aber,
Du knietest kalt und ernsthaft vor mir nieder.
Das, sagtest du, gebührt dem Königssohn.
MARQUIS. O stille, Prinz, von diesen kindischen
  Geschichten, die mich jetzt noch schamrot machen.
KARLOS. Ich hatt es nicht um dich verdient. Verschmähen,
  Zerreißen konntest du mein Herz, doch nie
  Von dir entfernen. Dreimal wiesest du
  Den Fürsten von dir, dreimal kam er wieder
  Als Bittender, um Liebe dich zu flehn
  Und dir gewaltsam Liebe aufzudringen.
  Ein Zufall tat, was Karlos nie gekonnt.
  Einmal geschahs bei unsern Spielen, daß
  Der Königin von Böhmen, meiner Tante,
  Dein Federball ins Auge flog. Sie glaubte,
  Daß es mit Vorbedacht geschehn, und klagt' es
  Dem Könige mit tränendem Gesicht.
  Die ganze Jugend des Palastes muß
  Erscheinen, ihm den Schuldigen zu nennen.
  Der König schwört, die hinterlistge Tat,
  Und wär es auch an seinem eignen Kinde,
  Aufs schrecklichste zu ahnden. – Damals sah ich
  Dich zitternd in der Ferne stehn, und jetzt,
  Jetzt trat ich vor und warf mich zu den Füßen
  Des Königs. Ich, ich tat es, rief ich aus:
  An deinem Sohn erfülle deine Rache.
MARQUIS. Ach, woran mahnen Sie mich, Prinz!
KARLOS.   Sie wards:
  Im Angesicht des ganzen Hofgesindes,
  Das mitleidsvoll im Kreise stand, ward sie
  Auf Sklavenart an deinem Karl vollzogen.
  Ich sah auf dich und weinte nicht. Der Schmerz
  Schlug meine Zähne knirschend aneinander;
  Ich weinte nicht. Mein königliches Blut
  Floß schändlich unter unbarmherzgen Streichen;
  Ich sah auf dich und weinte nicht – Du kamst;
  Laut weinend sankst du mir zu Füßen. Ja,
  Ja, riefst du aus, mein Stolz ist überwunden.
  Ich will bezahlen, wenn du König bist.

MARQUIS *(reicht ihm die Hand).*
  Ich will es, Karl. Das kindische Gelübde
  Erneur ich jetzt als Mann. Ich will bezahlen.
  Auch meine Stunde schlägt vielleicht.
KARLOS.   Jetzt, jetzt.
  O, zögre nicht – jetzt hat sie ja geschlagen.
  Die Zeit ist da, wo du es lösen kannst.
  Ich brauche Liebe. – Ein entsetzliches
  Geheimnis brennt auf meiner Brust. Es soll,
  Es soll heraus. In deinen blassen Mienen
  Will ich das Urteil meines Todes lesen.
  Hör an – erstarre – doch erwidre nichts –
  Ich liebe meine Mutter.
MARQUIS.   O mein Gott!
KARLOS. Nein! Diese Schonung will ich nicht. Sprichs aus,
  Sprich, daß auf diesem großen Rund der Erde
  Kein Elend an das meine grenze – sprich –
  Was du mir sagen kannst, errat ich schon.
  Der Sohn liebt seine Mutter. Weltgebräuche,
  Die Ordnung der Natur und Roms Gesetze
  Verdammen diese Leidenschaft. Mein Anspruch
  Stößt fürchterlich auf meines Vaters Rechte.
  Ich fühls, und dennoch lieb ich. Dieser Weg
  Führt nur zum Wahnsinn oder Blutgerüste.
  Ich liebe ohne Hoffnung – lasterhaft –
  Mit Todesangst und mit Gefahr des Lebens –
  Das seh ich ja, und dennoch lieb ich.
MARQUIS.   Weiß
  Die Königin um diese Neigung?
KARLOS.   Konnt ich
  Mich ihr entdecken? Sie ist Philipps Frau
  Und Königin, und das ist span'scher Boden.
  Von meines Vaters Eifersucht bewacht,
  Von Etikette ringsum eingeschlossen,
  Wie konnt ich ohne Zeugen mich ihr nahn?
  Acht höllenbange Monde sind es schon,
  Daß von der hohen Schule mich der König
  Zurückberief, daß ich sie täglich anzuschauen
  Verurteilt bin und, wie das Grab, zu schweigen.

Acht höllenbange Monde, Roderich,
Daß dieses Feur in meinem Busen wütet,
Daß tausendmal sich das entsetzliche
Geständnis schon auf meinen Lippen meldet,
Doch scheu und feig zurück zum Herzen kriecht.
O Roderich – nur wen'ge Augenblicke
Allein mit ihr –

MARQUIS.　　　　Ach! Und Ihr Vater, Prinz –

KARLOS. Unglücklicher! Warum an den mich mahnen?
Sprich mir von allen Schrecken des Gewissens,
Von meinem Vater sprich mir nicht.

MARQUIS. Sie hassen Ihren Vater?

KARLOS.　　　　　　　Nein! Ach, nein!
Ich hasse meinen Vater nicht – doch Schauer
Und Missetäters Bangigkeit ergreifen
Bei diesem fürchterlichen Namen mich.
Kann ich dafür, wenn eine knechtische
Erziehung schon in meinem jungen Herzen
Der Liebe zarten Keim zertrat? Sechs Jahre
Hatt ich gelebt, als mir zum erstenmal
Der Fürchterliche, der, wie sie mir sagten,
Mein Vater war, vor Augen kam. Es war
An einem Morgen, wo er stehnden Fußes
Vier Bluturteile unterschrieb. Nach diesem
Sah ich ihn nur, wenn mir für ein Vergehn
Bestrafung angekündigt ward. – O Gott!
Hier fühl ich, daß ich bitter werde – Weg –
Weg, weg von dieser Stelle!

MARQUIS.　　　　　　Nein, Sie sollen,
Jetzt sollen Sie sich öffnen, Prinz. In Worten
Erleichtert sich der schwer beladne Busen.

Wissenschaftler, die Schillers Dramen psychoanalytisch interpretieren, entdecken immer wieder Männerfreundschaften, die sie als verdeckt homosexuell bezeichnen. Karlos und
Roderich zum Beispiel. Ihren übersteigerten Freundschafts-
kult verstehen sie als Abwehr von Homosexualität und Depression. Die übersteigerten Gefühle als eine verfeinerte

Form der Homosexualität? Vielleicht. Dass Karlos depressiv und »melancholisch« ist, liegt auf der Hand. Er selbst macht seine unglückliche Kindheit dafür verantwortlich. Zu dieser Lesart passt auch, dass Posa und Karlos ihre Pläne durch geradezu lächerliche Ungeschicklichkeiten in den Sand setzen; sie schaffen es nicht, zwei senile Männer, den König und den Inquisitor, so hinters Licht zu führen, dass sie ihre hehren Pläne umsetzen können. Am Ende überleben die alten Männer, und sie, die Hoffnungsträger, sind tot. Das zeugt von einer trostlosen Sicht auf die Welt. Und Schiller selbst? Warum lässt er die Jungen nicht siegen, warum müssen sie für ihre hohen Ziele mit dem Tod bezahlen? Antworten haben hier die Psychoanalytiker: Statt gegen die übermächtigen Väter richten die Söhne ihre aggressiven Impulse gegen sich selbst – auch in Form von Depression. Weil sie sich zum Beispiel mit dem Übervater immer noch identifizieren, sind sie aggressionsgehemmt und zu einer konstruktiven Lösung nicht fähig. Schiller hat eine Reihe von jungen Männern entworfen, die sich für ihr berechtigtes Aufbegehren gegen Willkür und Unterdrückung selbst bestrafen. Schiller selbst traf immer wieder auf übermächtige Vaterfiguren, denen er ohnmächtig ausgeliefert war und die er zugleich verehrte und ablehnte. Von Zeitzeugen wird auch berichtet, dass er die »intime Exklusivität von Männerrunden« sehr geschätzt hat. Vielleicht hätte gerade diese Frage Hans Hansen interessiert?

In seinen Karlos ist Schiller jedenfalls regelrecht verliebt, solange er an ihm arbeitet, und das sind ungewöhnlich lange fünf Jahre! An den Bibliothekar Wilhelm Friedrich Reinwald schreibt er 1783:

> Ich muß Ihnen gestehen, daß ich ihn [Karlos] gewissermaßen statt meines Mädchens habe. Ich trage ihn auf meinem Busen – ich schwärme mit ihm durch die Gegend. (...) Carlos hat (...) von

Shakespeares Hamlet die Seele, Blut und Nerven von Leisewitz' Julius [»Julius von Tarent«, ein Lieblingsstück Schillers] und den Puls von mir.

Dass Schiller, sonst ein absoluter Schnellschreiber, so lange am »Karlos« saß, hat mehrere Gründe. Zum einen stand er unter Erfolgsdruck. Er war finanziell wieder mal am Ende und musste dem Mannheimer Intendanten Dalberg beweisen, dass er noch erfolgreiche Dramen schreiben konnte. So mischte er die Erfolgselemente seiner Dramen und die seiner Kollegen zu einer komplizierten Story, die vor allem heutige Leser einige Mühe kostet. Zum anderen entwickelte er sich im Laufe der fünf Jahre weiter, veränderte seine Schreibweise, schrieb den Karlos in Verse um. Ganz so, wie es der große Christoph Martin Wieland in einem Aufsatz von den deutschen »Stürmern und Drängern« verlangt hatte, doch endlich das überzogene Geniegehabe aufzugeben!

Illustration zu »Don Karlos«. Der Tod des Marquis von Posa.

Mit dem »Karlos« mauserte sich Schiller zum Klassiker. Den größten Teil des Dramas schrieb er in Thüringen auf dem abgelegenen Besitz der Frau von Wolzogen, der Mutter eines Mitschülers aus der Karlszeit. Sie hat ihn jahrelang gefördert und vor den Nachstellungen des Herzogs Karl Eugen geschützt.

Vergessen wir nicht, der junge Schiller galt als Deserteur, hatte gegen den Willen Karl Eugens das Herzogtum Württemberg verlassen. Im thüringischen Bauerbach konnte er ungestört arbeiten. Der Hofbibliothekar Wilhelm Friedrich Hermann Reinwald im nahen Meiningen war sein einziger Kontakt in der Gegend. Schiller stellt ihm sein Karlos-Projekt in einem Brief vom 27. 3. 1783 so vor:

> Der Karakter eines feurigen, grosen und empfindenden Jünglings, der zugleich der Erbe einiger Kronen ist, – eine Königin, die durch den Zwang ihrer Empfindung bei allen Vorteilen ihres Schicksals verunglückt – eines eifersüchtigen Vaters und Gemals – eines grausamen heuchlerischen Inquisitors, und barbarischen Herzogs von Alba und s. f. sollten mir, dächte ich, nicht wohl mißlingen.

Das Thema Männerfreundschaften muss später seinen Reiz verloren haben. Im Lied »An die Freude« und in der Ballade »Die Bürgschaft« hat Schiller der Freundschaft noch einmal ein unverwüstliches Denkmal gesetzt. Und hier dürfen erstmals Söhne gegen Väter siegen! Vom »Karlos« dagegen hat sich der klassische Schiller später distanziert. Den idealistischen Kämpfer Marquis Posa, den Visionär eines freieren Zeitalters, hätte er am liebsten nachträglich gestrichen. Weil Posa seinen Freund für seine politischen Visionen benutzt und weil er die Techniken der Verstellung und der Täuschung benutzt, um eine bessere Welt zu schaffen. Und zudem erkennt er das Reale, das Mögliche, die Zeichen der Zeit nicht. »Das Jahrhundert ist meinem Ideal nicht reif«, begreift er zu spät.

Ohne Zweifel hätte sich hier Hans Hansen wieder seinen Pferdebüchern zugewandt und Tonio Kröger den Rücken gekehrt.

Lebensfreunde

»Eine wollustige Verwechslung der Wesen«

Schiller war weit erfolgreicher mit seinen Freundschaften als Tonio Kröger, und in der Reihenfolge, wie sie sein Leben beeinflusst haben, werden sie hier vorgestellt.

Zunächst »erobert« er im abgeschiedenen Bauerbach, wo er am »Karlos« arbeitet, den Bibliothekar Wilhelm Friedrich Reinwald im nahen Meiningen. Heftig wirbt er um den einzigen interessanten Gesprächspartner in der Gegend. In einem Brief vom 9. Juni 1783 schreibt er:

> Bauerbach d. 9. Juny, 83. Montag.
>
> Ich reisse mich aus einer sehr angenehmen Zerstreuung, um mich für Sie, liebster Freund, zu sammeln. Sie sind, wie ich höre, auf einige Tage nach Römhild gereißt, wo sie vielleicht noch sind. Wolte der Himmel daß Ihr Weeg Sie über Bauerbach geführt hätte, so hätte ich Sie doch wenigstens auf eine Viertelstunde genoßen. Tausend Ideen schlafen in mir, und warten auf die Magnetnadel, die sie zieht. − Unsre Seelen scheinen, wie die Körper, nur durch Friction Funken zu geben. Wie sehr wünschte ich mein Herz an dem Ihrigen wieder zu erwärmen!
>
> Sie reisen nun bald ab, und werden über so vielen vortreflichen Köpfen, Ihren armen Bauerbachischen Freund vergeßen. Sie werden mich mit Wieland Göthe und andern meßen, und einen ungeheueren Abstand gewahr werden. Sie werden wieder kommen voll der gesammelten Ideale, geblendet von so viel schimmernden Genies und den matten Flimmer eines Johanniswurms nicht mehr bemerken. Sie werden kälter gegen mich seyn − Sehen Sie! So könnte ich mich mit Besorgnißen quälen, wenn ich es Ihnen nicht zutraute, daß ein warmes und redliches Herz weniger glänzende Gaben bei Ihnen entschuldigen werde. Wenigstens bin ich ein guter Mensch − und Ihr Freund. Grose Geister finden Sie immer − aber nicht immer diesen. Was hilft Ihnen auch der Mann, deßen Genie eine Welt umspannt, deßen Herz aber für Ihre Freuden und Leiden zu eng − deßen Auge für Ihre Schiksale troken ist? − Unterwerfen Sie besonders Wielanden *dieser* Probe. Den Dichter kennen wir schon. Studieren Sie den Menschen in ihm.

Hofbibliothekar Reinwald, der den Exilanten Schiller verlässlich mit Büchern aus der Bibliothek versorgt und, für Schillers Geschmack etwas zu selten, mit edlem Schnupftabak, will sich dessen Werben auch gar nicht entziehen. Aber bald findet Schiller den zwanzig Jahre Älteren schrecklich langweilig und später, als Schwager, verheiratet mit seiner Lieblingsschwester Christophine, schier unerträglich.

Ausgerechnet an diesen trockenen Stubengelehrten gelingt Schiller jedoch einer seiner schönsten und intelligentesten Briefe, der zugleich ein Musterbeispiel der damaligen Freundschafts- und Briefkultur ist.

> *Bauerbach. Früh in der Gartenhütte. am 14. April 83. Montag*
> In diesem herrlichen Hauche des Morgens denk ich *Sie* Freund – und meinen *Karlos.* Meine Seele fängt die Natur in einem entwölkten blankeren Spiegel auf, und ich glaube, meine Gedanken sind wahr. Prüfen Sie solche. –
> Ich stelle mir vor – Jede Dichtung ist nichts anderes, als eine enthousiastische Freundschaft oder platonische Liebe zu einem Geschöpf unsers Kopfes. Ich will mich erklären.
> Wir schaffen uns einen Karakter, wenn wir *unsre* Empfindungen, und unsre historische Kenntniß von *fremden*, in andere Mischungen bringen – bei den Guten das Plus oder Licht – bei Schlimmern das Minus oder den Schatten vorwalten laßen. Gleichwie aus einem einfachen weisen Stral, je nachdem er auf Flächen fällt, tausend und wiedertausend Farben entstehen, so bin ich zu glauben geneigt daß in unsrer Seele alle Karaktere nach ihren Urstoffen schlafen, und durch Wirklichkeit und Natur, oder künstliche Täuschung ein daurendes oder nur illusorisch – und augenblikliches Daseyn gewinnen. Alle Geburten unsrer Phantasie wären also zulezt nur *wir selbst.* Aber was ist Freundschaft oder platonische Liebe denn anders, als eine wollüstige Verwechslung der Wesen? oder die Anschauung unserer Selbst in einem andern Glase? – *Liebe*, mein Freund, das grose unfehlbare Band der empfindenden Schöpfung ist zulezt nur ein *glüklicher Betrug.* – Erschreken, entglühen zerschmelzen wir für das *Fremde*, uns ewig nie eigen werdende, Geschöpf? Gewis nicht. Wir leiden jenes

alles nur für uns, für das Ich, deßen Spiegel jenes Geschöpf ist. Ich nehme selbst *Gott* nicht aus. Gott, wie ich mir denke, liebt den Seraph so wenig als den Wurm der ihn unwißend lobet. Er erblikt *sich*, sein groses unendliches *Selbst*, in der unendlichen Natur umher gestreut. – In der allgemeinen Summe der Kräfte berechnet er augenbliklich Sich selbst – *Sein* Bild sieht er aus der ganzen Oekonomie des Erschaffenen vollständig, wie aus einem Spiegel, zurükgeworfen, und liebt *Sich* in dem *Abriss*, das *bezeichnete* in dem *Zeichen*. Wiederum findet er in jedem einzelnen Geschöpf (mehr oder weniger) *Trümmer* seines Wesens zerstreut. Dieses bildlich auszudruken – So wie eine Leibnizische Seele vielleicht eine Linie von der Gotheit hat, so hat die Seele der Mimosa nur einen einfachen *Punkt*, das Vermögen zu empfinden von ihr, und der höchste denkende Geist nach Gott – doch Sie verstehen mich ja schon.

Nach dieser Darstellung komme ich auf einen reinern Begriff der Liebe. Gleichwie keine Vollkommenheit einzeln existieren kann, sondern nur diesen Namen in einer gewisen Relation auf einen allgemeinen Zwek verdient, so kann keine denkende Seele sich in sich selbst zurückziehen und mit sich begnügen. Ein ewiges nothwendiges Bestreben, zu diesem Winkeln den Boden zu finden, den Bogen in einen Zirkel auszuführen, hiesse nichts anders, als die zerstreute Züge der Schönheit, die Glieder der Vollkomenheit in *einen* ganzen Leib aufzusammeln – das heißt mit andern Worten: Der ewige innere Hang, in das Nebengeschöpf überzugehen, oder daßselbe in *sich hineinzuschlingen, es anzureisen* ist Liebe. Und sind nicht alle Erscheinungen der Freundschaft und Liebe – vom sanften Händedruk und Kuß bis zur innigsten Umarmung, – soviele Äußerungen eines zur *Vermischung* strebenden Wesens?

Izt wär ich auf dem Punkt, zu dem ich durch eine Krümmung gehen mußte. Wenn Freundschaft und platonische Liebe nur eine Verwechslung eines fremden Wesens mit dem unsrigen, nur eine heftige Begehrung seiner Eigenschaften sind, so sind beide gewisermasen nur eine andre Wirkung der Dichtungskraft – oder beßer: Das was wir für einen *Freund*, und, was wir für einen Helden unsrer Dichtung empfinden ist eben das. In beiden Fällen führen wir *uns* durch neue Lagen und Bahnen, wir brechen *uns* auf anderen Flächen, wir sehen *uns* unter andern Farben, wir leiden für *uns* unter andern Leibern. Können wir den Zustand eines Freunds feurig fühlen, so werden wir uns auch für unsere poëtische Helden erwärmen. Aber die Folgerung, daß die Fähigkeit zur Freundschaft und platonischen Liebe sonach auch die Fähigkeit zur grosen Dichtung nach sich ziehen müsse, würde sehr übereilt seyn. – Denn ich kann einen *grosen Karakter* durchaus *fülen*, ohne ihn *schaffen* zu können. Das aber wäre bewiesen wahr, daß ein *groser* Dichter wenigstens die Kraft zur höchsten Freundschaft besizen mus, wenn er sie auch nicht immer geäusert hat. – Das ist unstrittig wahr, daß wir die Freunde unserer Helden seyn müssen, wenn wir in ihnen *zittern, aufwallen, weinen* und verzweifeln sollen – daß wir sie als Menschen ausser uns denken müssen, die uns ihre geheimsten Gefüle vertrauen, und ihre Leiden und Freuden in unsern Busen ausschütten. Unsere *Empfindung* ist also Refraktion, keine ursprüngliche sondern sympathetische Empfindung. *Dann* rühren und erschüttern und entflammen wir Dichter am meisten, wenn wir selbst *Furcht* und *Mitleid* für unsern Helden gefült haben. Ein groser Philosoph, der mir nicht gleich beifallen will, hat gesagt, daß die Sympathie am gewisesten und stärksten *durch* Sympathie erwekt werde. Izt denke ich diesen Saz in seiner ganzen Deutlichkeit. Der Dichter mus *weniger der Mahler* seines Helden – er mus *mehr* deßen *Mädchen,* deßen *Busenfreund* seyn. Der Antheil des Liebenden fängt tausend feine Nüancen *mehr,* als der scharfsichtigste Beobachter auf. Welchen wir lieben, deßen Gutes und Schlimmes, Glük und Unglük genießen wir in gröseren Dosen, als welchen wir nicht so lieben und noch so *gut kennen.* Darum rührte mich Julius von Tarent mehr als Leßings Ämilia, wenn gleich Leßing unendlich beßer als Leisewiz beobachtet. Er war der Aufseher seiner Helden, aber Leisewiz war ihr Freund. Der Dichter mus, wenn ich so sagen darf, sein eigener Leser, und wenn er ein theatralischer ist, sein eigenes Parterre und Publikum seyn. – – Ich habe Ihnen hier *vieles,* und, wie ich beim Durchlesen finde, mit *zuwenig* Worten gesagt. Vielleicht führe ich solches ein andermal aus.

Zwischen seinen literarischen Figuren und den realen Freunden macht Schiller also keinen großen Unterschied. Er pflegt mit beiden lebhaften Umgang. Er schreibt am 3. Mai 1783 an den Bibliothekar:

> Guten Morgen, lieber Freund! Meine ›Luise Millerin‹ jagt mich schon um fünf aus dem Bette. Da sitz ich, spitze Federn und käue Gedanken. (...) Meine Lady interessiert mich fast so sehr als meine

Dulzinea in Stuttgart. – Aber davon weg. Wir beide leben jetzt in einem Verhältnis zueinander, als wenn wir uns kasteiten, oder wie zwei Eheleute, die ein Gelübde getan, nicht beieinander zu schlafen. Ist meine ›Luise Millerin‹ erst fertig, mein ›Karlos‹ soll mich niemals abhalten, zu Ihnen zu fliegen . . .

So überschwänglich bezieht sich Schiller auf seine literarischen Geschöpfe, die ihm ungeahnte Kräfte verleihen. Das wird auch zwanzig Jahre später nicht anders sein.

Was Lieben überhaupt heißt und warum bestimmte Menschen einander lieben, das erkennt Schiller auf eine psychologisch so kluge Weise, dass sie seiner Zeit weit voraus ist. Freundschaft eine »wollüstige Verwechslung der Wesen«! Hat das je einer treffender und poetischer auszudrücken vermocht? Die riesige Anzahl der Briefe – tausende –, die er geschrieben hat, zeigt allerdings auch deutlich, wie ich-bezogen und »monologisch« seine Empfindungen gegenüber den Freunden waren. Aber Schiller, und das muss unbedingt im gleichen Atemzug gesagt werden, hat auch immer gegeben, und zwar alles, was er im Augenblick hatte. Je nach dem jeweiligen Gegenüber gab er das, was eben zum (Ver-)Wechseln da war. Am Ende dieses Briefes zum Beispiel zeigt er sich mit seinen Schwächen, ohne unterwürfig oder arrogant zu sein. Und wie immer sagt er vieles mehr, etwa wie benachteiligt er von Geburt an war und wie ungebrochen trotz allem sein Vertrauen in sich selbst ist.

Ihr lezter Brief mein Bester hat Ihnen in meinem Herzen ein unvergeßliches Denkmal gesezt. Sie sind der edle Mann, der mir solange gefehlt hat, der es werth ist, daß er mich mit samt allen meinen Schwächen und zertrümmerten Tugenden besizt, denn er wird *jene* dulden, und *diese* mit einer Träne ehren. Theurer Freund! Ich bin *nicht*, was ich gewis hätte werden können. Ich hätte *vielleicht* gros werden können, aber das Schiksal stritte zu früh wider mich. Lieben und schäzen sie mich wegen dem, was ich untern beßern Sternen geworden wäre, und ehren Sie die Absicht in mir, die die Vorsicht in mir verfehlt hat. Aber bleiben Sie *mein*.   S.

Und wenn ihn Freunde enttäuschten? Scharffenstein sagte er offen die Meinung und machte ihm im Brief schwere Vorwürfe. Was Schiller über »einige unwürdige Karaktere« denkt, sagt auch viel über seinen Charakter: »Ich hatte die halbe Welt mit der glühendsten Empfindung umfasst, und am Ende fand ich dass ich einen kalten Eisklumpen in den Armen hatte«, schrieb er an Frau von Wolzogen am 4. Januar 1783. Auch über sie schrieb er, als sie ein einziges Mal ihm gegenüber etwas reserviert war. Immerhin hatte sie, deren Söhne noch die Karlsschule besuchten, ihm, einem Deserteur, Asyl gewährt. Das war zweifelsohne mutig. Doch Schiller reagiert verletzt – und selbstbewusst zugleich:

> So schröcklich es mir auch ist mich wiederum in einem Menschen geirrt zu haben, so angenehm ist mir wiederum dieser Zuwachs an Kenntnis des menschlichen Herzens.

Mit Andreas Streicher konnte der junge Schiller buchstäblich durch dick und dünn gehen. Schon die Flucht von Stuttgart nach Mannheim am 22. 9. 1782 wäre ohne den Musiker nicht gut gegangen. Er hatte sie geplant und für die exakte Ausführung gesorgt: die beiden in der Kutsche bei Nacht am hell erleuchteten Schloss Solitude vorbei, wo der Herzog Karl Eugen gerade Gäste empfing; zur Täuschung erst mal in die falsche Richtung, dann durch das Stadttor, wo Freund Scharffenstein gerade Wache schob. Im »Ausland«, in Mannheim, und später auf langen, unwirtlichen Fußmärschen – Streicher lässt Schiller nie im Stich. Auch finanziell nicht. Das Geld für seine Ausbildung zum Komponisten gibt er wie selbstverständlich für beide aus.

Er spielt ihm stundenlang auf dem Klavier vor, so kann Schiller am besten schreiben. Zum ersten Mal wird er bewundert! Niemand außer Streicher, das wissen Biographen, ist Schiller je so nahe gewesen. Dass die Freundschaft plötzlich abbricht, als Schiller am 9. April 1785 nach Leipzig fährt, ist ein Rätsel. Zwar schwören sie, einander nicht zu schreiben, bis der eine Kapellmeister und der andere Minister ist – deswegen gibt es auch keinen Briefwechsel –, aber trotzdem. Erst zehn Jahre später, 1795, meldet sich Streicher bei Schiller, doch der reagiert kühl und distanziert. War ihre Freundschaft doch intimerer Art gewesen, und Schiller, mittlerweile renommierter Dichter und Familienvater, will nichts mehr davon wissen? So spekulieren jedenfalls einige Biographen. Streicher, der ein bekannter Klavierbauer wurde, hat später eine der ersten Biographien über Schiller geschrieben. »Schillers Flucht« nannte er sie. Aber über das Ende der Freundschaft erfahren wir auch hier nichts.

Christian Gottfried Körner war der nächste große Glücksfall in Schillers Leben. »Der Himmel hat uns seltsam einander zugeführt, aber in unserer Freundschaft soll er ein Wunder getan haben«, schreibt Schiller am 3. Juli 1785 an den neuen Freund. Das Geschenk des Himmels hat ihn erstmals in Form von »Fanpost« aus Leipzig erreicht. Lorbeerkränze von begeisterten Liebhaberinnen seiner Dramen waren keine Seltenheit. Deshalb ließ er vielleicht auch die gestickte Brieftasche und den begeisterten Brief der vier jungen Anhänger der »Räuber«, des »Fiesko« und »Kabale und Liebe« erst mal monatelang liegen. Als er aber Mannheim und die Leute am Theater gründlich satt hatte und wieder ohne Arbeit war, schrieb Schiller eine Antwort. Und kommt auch gleich, charmant und ehrlich, zur Sache: Er suche dringend »edle Freunde« und möchte gern eingeladen werden, und außerdem brauche er etwas Geld. Aber das klingt bei Schiller natürlich alles anders, stilvoll und fast ekstatisch. Am 9. 4. 1785 bricht Schiller nach Leipzig auf, sagt eben Streicher ade und beginnt eine enge Freundschaft mit vier bis dahin völlig unbekannten jungen Leipzigern. Ferdinand Huber, Christian Gottfried Körner,

Dora und Minna Stock heißen sie. Wie glücklich er gerade in der ersten Zeit in Leipzig mit den neuen Freunden ist, die ihn so großzügig und liebevoll aufnehmen, geht aus dem berühmten Gedicht »An die Freude« hervor, das er 1783 geschrieben hat und das von Ludwig van Beethoven in der 9. Symphonie vertont wurde.

An die Freude

Freude, schöner Götterfunken,
    Tochter aus Elysium,
Wir betreten feuertrunken
    Himmlische, dein Heiligtum.
Deine Zauber binden wieder,
    Was der Mode Schwert geteilt;
Bettler werden Fürstenbrüder,
    Wo dein sanfter Flügel weilt.

Chor

    Seid umschlungen, Millionen!
      Diesen Kuß der ganzen Welt!
      Brüder – überm Sternenzelt
    Muß ein lieber Vater wohnen.

Wem der große Wurf gelungen,
    Eines Freundes Freund zu sein;
Wer ein holdes Weib errungen,
    Mische seinen Jubel ein!
Ja – wer auch nur *eine* Seele
    Sein nennt auf dem Erdenrund!
Und wers nie gekonnt, der stehle
    Weinend sich aus diesem Bund!

Chor

    Was den großen Ring bewohnet,
      Huldige der Sympathie!
      Zu den Sternen leitet sie,
    Wo der *Unbekannte* thronet.

Freude trinken alle Wesen
    An den Brüsten der Natur,
Alle Guten, alle Bösen
    Folgen ihrer Rosenspur.
Küsse gab sie uns und *Reben,*
    Einen Freund, geprüft im Tod.
Wollust ward dem Wurm gegeben,
    Und der Cherub steht vor Gott.

Chor

    Ihr stürzt nieder, Millionen?
        Ahndest du den Schöpfer, Welt?
        Such ihn überm Sternenzelt,
        Über Sternen muß er wohnen.

Freude heißt die starke Feder
    In der ewigen Natur.
Freude, Freude treibt die Räder
    In der großen Weltenuhr.
Blumen lockt sie aus den Keimen,
    Sonnen aus dem Firmament,
Sphären rollt sie in den Räumen,
    Die des Sehers Rohr nicht kennt!

Chor

    Froh, wie seine Sonnen fliegen,
        Durch des Himmels prächtgen Plan,
        Laufet, Brüder, eure Bahn,
        Freudig wie ein Held zum Siegen.

Aus der Wahrheit Feuerspiegel
    Lächelt *sie* den Forscher an.
Zu der Tugend steilem Hügel
    Leitet *sie* des Dulders Bahn.
Auf des Glaubens Sonnenberge
    Sieht man *ihre* Fahnen wehn,
Durch den Riß gesprengter Särge
    Sie im Chor der Engel stehn.

Chor

> Duldet mutig, Millionen!
>> Duldet für die beßre Welt!
>> Droben überm Sternenzelt
> Wird ein großer Gott belohnen.

Göttern kann man nicht vergelten,
> Schön ists, ihnen gleich zu sein.
Gram und Armut soll sich melden,
> Mit den Frohen sich erfreun.
Groll und Rache sei vergessen,
> Unserm Todfeind sei verziehn,
Keine Träne soll ihn pressen,
> Keine Reue nage ihn.

Chor

> Unser Schuldbuch sei vernichtet!
>> Ausgesöhnt die ganze Welt!
>> Brüder – überm Sternenzelt
> Richtet Gott, wie wir gerichtet.

Freude sprudelt in Pokalen,
> In der Traube goldnem Blut
Trinken Sanftmut Kannibalen,
> Die Verzweiflung Heldenmut – –
Brüder, fliegt von euren Sitzen,
> Wenn der volle Römer kreist,
Laßt den Schaum zum Himmel sprützen:
> Dieses Glas dem guten Geist.

Chor

> Den der Sterne Wirbel loben,
>> Den des Seraphs Hymne preist,
>> *Dieses Glas dem guten Geist*
> Überm Sternenzelt dort oben!

Festen Mut in schwerem Leiden,
> Hülfe, wo die Unschuld weint,
Ewigkeit geschwornen Eiden,
> Wahrheit gegen Freund und Feind,

68

Männerstolz vor Königsthronen, –
Brüder, gält es Gut und Blut –
Dem Verdienste seine Kronen,
Untergang der Lügenbrut!

Chor

Schließt den heilgen Zirkel dichter,
Schwört bei diesem goldnen Wein:
Dem Gelübde treu zu sein,
Schwört es bei dem Sternenrichter!

Rettung von Tyrannenketten,
Großmut auch dem Bösewicht,
Hoffnung auf den Sterbebetten,
Gnade auf dem Hochgericht!
Auch die Toten sollen leben!
Brüder trinkt und stimmet ein,
Allen Sündern soll vergeben,
Und die Hölle nicht mehr sein.

Chor

Eine heitre Abschiedsstunde!
Süßen Schlaf im Leichentuch!
Brüder – einen sanften Spruch
Aus des Totenrichters Munde!

Allerdings ist es höchst seltsam, dass sich ausgerechnet der Einsame hier davonmachen soll, wie in der zweiten Strophe verlangt wird! Das hat schon einem Zeitgenossen Schillers, dem Schriftsteller Jean Paul, zu denken gegeben, der seine Verwunderung so auf den Punkt bringt:

Übrigens würd' ich aus einer Gesellschaft, die den herzwidrigen Spruch bei Gläsern absänge: ›Wers nie gekonnt, der stehle weinend sich aus unserm Bund‹, mit dem Ungeliebten ohne Singen abgehen und einem solchen harten elenden Bunde den Rücken zeigen, zumal da derselbe kurz vor diesen Versen Umarmung und Kuß der ganzen Welt zusingt und kurz nach ihnen Verzeihung dem Todfeind, Großmut dem Bösewichte nachsingt.

Da ist Schiller doch eine grobe Härte unterlaufen ...

Mit Christian Körner, einem hochgebildeten Multitalent, wird ihn eine lebenslange und vertrauensvolle Freundschaft verbinden. Körner wird Schillers bester Freund und Kritiker, Finanz- und Karriereberater in einer Person. Er erkennt Schillers Talente, lenkt seine Lektüren und Interessen und begleicht diskret drängende »Außenstände«. Die beiden führen intensive Werkstattgespräche über Dichtkunst und Philosophie. Und ohne Übertreibung darf behauptet werden, dass das Projekt der deutschen Klassik ohne Christian Körner nicht so zustande gekommen wäre, wie wir es heute kennen. Auch den »Dritten im Bunde«, Goethe, konnten die beiden Freunde ab 1794 in ihren jahrelangen Diskurs problemlos aufnehmen. Über diese lebenslange Freundschaft gibt der fast zwanzigjährige Briefwechsel über private, alltägliche und vor allem philosophisch-ästhetische Fragen genauestens Aufschluss. Er ist ein echter Glücksfall.

Für Schiller-Forscher wäre es ein schmerzlicher Verlust, hätten sie die so genannten Kallias-Briefe nicht, einen Briefwechsel zwischen Schiller und Körner über Immanuel Kants Ästhetik aus dem Jahr 1793. Schiller, angeregt von Kants philosophischem Werk »Kritik der Urteilskraft«, möchte nichts weniger als erklären und definieren, was »schön« ist. Und zwar endgültig und objektiv. Die Idee eine Theorie des Schönen zu entwickeln bringt Schiller in Höchstform und er schwärmt: »Körner hat mich denken gelehrt.«
    Aber Körner ist nicht nur intellektuell ein ebenbürtiger Gesprächspartner, er berät Schiller auch kompetent, wenn er mit Verlegern verhandelt, wenn er finanzielle Probleme hat oder heiraten möchte.
    Dass Schiller auch überheblich, klatschsüchtig und bissig sein kann, erfahren wir aus den Briefen, die fast täglich während des ersten Aufenthalts in Weimar 1787 an Freund

Körner gehen. Eigentlich war Schiller nur auf der Durchreise auf dem Weg nach Hamburg. Aber der kleine Ort mit dem künstlerisch-intellektuellen Flair und seine damalige Geliebte, Charlotte von Kalb, halten ihn fest. Sie führt ihn am berühmten »Musensitz« ein. Schiller liefert in den Briefen eine witzige Charakterisierung der »Weimarer Riesen« und des gesellschaftlichen Lebens im damaligen Provinznest – die Kehrseite der allseits bewunderten Dichteravantgarde von Wieland, Herder und Goethe, die sich am Hof der Herzogin Anna Amalia von Sachsen-Weimar versammelt hat. Nachdem Schiller die erste Einladung zum Tee bei Anna Amalia ohne größere Peinlichkeiten überstanden hat, klagt er schon »wieviel flache Creaturen kommen einem da vor« und ist ganz angetan von sich selbst:

> Charlotte versicherte mir auch, daß ich es hier überal mit meinen Manieren wagen dürfe. Biß jetzt habe ich, wo ich mich zeigte, nirgends verloren. Charlottens Idee von mir hat mir Zuversicht gegeben, und die nähere Bekanntschaft mit diesen Weimarischen Riesen – ich gestehe Dirs – hat meine Meinung von mir selbst – verbeßert.

Mit Wieland freundet er sich schnell an, mit Herder wird er nicht so richtig warm, und Goethe ist in Italien, aber seiner »Sekte« begegnet er an allen Ecken Weimars. Das geht ihm auf die Nerven.

Zehn Jahre später, Weimar ist jetzt Schillers fester Wohnsitz, schreibt er am 1. 5. 1797 an Körner:

> Was Du neulich über *Herder* und *Wieland* schriebst, war mir recht aus der Seele gesprochen. *Wieland* ist beredt und witzig aber unter die Poeten kann man ihn kaum mit mehr Recht zählen als Voltairen und Popen. Er gehört in die löbliche Zeit, wo man die Werke des Witzes und des poetischen Genies für Synonima hielt.
>
> Was einen aber so oft an ihm irre macht, im Guten und Bösen, das ist seine *Deutschheit* bei dieser französischen Apretur. Diese Deutsch-

heit macht ihn zuweilen zum ächten Dichter, und noch öfters zum alten Weib und zum Philister. Er ist ein seltsames Mittelding. Uebrigens fehlt es seinen Produkten gar nicht an herrlichen poetischen und genialischen Momenten, und sein Naturell ist mir noch immer sehr respektabel, wieviel es auch bei seiner Bildung gelitten hat.

Herder ist jetzt eine ganz pathologische Natur, und was er schreibt, kommt mir bloß vor, wie ein KrankheitsStoff, den diese auswirft, ohne dadurch gesund zu werden. Was mir an ihm fatal und wirklich ekelhaft ist, das ist die feige Schlaffheit bei einem innern Trotz und Heftigkeit. Er hat einen giftigen Neid auf alles Gute und Energische und affektiert, das Mittelmäßige zu protegieren. Göthen hat er über seinen Meister die kränkendsten Dinge gesagt. Gegen Kant und die neusten Philosophen hat er den größten Gift auf dem Herzen, aber er wagt sich nicht recht heraus, weil er sich vor unangenehmen Wahrheiten fürchtet, und beißt nur zuweilen einen in die Waden. Es muss einen indignieren, daß eine so große ausserordentliche Kraft für die gute Sache so ganz verloren geht; Schloßer giebt mir zuweilen auch eine ähnliche Empfindung.

Selbst beim Lästern legt er Wert auf Stil.

Schiller greift in seinen Briefen fast regelmäßig das Thema »Freundschaft« auf und versucht ihm ein philosophisches Profil zu geben.

Am 9. August 1787 schreibt er aus Weimar an Körner in Dresden. Sie kennen sich jetzt vier Jahre:

> Es gibt für mich (...) kein höheres Glück in der Welt mehr als der vollständige Genuß unsrer Freundschaft, die ganze unzertrennbare Vermengung unsres Daseyns, unsrer Freuden und Leiden. Wir haben dieses Ziel noch nicht erreicht, aber ich denke, wir sollen es noch erreichen. (...) Der Anfang und Umriss unsrer Verbindung war Schwärmerei und das mußte er seyn; aber Schwärmerei, glaube mirs, würde auch nothwendig ihr Grab seyn. Jetzt muß ein ernsthafteres Nachdenken und eine langsame Prüfung ihr Consistenz und Zuverläßigkeit geben. Jedes unter uns muß dem Intereße des ganzen einige kleine Leidenschaften abtreten, und eine herzliche Liebe für Jedes unter uns muß in uns allen die erste die herrschende seyn. Seid ihr hierin mit mir einig?

Schiller scheut keine Mühen für seine Freunde, vermittelt Kontakte, gibt Rat, liest Manuskripte durch und zeigt, im Falle Körners, seine Gefühle deutlich:

> Wie werter wird mir alle Tage Deine und meine Freundschaft, und wie wohltätig ist sie mir schon gewesen. Ich würde keine dieser Art mehr knüpfen können, denn Du glaubst nicht, wieviel Misanthropie sich in meine Denkart gemischt hat. Leiden, Fehlschlüsse über Menschen, hintergangene Erwartungen haben mich in ihrem Umgang schüchtern und misstrauisch gemacht. Ich habe den leichtsinnigen frohen Glauben an sie verloren; darum braucht es sehr wenig, um meine Zuversicht zu eines Menschen Freundschaft für mich wankend zu machen, besonders, wenn ich Ursache habe zu glauben, dass sein eigenes Gedankensystem, seine Neigungen noch nicht fest sind. Warum müssen wir getrennt von einander leben. Hätte ich nicht die Degradation meines Geistes so tief gefühlt, ehe ich von euch ging, ich hätte euch nie verlassen, oder hätte mich bald wieder zu euch gefunden. Aber es ist traurig, dass die Glückseligkeit, die unser ruhiges Zusammenleben mir verschaffte mit der einzigen Angelegenheit, die ich der Freundschaft selbst nicht zum Opfer bringen kann, mit dem inneren Leben meines Geists, unverträglich war. Dieser Schritt wird mich nie gereuen, weil er gut und notwendig war, aber es ist doch eine harte Beraubung, ein hartes Opfer für ein ungewisses Gut.
>
> Du wirst glauben, ich sei heute hypochondrisch oder unzufrieden gestimmt; aber dies ist der Fall nicht. Ich fühle ruhig und bin nicht verstimmt. Die nähere Ansicht meiner Lage drang mir diese Empfindungen auf.

Wie unbefangen und offen, naiv und voller Vertrauen er früher auf Menschen zugegangen sein muss! Jetzt ist er dreißig und hat eine Reihe von Enttäuschungen erlebt. Deshalb schätzt er Körner umso mehr und ist dankbar für die Beziehung. Dresden hat ihn damals gelangweilt, er hat sich nicht weiterentwickelt, nichts dazugelernt, und das war für Schiller immer das Schlimmste. Stillstand konnte er nicht ertragen.

In einem Brief, in dem er Körner seine Glückwünsche

zum neuen Jahrhundert schickt, schreibt er am 5. Januar
1801:

> Herzlich begrüßen wir euch zum neuen Seculum und freuen uns von
> ganzer Seele, dass wir es alle miteinander mit Glück und Hofnung
> beginnen. Wir werden in diesem neuen Jahrhundert, wie ich gewiss
> weiß, keine herzlichere Freundschaft schließen, als die unsrige ist und
> mögen wir uns nur noch recht lang derselben freuen, und es erleben,
> sie in unseren Kindern fort gesetzt zu sehen.

Vier Jahre sollte sie nur noch dauern.

»Wenige Sterbliche haben mich so interessiert«

Was an Schiller immer wieder überrascht, ist seine Beweg-
lichkeit auf unterschiedlichsten Gebieten. Vor allem auf
dem der Freundschaft. Der junge Schiller schwärmt, him-
melt an, kann es aber genauso genießen, wenn er – wie mit
Andreas Streicher und Wilhelm von Humboldt etwa –
selbst das Objekt der Verehrung ist. Aus ungleichen Beziehungen, wie anfangs zu Körner, der ihn erfolg- und mittellos aufnimmt, wird eine lebenslange Freundschaft auf
Augenhöhe. Auch mit Goethe schafft er, trotz hartnäckiger
Minderwertigkeitsgefühle, eine gleichberechtigte Arbeitsfreundschaft. Klug geht er mit seinen zwiespältigen Gefühlen zu ihm um, so dass eine fruchtbare Zusammenarbeit
entstehen kann. Wie er das macht, zeigen wieder seine
Briefe.

Neben Körner und Humboldt war Goethe die wichtigste
Person in Schillers letzten zehn Lebensjahren. Und als
Schiller 1805 starb, gingen auch für Goethe »die Lichter
aus«, schien er die »Hälfte (seines) Daseins zu verlieren«. Es
fehlten ihm die »innig vertraute Theilnahme«, die »geist-
reiche Anregung« und der »löbliche Wetteifer«.

Angefangen hat es allerdings ganz anders. Nichts will Goethe von dem unreifen, exzentrischen Schriftsteller wissen, der, wie er glaubt, literarisch irgendwo als »Stürmer und Dränger« auf der Strecke geblieben ist. Er, Goethe, hat sich auf seinen Reisen zu den antiken Stätten weiterentwickelt. Er weiß, wie Dichtung zu sein hat, wie ein Dichter sich bilden muss. Schiller ist bloß halb Philosoph und halb Historiker, das war für Goethe uninteressant und für sein Dichtungskonzept schädlich. Also am besten nicht mal ignorieren. Schiller wird immer bitterer und härter in seinen Äußerungen über Goethe, seine Arroganz, Unnahbarkeit und über seine kriecherische »Sekte«. Aber er weiß auch genau, dass er von Goethe lernen kann, dass da einer ist, der ihn weiterbringt. Und deshalb gibt er nicht auf. Neid und Rivalität sind es am Anfang, die Schiller für den abwesenden und abweisenden Goethe empfindet, und abfällig hat er sich geäußert:

> Göthens Geist hat alle Menschen, die sich zu seinem Zirkel zählen, gemodelt.
>
> Eine stolze philosophische Verachtung aller Speculation und Untersuchung, mit einem biß zur Affectation getriebenen Attachement an die Natur und einer Resignation in seine fünf Sinne, kurz eine gewiße kindliche Einfalt der Vernunft bezeichnet ihn und seine ganze hiesige Sekte.

Hier spielt Schiller schon auf das Gegensatzpaar an, als das er sich und Goethe später sehen wird – Goethe, der auf Erfahrung als wichtigste Erkenntnisquelle setzt, und er, der auf Ideen setzt. Oder wenn aus Schiller der Gerechtigkeitssinn spricht – vermischt mit Neid und Eifersucht:

> Während er [Goethe] in Italien mahlt, müssen die Vogts und Schmidts für ihn wie die Lastthiere schwitzen. Er verzehrt in Italien für nichtsthun eine Besoldung von 18 000 thal. Und sie müssen für die Hälfte des Gelds doppelte Lasten tragen.

Mit Körner kann er zum Glück alles besprechen, auch das »Problem« Goethe:

> Ich muss lachen, wenn ich nachdenke, was ich Dir von und über Goethe geschrieben haben mag. Du wirst mich wohl recht in meiner Schwäche gesehen und im Herzen über mich gelacht haben (...) Ich will mich gerne von Dir kennen lassen, wie ich bin. Dieser Mensch, dieser Goethe ist mir einmal im Wege, und er erinnert mich so oft, dass das Schicksal mich hart behandelt hat. Wie leicht ward sein Genie von seinem Schicksal getragen, und wie muss ich bis auf diese Minute noch kämpfen! (...) Aber ich habe noch guten Mut, und glaube an eine glückliche Revolution für die Zukunft.

Diese Haltung ist tatsächlich bezeichnend für Schiller. Er fühlt sich grundsätzlich zu kurz gekommen, besonders neben Goethe, aber immer folgt eine optimistische Sicht auf sein Leben.

Als Schiller und Goethe dann schließlich unausweichlich aufeinander treffen – bei einer Konferenz der Naturforschenden Gesellschaft in Jena am 20. Juli 1794 –, kann auch Goethe nicht länger widerstehen. Was wichtiger sei, die Erfahrung oder die Idee, diese Frage führt die beiden endgültig zusammen. Und Schiller ist enttäuscht:

> Sein erster Anblick stimmte die hohe Meinung ziemlich tief herunter, die man mir von dieser anziehenden und schönen Figur beigebracht hatte. Er ist von mittlerer Größe, trägt sich steif und geht auch so, sein Gesicht ist verschlossen, aber sein Auge sehr ausdrucksvoll, lebhaft und man hängt mit Vergnügen an seinem Blick. Bei vielem Ernst hat seine Miene doch viel wohlwollendes und gutes. Er ist brünett, und schien mir älter auszusehen als er meiner Berechnung nach wirklich seyn kann. Seine Stimme ist überaus angenehm, seine Erzählung fließend, geistvoll und belebt, man hört ihn mit überaus viel Vergnügen; wenn er bei gutem Humor ist, welches dißmal so ziemlich der Fall war, spricht er gern und mit Interesse.

Goethe ein steifer, launischer, früh gealterter Mann? Ein anderes Mal heißt es voller Gram und Zwiespältigkeit:

Öfters um Goethe zu sein, würde mich unglücklich machen: Er hat auch gegen seine nächsten Freunde kein Moment der Ergießung, er ist an Nichts zu fassen; ich glaube in der Tat, er ist ein Egoist in ungewöhnlichem Grade. Er besitzt das Talent, die Menschen zu fesseln, und durch kleine sowohl als große Attentionen sich verbindlich zu machen; aber sich selbst weiß er für immer frei zu behalten. Er macht seine Existenz wohlthätig kund, aber nur wie ein Gott, ohne sich selbst zu geben – dies scheint mir eine consequente und planmäßige Handlungsart, die ganz auf den höchsten Genuß der Eigenliebe calculiert ist. Ein solches Wesen sollten die Menschen nicht um sich herum aufkommen lassen. Mir ist er dadurch verhaßt, ob ich gleich seinen Geist von ganzem Herzen liebe und groß von ihn denke.

Und dann folgt in einem Brief an Körner vom 2. 2. 1789 ein sonderbarer Vergleich, aggressiv und sexistisch:

Ich betrachte ihn wie eine stolze Prude, der man ein Kind machen muß, um sie vor der Welt zu demüthigen, und an meinem guten Willen liegt es nicht, wenn ich nicht einmal mit der ganzen Kraft, die ich in mir aufbieten kann, einen Streich auf ihn führe, und in einer Stelle, die ich bei ihm für die tödtlichste halte.
    Eine ganz sonderbare Mischung von Haß und Liebe ist es, die er in mir erweckt hat (...) ich könnte seinen Geist umbringen und ihn wieder von Herzen lieben. Goethe hat auch viel Einfluß darauf, daß ich mein Gedicht gern recht vollendet wünsche. An seinem Urtheile liegt mir überaus viel ...

Schiller wird nicht müde auszuloten, was ihn von Goethe trennt, vereint und was in Zukunft möglich sein wird:

Im ganzen genommen ist meine in der That große Idee von ihm nach dieser persönlichen Bekanntschaft nicht vermindert worden, aber ich zweifle, ob wir einander je sehr nahe rücken werden. Vieles was mir jetzt noch interessant ist, was ich noch zu wünschen und zu hoffen habe, hat seine Epoche bei ihm durchlebt, er ist mir (an Jahren weniger als an Lebenserfahrungen und Selbstentwicklung) so weit voraus, daß wir unterwegs nie mehr zusammenkommen werden, und sein ganzes Wesen ist schon von anfang her anders angelegt als das meinige, unsere Vorstellungsarten scheinen wesentlich verschieden.

Körner als echter Freund hatte schon lang vorher klug und strategisch dem Freund geraten, was er mit diesem schwierigen Großen anstellen soll:

Goethes Charakter hat allerdings viel Drückendes. Man muß seinen ganzen Stolz aufbieten, um sich von einem solchen Menschen nicht gedemüthigt zu fühlen. Doch wäre es Schade, wenn dieß Dir seinen Umgang verleiden sollte. Du kannst keck mit dem Gefühle: anch' io son pittore vor ihm auftreten, wenn er auch gleich durch Alter und Erfahrung in der Herrschaft über sich selbst eine gewisse Ueberlegenheit besitzt. (...) Menschen mit solchem Gehalt wirst Du nicht häufig finden, und Dich mit ihm reiben zu können ist doch gewiß ein beträchtlicher Vortheil. Es giebt Momente, wo man zu solchen Herausforderungen nicht gestimmt ist, aber in Deinen besern Stunden wird Dich doch eine Spannung dieser Art mehr befriedigen, als das behagliche Gefühl einer bequemen Überlegenheit unter beschränkteren Köpfen.

Schiller hört auf Körner und lässt nicht locker. Er lädt Goethe ein, für die Monatsschrift »Die Horen« zu schreiben, die 1794 die erste Zeitschrift der Weimarer Klassik werden wird. Schiller ist der rührigste des Herausgebergremiums und wählt eine kleine Gruppe von handverlesenen Autoren aus. Sein Einladungsschreiben zur Mitarbeit ist auch der erste Brief an Goethe.

Hochwohlgebohrner Herr,
hochzuverehrender Herr Geheimer Rath.

Beiliegendes Blatt enthält den Wunsch einer, Sie unbegrenzt hoch-
schätzenden, Gesellschaft, die Zeitschrift von der die Rede ist, mit
Ihren Beyträgen zu beehren, über deren Rang und Werth nur Eine
Stimme unter uns seyn kann. Der Entschluß Euer Hochwohlgebohren, diese Unternehmung durch Ihren Beytritt zu unterstützen, wird
für den glücklichen Erfolg derselben entschieden seyn, und mit
größter Bereitwilligkeit unterwerfen wir uns allen Bedingungen unter welchen Sie uns denselben zusagen wollen.

Hier in Jena haben sich die H. H. Fichte, Woltmann und von
Humboldt zur Herausgabe dieser Zeitschrift mit mir vereinigt, und
da, einer nothwendigen Einrichtung gemäß, über alle einlaufenden
Mscrpte die Urtheile eines engern Ausschußes eingehohlt werden
sollen, so würden Ew. Hochwohlgebohren uns unendlich verpflich-
ten, wenn Sie erlauben wollten, daß Ihnen zu Zeiten eins der einge-
sandten Mscrpte dürfte zur Beurtheilung vorgelegt werden. Je größer
und näher der Antheil ist, deßen Sie unsre Unternehmung würdigen,
desto mehr wird der Werth derselben bey demjenigen Publikum
steigen, deßen Beyfall uns der wichtigste ist.

Hochachtungsvoll verharre ich
   Euer Hochwohlgebohren
   gehorsamster Diener und aufrichtigster
        Verehrer
        F. Schiller.

So viel Hochachtung flößt ihm der große Kollege ein, dass
er steif und fast unterwürfig klingt. Dieser sagt jedoch »mit
Freuden« zu. Schiller strengt sich an und sucht Goethe zu
erforschen, benützt ihn zugleich als Spiegel zur Selbstver-
gewisserung. Dabei schafft er ein so differenziertes Porträt
von sich und Goethe, wie es sonst keines gibt. Die Briefe
Schillers vom 23. und 31. August 1794 klingen schon gar
nicht mehr unterwürfig:

... Lange schon habe ich, obgleich aus ziemlicher Ferne, dem Gang Ihres Geistes zugesehen und den Weg, den Sie sich vorgezeichnet haben, mit immer erneuerter Bewunderung bemerkt. Sie suchen das Notwendige der Natur, aber Sie suchen es auf dem schweresten Wege, vor welchem jede schwächere Kraft sich wohl hüten wird. Sie nehmen die ganze Natur zusammen, um über das Einzelne Licht zu bekommen, in der Allheit ihrer Erscheinungsarten suchen Sie den Erklärungsgrund für das Individuum auf. Von der einfachen Organisation steigen Sie Schritt vor Schritt zu den mehr verwickelten hinauf, um endlich die verwickelteste von allen, den Menschen, genetisch aus den Materialien des ganzen Naturgebäudes zu erbauen. Dadurch, daß sie in der Natur gleichsam nacherschaffen, suchen Sie in seine verborgene Technik einzudringen. Eine große und wahrhaft heldenmäßige Idee, die zur Genüge zeigt, wie sehr Ihr Geist das reiche Ganze seiner Vorstellungen in einer schönen Einheit zusammenhält. Sie können niemals gehofft haben, daß Ihr Leben zu einem solchen Ziele zureichen werde, aber einen solchen Weg auch nur einzuschlagen, ist mehr wert, als jeden andern zu endigen, – und Sie haben gewählt, wie Achill in der Ilias zwischen Phthia und der Unsterblichkeit. Wären Sie als ein Grieche, ja nur als ein Italiener geboren worden und hätte schon von der Wiege an eine auserlesene Natur und eine idealisierende Kunst Sie umgeben, so wäre Ihr Weg unendlich verkürzt, vielleicht ganz überflüssig gemacht worden. Schon in die erste Anschauung der Dinge hätten Sie dann die Form des Notwendigen aufgenommen, und mit Ihren ersten Erfahrungen hätte sich der große Stil in Ihnen entwickelt. Nun, da Sie ein Deutscher geboren sind, da Ihr griechischer Geist in diese nordische Schöpfung geworfen wurde, so blieb Ihnen keine andere Wahl, als entweder selbst zum nordischen Künstler zu werden oder Ihrer Imagination das, was ihr die Wirklichkeit vorenthielt, durch Nachhilfe der Denkkraft zu ersetzen und so gleichsam von innen heraus und auf einem rationalen Wege ein Griechenland zu gebären. In derjenigen Lebensepoche, wo die Seele sich aus der äußeren Welt ihre innere bildet, von mangelhaften Gestalten umringt, hatten Sie schon eine wilde und nordische Natur in sich aufgenommen, als Ihr siegendes, seinem Material überlegenes Genie diesen Mangel von innen entdeckte und von außen her durch die Bekanntschaft mit der griechischen Natur davon vergewissert wurde. Jetzt mußten Sie die alte, Ihrer Einbildungskraft schon aufgedrungene schlechtere Natur nach dem besseren Muster, das Ihr bildender Geist sich erschuf, korrigieren, und das kann nun freilich nicht anders als nach leitenden Begriffen vonstatten gehen. Aber diese logische Richtung, welche der Geist bei der Reflexion zu nehmen genötigt ist, verträgt sich nicht wohl mit der ästhetischen, durch welche allein er bildet. Sie hatten also eine Arbeit mehr; denn so wie Sie von der Anschauung der Abstraktion übergingen, so mußten Sie nun rückwärts Begriffe wieder in Intuitionen umsetzen und Gedanken in Gefühle verwandeln, weil nur durch diese das Genie hervorbringen kann.

So ungefähr beurteile ich den Gang Ihres Geistes, und ob ich recht habe, werden Sie selbst am besten wissen. Was Sie aber schwerlich wissen können (weil das Genie sich immer selbst das größte Geheimnis ist), ist die schöne Übereinstimmung Ihres philosophischen Instinktes mit den reinsten Resultaten der spekulierenden Vernunft. Beim ersten Anblicke zwar scheint es, als könnte es keine größeren Opposita geben als den spekulativen Geist, der von der Einheit, und den intuitiven, der von der Mannigfaltigkeit ausgeht. Sucht aber der erste mit keuschen und treuem Sinn die Erfahrung und sucht der letzte mit selbsttätiger freier Denkkraft das Gesetz, so kann es gar nicht fehlen, daß nicht beide einander auf halben Wege begegnen werden. (...)

Aber ich bemerke, daß ich anstatt eines Briefes eine Abhandlung zu schreiben im Begriff bin, – verzeihen Sie es dem lebhaften Interesse, womit dieser Gegenstand mich erfüllt hat; und sollten Sie Ihr Bild in diesem Spiegel nicht erkennen, so bitte ich sehr, fliehen Sie ihn darum nicht. ...

Jena, 31. August 1794
... Erwarten Sie bei mir keinen großen materialen Reichtum von Ideen; dies ist es, was ich bei Ihnen finden werde. Mein Bedürfnis und Streben ist, aus wenigem viel zu machen, und wenn Sie meine Armut an allem, was man erworbene Erkenntnis nennt, einmal näher kennen sollten, so finden Sie vielleicht, daß es mir in manchen Stücken damit mag gelungen sein. Weil mein Gedankenkreis kleiner ist, so durchlaufe ich ihn eben darum schneller und öfter und kann eben darum meine kleine Barschaft besser nutzen und eine Mannigfaltigkeit, die dem Inhalte fehlt, durch die Form erzeugen. Sie bestreben sich, Ihre große Ideenwelt zu simplifizieren, ich suche Varietät für meine kleinen Besitzungen. Sie haben ein Königreich zu regie-

81

ren, ich nur eine etwas zahlreiche Familie von Begriffen, die ich herzlich gern zu einer kleinen Welt erweitern möchte.

Ihr Geist wirkt in einem außerordentlichen Grade intuitiv, und alle Ihre denkenden Kräfte scheinen auf die Imagination als ihre gemeinschaftliche Repräsentantin gleichsam kompromittiert zu haben. Im Grund ist dies das Höchste, was der Mensch aus sich machen kann, sobald es ihm gelingt, seine Anschauung zu generalisieren und seine Empfindung gesetzgebend zu machen. Danach streben Sie, und in wie hohem Grade haben Sie es schon erreicht! *Mein* Verstand wirkt eigentlich mehr symbolisierend, und so schwebe ich als eine Zwitterart zwischen dem Begriff und der Anschauung, zwischen der Regel und der Empfindung, zwischen dem technischen Kopf und dem Genie. Dies ist es, was mir, besonders in frühern Jahren, sowohl auf dem Felde der Spekulation als der Dichtkunst ein ziemlich linkisches Ansehen gegeben; denn gewöhnlich übereilte mich der Poet, wo ich philosophieren sollte, und der philosophische Geist, wo ich dichten wollte. Noch jetzt begegnet es mir häufig genug, daß die Einbildungskraft meine Abstraktionen und der kalte Verstand meine Dichtung stört. Kann ich dieser beiden Kräfte insoweit Meister werden, daß ich einer jeden durch meine Freiheit ihre Grenzen bestimmen kann, so erwartet mich noch ein schönes Los; leider aber, nachdem ich meine moralischen Kräfte recht zu kennen und zu gebrauchen angefangen, droht eine Krankheit meine physischen zu untergraben. Eine große und allgemeine Geistesrevolution werde ich schwerlich Zeit haben in mir zu vollenden, aber ich werde tun, was ich kann; und wenn endlich das Gebäude zusammenfällt, so habe ich doch vielleicht das Erhaltungswerte aus dem Brande geflüchtet.

Sie wollten, daß ich von mir selbst reden sollte, und ich machte von dieser Erlaubnis Gebrauch. Mit Vertrauen lege ich Ihnen diese Geständnisse hin, und ich darf hoffen, daß Sie sie mit Liebe aufnehmen.

Goethe reagiert erst kühl auf Schillers intensive und ungebetene Beschäftigung mit seiner Person, lädt ihn aber immerhin schon kurz nach dem ersten Gespräch in Jena für zwei Wochen nach Weimar in sein Haus am Frauenplan ein. Schiller nimmt an und bittet »lediglich um die leidige

Freiheit, (bei ihm) krank sein zu dürfen«, da er wegen nächtlicher Krämpfe tagsüber ausschlafen müsse.

Es ist bemerkenswert, wie die beiden Dichter zu Beginn ihrer Beziehung das Terrain abstecken, Ziele offen vereinbaren und dann ohne Krisen und Reibereien bis zu Schillers Tod zusammenarbeiten. Von Anfang an sind sie zur Freundschaft entschlossen, auch Goethe.

Das Projekt »Klassik«

Schiller berichtet Körner begeistert von der »unerwarteten Übereinstimmung«, trotz der »größten Verschiedenheit«. Und im selben Brief über das erste berühmte Gespräch: »Ein jeder konnte dem anderen etwas geben, was ihm fehlte, und etwas dafür empfangen.« Sie tauschen in der Folge Manuskripte aus und bearbeiten sie. Schiller beteiligt sich intensiv an der Entstehung von Goethes Roman »Wilhelm Meister«, und dieser denkt sich in das komplizierte Wallenstein-Projekt ein; ausgelassen geht es beim Balladen-Schreiben zu. Experten haben nachgewiesen, dass Schillers »Wallenstein« und Goethes »Faust« »sich geradezu ineinander spiegeln«.

Die beiden sortieren den Zeitschriftenmarkt neu und betreuen miteinander die Regiearbeit am Weimarer Hoftheater, wo Goethe Intendant ist. Der gut zehnjährige Briefwechsel mit über tausend Briefen zeigt die fruchtbare Zusammenarbeit zweier deutscher Dichter, die einmalig in der Literaturgeschichte ist. Zusammen haben sie die Kriterien eines bedeutenden Literaturkonzepts zum Höhepunkt gebracht, das jeder schon vorher für sich im Kopf entwickelt hatte. Es entstehen die großen Werke, die später als Weimarer Klassik bezeichnet werden.

Das dringlichste Ziel ist es, da sind sich beide einig, eine deutsche Literatur auf hohem Niveau zu schaffen, Geschmack und Bildung der Leser erheblich zu fördern, ein verbindliches ästhetisches Konzept zu entwickeln und durchzusetzen. Als die Auflage der »Horen« drastisch zurückgeht, denken sie sich eine freche Sache aus: In Gedichten verspotten sie öffentlich die Kollegen, die den schlechten Geschmack des Publikums mit Trivialliteratur bedienen. Ein recht fragwürdiges Unternehmen, aber nicht ohne Stil: »Xenien« heißen die Hassgedichte beschönigend – Gastgeschenke, und sie reimen sich im Stil der antiken Epigramme. In wenigen Monaten schreiben die Freunde etwa 900 Xenien. Goethe hatte die Idee, aber Schiller war – man muss es leider sagen – der Verletzendere und Schärfere. Heute scheinen diese Spottgedichte harmlos, aber die Betroffenen waren wütend und verletzt. In der Literaturgeschichte wird der so genannte »Xenienstreit« oft als folgenreiche Literaturfehde interpretiert, mit der Schiller und Goethe zu Recht (oder Unrecht) ihr elitäres Kunstprogramm gegen ihre Konkurrenten durchzusetzen versuchten. Hier einige Beispiele. Johann Kaspar Manso etwa war ein Kollege, der erfolgreich für ein breites Publikum Dramen schrieb und Mitverfasser von Anti-Xenien war, die heute allerdings völlig vergessen sind.

Die Kunst zu lieben
Auch zum Lieben bedarfst du der Kunst? Unglücklicher Manso,
Daß die *Natur* auch nichts, gar nichts für dich noch getan!

Prosaische Reimer
Wieland, wie reich ist dein Geist! Das kann man nun erst empfinden,
Sieht man, wie fad und wie leer dein caput mortuum ist.

An gewisse Kollegen
Mögt ihr die schlechten Regenten mit strengen Worten verfolgen,
Aber schmeichelt doch auch den schlechten Autoren nicht mehr.

J-b
Steil wohl ist er, der Weg zur Wahrheit, und schlüpfrig zu steigen,
Aber wir legen ihn doch nicht gern auf Eseln zurück.

Die Horen: Eine Monatsschrift, herausgegeben von Schiller. 1. Band, 1795.

Auch Freunde wurden nicht verschont, nur Lessing und Kant entgingen knapp dem Gericht. Man stelle sich vor, heute würden zwei angesehene Schriftsteller, Günter Grass und Martin Walser zum Beispiel, boshafte Gedichte gegen ihre Kolleginnen und Kollegen veröffentlichen. Einfach kindisch, besonders für gereifte Klassiker, die ja immerhin die Menschheit bessern wollten. Schiller und Goethe kritisieren nicht nur die mittelmäßigen Kollegen, sondern auch die unbedarfte Leserschaft. Aber trotz des »kritischen Fechtplatzes«, den Schiller in den »Horen« so spektakulär eröffnet hat, sinken die Abonnementzahlen weiter, und nach knapp drei Jahren muss er das Ende der Zeitschrift bekannt geben.

Auch nach diesem Flop macht er einfach weiter. Zusammen mit Goethe setzt er das klassische Projekt fort und riskiert eine elitäre Position: feste Standards sowohl für gute Literatur als auch für seriöse Dichter und das gebildete Publikum. Dem gängigen Publikumsgeschmack erteilt er eine eindeutige Abfuhr. Jetzt kann er es sich leisten, den Lesern den Rücken zu kehren: Seine Stücke stehen überall auf dem Theaterplan, er ist zum ersten Mal selbstbestimmter, unabhängiger Autor, die Verleger Göschen und Cotta unterstützen seine Projekte, die Familie wächst, Angebote aus Tübingen und Berlin erreichen ihn, Freundschaften gedeihen.

Nicht nur das gemeinsam erarbeitete Literaturprogramm,

sondern auch ihre ablehnende Haltung den Gewaltakten der Französischen Revolution gegenüber festigen die Beziehung der Freunde. Einige Schillerforscher beurteilen das Verhalten der beiden Klassiker negativ. Die Weimarer Dichtergemeinschaft sei ein Bündnis gegen die politischen Herausforderungen der Zeit, eine Flucht in die unverbindlichen Sphären der Kunst gewesen. Andere wiederum erkennen gerade in Schillers ästhetisch-theoretischen Schriften und in den Dramen, wie zum Beispiel dem »Tell« oder Goethes Epos »Hermann und Dorothea«, den Entwurf eines Gegenmodells zur Französischen Revolution – eine Umwälzung ohne Gewalt.

Schillers Beziehung zu Goethe scheint uns auch heute noch höchst ungewöhnlich: Obwohl er sich ihm in vieler Hinsicht unterlegen und nicht gewachsen fühlt, lässt Schiller sich nicht beirren, so wie viele Schriftsteller in der Zeit nach Goethe. Sie fühlten sich gelähmt durch die Dominanz der Klassiker, durch Goethes Leistungen vor allem, und nannten sich melancholisch »Epigonen«, Nachahmer ohne eigene Schöpferkraft. Wie selbstbewusst Schiller mit Goethes »Vorsprung« und Andersartigkeit umgeht, zeigen diese Aussagen:

> Aber mit Göthen messe ich mich nicht, wenn er seine ganze Kraft anwenden will. Göthe hat weit mehr Genie als ich, und bei diesem weit mehr Reichthum an Kenntnissen, eine sicherere Sinnlichkeit, und zu allem diesem einen durch Kunstkenntniß aller Art geläuterten und verfeinten Kunstsinn, was mir in einem Grade, der ganz und gar biß zur Unwissenheit geht, mangelt. Hätte ich nicht einige andre Talente, und hätte ich nicht soviel Feinheit gehabt diese Talente und Fertigkeiten in das Gebiet des Dramas herüber zu ziehen, so würde ich in diesem Fache gar nicht neben ihm sichtbar geworden seyn. Aber ich habe mir eigentlich ein eigenes Drama nach meinen Talenten gebildet, welches mir eine Gewisse Excellence darin gibt, eben weil es mein eigen ist. (...) Deßwegen laße ich mich aber nicht abschrecken.

Es ist eine große Leistung Schillers, neben Goethe zu bestehen, indem er dessen Autorität fraglos anerkennt, sich pro forma etwas klein macht, aber seine Leistung als gleichwertig schätzt. Er hat auch etwas zu bieten, dessen ist er gewiss. Es ist diese Fähigkeit Schillers, die auch den Freund Wilhelm von Humboldt sehr beeindruckt:

> Es lag in Schillers Eigentümlichkeit, von einem großen Geiste neben sich nie in dessen Kreis herübergezogen, dagegen in dem eignen, selbst geschaffenen durch einen solchen Einfluß auf das mächtigste angeregt zu werden, und man kann wohl zweifelhaft bleiben, ob man dies in ihm mehr als Größe des Geistes oder als tiefe Schönheit des Charakters bewundern soll. Sich fremder Individualität nicht unterzuordnen, ist Eigenschaft jeder größeren Geisteskraft, jedes stärkeren Gemüts, aber die fremde Individualität ganz als verschieden zu durchschauen, vollkommen zu würdigen und aus dieser bewundernden Anschauung die Kraft zu schöpfen, die eigne nur noch entschiedner und richtiger ihrem Ziele zuzuwenden, gehört Wenigen an und war in Schiller hervorstechender Charakterzug.

Schiller-Experten schwärmen von einer »stimulierenden Konkurrenzsituation«, einem »fruchtbaren Wettbewerb« oder einer »pulsierenden Arbeitsfreundschaft«. Obwohl Friedrich und Wolfgang zeitlebens beim »Sie« bleiben und sich zwischen ihnen nie eine Vertrautheit wie zwischen Schiller und Körner einstellt, gehen sie fürsorglich und einfühlsam miteinander um. Als Charlotte Schiller nach der Geburt des dritten Kindes an einer schweren Depression erkrankt, schreibt Goethe an Schiller:

> Ihr Brief, wertester Freund, hat mich auf das unangenehmste überrascht. Unsere Zustände sind so innig verwebt, daß ich das, was Ihnen begegnet, an mir selbst fühle.

Oder seine Dankbarkeit an den Dichter Schiller:

Sie haben mich von der allzu strengen Beobachtung der äußern Dinge und ihrer Verhältnisse auf mich selbst zurückgeführt. Sie haben mir eine zweite Jugend verschafft und mich wieder zum Dichter gemacht, welches zu seyn ich so gut als aufgehört hatte.

Für das Gespräch »ganz eigentlich geboren«

»Mühsam und wirklich oft unter Druck muß ich eine Laune, eine dichterische Stimmung hervorarbeiten, die mich in zehen Minuten bei einem guten denkenden Freund sonst anwandelt«, schreibt Schiller 1783 an Reinwald, und einer jener Freunde ist Wilhelm von Humboldt, der Schiller im Gespräch auf die besten Gedanken und Ideen bringt. Für Humboldt ist Schiller schlicht einzigartig. Er sieht in ihm ein »echtes Genie«, denn keiner könne Poesie und Philosophie so verbinden wie er. Mit ihm, dem acht Jahre jüngeren Altertumsforscher, hatte Schiller wieder großes Glück. Zwischen 1793 und 1797 waren sie eng befreundet. Humboldt war wegen Schiller sogar nach Jena gezogen: »Ich hatte, um Schiller nahe zu sein, meinen Wohnsitz in Jena genommen und war wenige Wochen vor ihm dort angekommen. Wir sahen uns täglich zweimal, vorzüglich aber des Abends allein und meistenteils bis tief in die Nacht hinein.«

Beide sind sehr glücklich über ihre langen, anregenden Gespräche. Sie kommen sich nicht als Kollegen in die Quere und sind völlig entspannt miteinander. In Humboldt hat Schiller einen kompetenten Sachverständigen und Kritiker gefunden. Er ist Experte in griechischer Verslehre und feilt an Schillers Gedichten und Balladen.

Da es auch Humboldt schließlich nach Rom zieht, wird aus der Nachbarschaft in Jena eine Brieffreundschaft. Der Ton der Briefe ist entsprechend locker und unangestrengt. Obwohl Humboldt Schiller sehr bewundert, ist sein Aufsatz

»Über Schiller« dennoch ein verlässliches Dokument eines Zeitzeugen.

Ich habe Schiller, nicht gerade seine Werke, obgleich ich auch in diesen doch ziemlich bewandert bin, äußerst genau studiert, und ich mache es mir zum eigentlichen Geschäft, dies Studium zu einer gewissen Vollendung zu bringen. Ich fahre darin um so unermüdeter fort, weil ich überzeugt bin, daß das Studium eines so seltenen und in seiner Art so einzigen Genies einen erweiterten Begriff des menschlichen Geistes überhaupt gibt. Ich habe nie einen gesehen, dessen Geist mir so merkwürdig gewesen wäre, und so aufrichtig ich zum Beispiel Goethe und Kant verehre, so ist mir keiner von beiden für die Kenntnisse der menschlichen Intellektualität so wunderbar und wichtig. (...) Er trägt durchaus und in allem, was er treibt, das Gepräge des echten Genies, von dem es nicht möglich ist, sich zu irren, aber sowohl gegen seinen dichterischen als gegen seinen philosophischen Beruf kann ich starke Ausnahmen machen. (...) In ihm strebt der Geist eigentlich das philosophische und das poetische Genie ineinander zu verschmelzen, und dadurch ist er Schöpfer einer Poesie, von der noch bis jetzt kein Beispiel vorhanden war und die man sehr unrichtig mit der bisherigen sogenannten philosophischen verwechseln würde, so wie er eben dadurch auch in der Philosophie eine Originalität erlangt hat, die sich auf weit mehr als auf den bloßen Vortrag erstreckt.

Schiller geht kritischer mit Humboldt um, zumindest in einem Brief an Körner:

Zum Umgang ist er auch recht eigentlich qualifiziert, er hat ein seltenes reines Interesse an der Sache, weckt jede schlummernde Idee, nöthigt einen zur schärfsten Bestimmtheit, verwahrt dabey vor der Einseitigkeit, und vergilt jede Mühe die man anwendet, um sich deutlich zu machen, durch die seltene Geschicklichkeit, die Gedanken des andern aufzufassen und zu prüfen. So wohlthätig er aber auch für jeden ist, der einen gewißen Gedankenreichthum mitzutheilen hat, so wohlthätig, ja höchst nothwendig ist es auch für ihn, von aussen ins Spiel gesetzt zu werden, und zu der scharfen Schneide seiner intellektuellen Kräfte einen Stoff zu bekommen, denn er kann nie bilden, immer nur scheiden und combiniren. Ich fürchte, die

Anstalten die er macht um sich der neuen Weltmasse, die ihn in Italien erwartet zu bemächtigen, werden ihn um die eigentlichste und höchste Wirkung bringen, die Italien auf ihn machen sollte. Er versieht sich jetzt schon im Voraus mit Zwecken, die er dort verfolgen, mit Sehorganen durch die er jene Welt betrachten will, und so wird er machen, daß er auch nur darinn findet, was er mitbringt, und über dem ängstlichen Bestreben, viele einzelne Resultate mit nach Hause zu bringen, wird er, fürchte ich, dem Ganzen nicht Zeit und Raum lassen, sich als ein Ganzes in seine Phantasie einzuprägen – Italien könnte ihm sehr nützlich werden, wenn es seiner Einbildungskraft, die von seinem Verstande wie gefangen gehalten wird, einen gewißen Schwung geben, eine gewiße Stärke verschaffen könnte. Dazu gehörte aber, daß er nicht hineinzöge wie ein Eroberer, mit sovielen Maschinen und Geräthschaften, um es für seinen Verstand in Besitz zu nehmen. Es fehlt ihm zu sehr an einer ruhigen und anspruchlosen Empfänglichkeit, die sich dem Gegenstande hingiebt, er ist gleich zu activ und dringt mir zu unruhig auf bestimmte Resultate. Doch Du kennst ihn genug, und wirst wahrscheinlich hierin meiner Meinung seyn.

In Humboldt, dem großen Initiator des nach ihm benannten Bildungsprogramms, sieht Schiller hier den fantasielosen Pedanten, zu dem eine Pauschalreise eher passe als das unwägbare Abenteuer einer Romreise. Differenziert kritisiert der reiseunerfahrene Schiller eine Haltung, die keine andere Welt erschließen wird als die, die der Reisende schon im Kopf mit auf die Reise nimmt. Später, als Humboldt schon viele Jahre in Rom lebt, klagt Schiller über den Verlust des Gesprächspartners. Er sei »aus Mangel einer solchen Geistesberührung als damals zwischen (ihnen) war, um soviel älter geworden«.

Es ist jetzt ein so kläglicher Zustand in der ganzen Poesie, der Deutschen und Ausländer, daß alle Liebe und aller Glaube dazu gehört, um noch an ein Weiterstreben zu denken, und auf eine bessere Zeit zu hoffen. Die *Schlegel-* und *Tiekische* Schule erscheint immer hohler und frazenhafter, während daß sich ihre Antipoden immer platter und erbärmlicher zeigen, und zwischen diesen beiden Formen schwankt nun das Publicum. An ein Zusammenhalten zu einem guten Zweck ist nicht zu denken, jeder steht für sich und muß sich seiner Haut wie im Naturstande wehren.

Es ist zu beklagen, daß Goethe sein Hinschlendern so überhand nehmen läßt und weil er abwechselnd alles treibt, sich auf nichts energisch concentriert. Er ist jezt ordentlich zu einem Mönch geworden und lebt in einer bloßen Beschaulichkeit, die zwar keine abgezogene ist aber doch nicht nach außen productiv wirkt. Seit einem Vierteljahr hat er, ohne krank zu seyn, das Haus ja nicht einmal die Stube verlassen. Von dem was er treibt wird er ihnen selbst Nachricht gegeben haben. Wenn Goethe noch einen Glauben an die Möglichkeit von etwas Gutem und eine Consequenz in seinem Thun hätte, so könnte hier in Weimar noch manches realiert werden in der Kunst überhaupt und besonders im dramatischen. Es entstünde doch etwas, und die unselige Stockung würde sich geben. Allein kann ich nichts machen, oft treibt es mich in der Welt nach einem andern Wohnort und Wirkungskreis umzusehen; wenn es nur irgendwo leidlich wäre, ich gienge fort. – Leider ist Italien und Rom besonders kein Land für mich, das physische des Zustandes würde mich drücken und das aesthetische Interesse mir keinen Ersatz geben, weil mir das Interesse und der Sinn für die bildenden Künste fehlt. Sie selbst, mein Freund, würden es ohne bestimmte Berufungsgeschäfte schwerlich lang in Italien aushalten.

Es ist eigen, wie wir seit dem Jahr 1794 und 95, wo wir in Jena zusammen philosophierten und uns durch eine Geistesreibung electrisirten, auseinander verschlagen worden sind. Jene Zeiten werden mir ewig unvergeßlich seyn und ob ich mich gleich in dieser Zeit in die erfreulichere poetische Thätigkeit versezt habe, und mich im ganzen auch körperlich gesünder fühle, so kann ich Ihnen doch versichern, theurer Freund, daß Sie mir fehlen.

Erstmals klagt er, dass er einsam sei und anregende Freunde vermisse. Selbst Goethe lasse sich hängen. Aber zugleich macht sich Schiller, gemäß seiner glücklichen Gewohnheit, wieder Mut und dem fernen Humboldt auch:

Und am Ende sind wir ja beide Idealisten und würden uns schämen, uns nachsagen zu lassen, daß die Dinge uns formten und nicht wir die Dinge.

Die knappste Definition von dem, was ein – leicht größenwahnsinniger – Idealist ist.

Ohne Übertreibung kann man sagen, dass Schiller mit fast allen bedeutenden und interessanten Männern seiner Zeit und seines Umfelds befreundet oder gut bekannt war. Wieland und Herder gehörten noch dazu sowie seine beiden Verleger Göschen und Cotta, mit denen ihn eine enge Arbeits- und Freundschaftsbeziehung verband. Mit beiden ging er so diplomatisch um, dass bei seinem Wechsel von Göschen zu Cotta Göschen nicht auf Schiller, sondern auf Cotta wütend war.

Und Freundschaft mit Frauen? Nur wenige Frauen kamen in den Genuss eines Freundschaftsbriefes vom Dichter. Seine Schwester Christophine, Henriette von Wolzogen, Charlotte von Kalb und natürlich die Schwestern von Lengefeld, Charlotte und Caroline. Da passt es, was Schiller einmal an Freund Huber geschrieben hatte, dass ein »weiblicher Freund keiner« sei. Seine eigenen Erfahrungen haben das ständig widerlegt. In diesem Punkt war er seiner Zeit nur insofern voraus, als dass andere bedeutende männliche Zeitgenossen noch schlichtere Aussagen zu diesem Thema abgegeben haben. Aber für »Schiller und die Frauen« ist ein eigenes Kapitel vorgesehen.

IV.
»Wer wagt es ...?«
Schillers Balladen

»Der Taucher«

»Wenn's Schiller ist, dann muss es runter«, befahl der Vater dem elfjährigen Theodor Fontane – und zwar so nachdrücklich, dass dieser sich noch als gestandener Schriftsteller daran erinnerte. Das war im 19. Jahrhundert. Aber auch unsere Großeltern mussten ehrfürchtig Schiller lesen und seitenlang Balladen auswendig lernen. Heute ist Schiller aus vielen Schulbüchern fast verschwunden: sowohl der junge, anarchische Bühnenautor als auch der Klassiker, der jene berühmten Werke schrieb, die die Werte unserer Vorfahren prägten und Teil unseres kulturellen Gedächtnisses sind.

Die Balladen als Herzstück der deutschen Klassik sind in unserer Zeit einen kritischen Blick wert. So können wir zum Beispiel über diese Texte ein Gespräch zwischen damals und heute führen und in ihnen etwas über unsere Gegenwart erfahren. Und vielleicht wird an der Freundschaft mit Goethe sichtbar, wie zwei sehr eigenständige Genies fruchtbar zusammenarbeiten konnten. Ein Hinweis allerdings vorweg: Es geht vor allem um junge Männer, um »Jünglinge«, die ihre Grenzen ausloten und sich auch schon mal mit den Göttern messen. Frauen sind Randfiguren, höchstens erotischer Motor. Das ist zum Glück nicht mehr ganz aktuell, aber dennoch wissenswert.

Was ist eigentlich eine Ballade? Goethe hat sie beispielsweise das »Ur-Ei« der Poesie genannt, ein Gedicht also, das lyrische, epische und dramatische Merkmale vereint. Typisch für die Ballade ist der unmittelbare Einstieg, dem die Handlung, oft im Dialog zwischen zwei Figuren, folgt und die mit einer Pointe schließt. Schillers Balladen enden häufig mit moralischen Lehren, die mittlerweile ausgiebig parodiert worden sind (siehe Kapitel XI). Die Ballade ist mit einer dramatischen Kurzgeschichte vergleichbar. Schiller bearbeitete vorzugsweise antike und mittelalterliche Vorlagen, und zwar, indem er den Lesern seine Erziehungsvorstellungen anhand von sensationellen Stoffen präsentierte. Das Ganze verpackte er in eingängige Verse und Reime. Die Ballade ist also auch ein leicht lesbares, manchmal sogar reißerisches Mittel, um schwierige Inhalte zu vermitteln. Vermutlich weil sie so spannend waren, haben Balladen immer eine große Leserschaft angezogen. Thomas Mann übrigens bezeichnete Schillers Vorliebe für abenteuerliche Stoffe treffend als »Lust am höheren Indianerspiel«.

Das »Balladenjahr«, wie Schiller das Jahr 1797 später nannte, war äußerst erfolgreich, obwohl es miserabel angefangen hatte: mit Krankheiten und Kindersorgen, mit Depressionen und einer Schreibkrise – die »Lichter« von Schillers Fantasie waren erloschen. Dem Vater von mittlerweile vier Kindern ging es erst wieder besser, als die Familie in das lang ersehnte Gartenhaus außerhalb von Jena gezogen war. Im Mai konnte er Goethe endlich einladen: »Ich begrüße Sie aus meinem Garten, in den ich heute eingezogen bin. Eine schöne Landschaft umgibt mich, die Sonne geht freundlich unter und die Nachtigallen schlagen.« Im Sommer besuchte ihn der Freund, und es ging immer locker zu, wenn der hohe Besuch kam. Obwohl Schiller seit seiner Heirat mit Charlotte im Jahre 1790 zurückgezogen lebte und das Familienleben genoss, hatte er den Lebensstil eines Junggesellen nicht ganz aufgegeben. Er arbeitete die Nächte durch und schlief sich bis mittags aus. Mit Goethe wurde häufig bis in die Morgenstunden gebechert, diskutiert und gedichtet.

Das Arbeitstempo von Schiller war rasant. Allein von Juni bis September 1797 schrieb er so berühmte Balladen wie »Der Taucher«, »Der Handschuh« und »Der Ring des Polykrates«. Doch zurück zu jenen jungen Männern, die ihre

Grenzen austesteten und denen Schillers große Sympathie galt. Im »Taucher« erfahren wir von einer maßlosen Mutprobe solch eines jungen Mannes.

Der Taucher

»Wer wagt es, Rittersmann oder Knapp,
Zu tauchen in diesen Schlund?
Einen goldnen Becher werf ich hinab,
Verschlungen schon hat ihn der schwarze Mund.
Wer mir den Becher kann wieder zeigen,
Er mag ihn behalten, er ist sein eigen.«

Der König spricht es und wirft von der Höh
Der Klippe, die schroff und steil
Hinaushängt in die unendliche See,
Den Becher in der Charybde Geheul.
»Wer ist der Beherzte, ich frage wieder,
Zu tauchen in diese Tiefe nieder?«

Und die Ritter, die Knappen um ihn her
Vernehmens und schweigen still,
Sehen hinab in das wilde Meer,
Und keiner den Becher gewinnen will.
Und der König zum drittenmal wieder fraget:
»Ist keiner, der sich hinunterwaget?«

Doch alles noch stumm bleibt wie zuvor,
Und ein Edelknecht, sanft und keck,
Tritt aus der Knappen zagendem Chor,
Und den Gürtel wirft er, den Mantel weg,
Und alle die Männer umher und Frauen
Auf den herrlichen Jüngling verwundert schauen.

Und wie er tritt an des Felsen Hang
Und blickt in den Schlund hinab,
Die Wasser, die sie hinunterschlang,
Die Charybde jetzt brüllend wiedergab,
Und wie mit des fernen Donners Getose
Entstürzen sie schäumend dem finstern Schoße.

Und es wallet und siedet und brauset und zischt,
Wie wenn Wasser mit Feuer sich mengt,
Bis zum Himmel sprützet der dampfende Gischt,
Und Flut auf Flut sich ohn Ende drängt,
Und will sich nimmer erschöpfen und leeren,
Als wollte das Meer noch ein Meer gebären.

Doch endlich, da legt sich die wilde Gewalt,
Und schwarz aus dem weißen Schaum
Klafft hinunter ein gähnender Spalt,
Grundlos, als gings in den Höllenraum,
Und reißend sieht man die brandenden Wogen
Hinab in den strudelnden Trichter gezogen.

Jetzt schnell, eh die Brandung wiederkehrt,
Der Jüngling sich Gott befiehlt,
Und – ein Schrei des Entsetzens wird rings gehört,
Und schon hat ihn der Wirbel hinweggespült;
Und geheimnisvoll über dem kühnen Schwimmer
Schließt sich der Rachen, er zeigt sich nimmer.

Und stille wirds über dem Wasserschlund,
In der Tiefe nur brauset es hohl,
Und bebend hört man von Mund zu Mund:
»Hochherziger Jüngling, fahre wohl!«
Und hohler und hohler hört mans heulen,
Und es harrt noch mit bangem, mit schrecklichem Weilen.

Und wärfst du die Krone selber hinein
Und sprächst: Wer mir bringet die Kron,
Er soll sie tragen und König sein,
Mich gelüstete nicht nach dem teuren Lohn.
Was die heulende Tiefe da unten verhehle,
Das erzählt keine lebende glückliche Seele.

Wohl manches Fahrzeug, vom Strudel gefaßt,
Schoß gäh in die Tiefe hinab,
Doch zerschmettert nur rangen sich Kiel und Mast
Hervor aus dem alles verschlingenden Grab –
Und heller und heller wie Sturmes Sausen
Hört mans näher und immer näher brausen.

Und es wallet und siedet und brauset und zischt,
Wie wenn Wasser mit Feuer sich mengt,
Bis zum Himmel sprützet der dampfende Gischt,
Und Well auf Well sich ohn Ende drängt,
Und wie mit des fernen Donners Getose
Entstürzt es brüllend dem finstern Schoße.

Und sieh! aus dem finster flutenden Schoß
Da hebet sichs schwanenweiß,
Und ein Arm und ein glänzender Nacken wird bloß,
Und es rudert mit Kraft und mit emsigem Fleiß,
Und er ists, und hoch in seiner Linken
Schwingt er den Becher mit freudigem Winken.

Und atmete lang und atmete tief
Und begrüßte das himmlische Licht.
Mit Frohlocken es einer dem andern rief:
»Er lebt! Er ist da! Es behielt ihn nicht.
Aus dem Grab, aus der strudelnden Wasserhöhle
Hat der Brave gerettet die lebende Seele.«

Und er kommt, es umringt ihn die jubelnde Schar,
Zu des Königs Füßen er sinkt,
Den Becher reicht er ihm kniend dar,
Und der König der lieblichen Tochter winkt,
Die füllt ihn mit funkelndem Wein bis zum Rande,
Und der Jüngling sich also zum König wandte:

»Lang lebe der König! Es freue sich,
Wer da atmet im rosigten Licht!
Da unten aber ists fürchterlich,
Und der Mensch versuche die Götter nicht
Und begehre nimmer und nimmer zu schauen,
Was sie gnädig bedecken mit Nacht und Grauen.

Es riß mich hinunter blitzesschnell,
Da stürzt' mir aus felsigtem Schacht
Wildflutend entgegen ein reißender Quell,
Mich packte des Doppelstroms wütende Macht,
Und wie einen Kreisel mit schwindelndem Drehen
Trieb michs um, ich konnte nicht widerstehen.

Da zeigte mir Gott, zu dem ich rief
In der höchsten schrecklichen Not,
Aus der Tiefe ragend ein Felsenriff,
Das erfaßt' ich behend und entrann dem Tod,
Und da hing auch der Becher an spitzen Korallen,
Sonst wär er ins Bodenlose gefallen.

Denn unter mir lags noch, bergetief,
In purpurner Finsternis da,
Und obs hier dem Ohre gleich ewig schlief,
Das Auge mit Schaudern hinuntersah,
Wies von Salamandern und Molchen und Drachen
Sich regt' in dem furchtbaren Höllenrachen.

Schwarz wimmelten da, in grausem Gemisch,
Zu scheußlichen Klumpen geballt,
Der stachligte Roche, der Klippenfisch,
Des Hammers greuliche Ungestalt,
Und dräuend wies mir die grimmigen Zähne
Der entsetzliche Hai, des Meeres Hyäne.

Und da hing ich und wars mir mit Grausen bewußt,
Von der menschlichen Hülfe so weit,
Unter Larven die einzige fühlende Brust,
Allein in der gräßlichen Einsamkeit,
Tief unter dem Schall der menschlichen Rede
Bei den Ungeheuern der traurigen Öde.

Und schaudernd dacht ichs, da krochs heran,
Regte hundert Gelenke zugleich,
Will schnappen nach mir; in des Schreckens Wahn
Laß ich los der Koralle umklammerten Zweig,
Gleich faßt mich der Strudel mit rasendem Toben,
Doch es war mir zum Heil, er riß mich nach oben.«

Der König darob sich verwundert schier
Und spricht: »Der Becher ist dein,
Und diesen Ring noch bestimm ich dir,
Geschmückt mit dem köstlichsten Edelgestein,
Versuchst dus noch einmal und bringst mir Kunde,
Was du sahst auf des Meeres tiefunterstem Grunde?«

Das hörte die Tochter mit weichem Gefühl,
Und mit schmeichelndem Munde sie fleht:
»Laßt, Vater, genug sein das grausame Spiel,
Er hat Euch bestanden, was keiner besteht,
Und könnt Ihr des Herzens Gelüsten nicht zähmen,
So mögen die Ritter den Knappen beschämen.«

Drauf der König greift nach dem Becher schnell,
In den Strudel ihn schleudert hinein:
»Und schaffst du den Becher mir wieder zur Stell,
So sollst du der trefflichste Ritter mir sein
Und sollst sie als Ehgemahl heut noch umarmen,
Die jetzt für dich bittet mit zartem Erbarmen.«

Da ergreifts ihm die Seele mit Himmelsgewalt,
Und es blitzt aus den Augen ihm kühn,
Und er siehet erröten die schöne Gestalt
Und sieht sie erbleichen und sinken hin,
Da treibts ihn, den köstlichen Preis zu erwerben,
Und stürzt hinunter auf Leben und Sterben.

Wohl hört man die Brandung, wohl kehrt sie zurück,
Sie verkündigt der donnernde Schall,
Da bückt sichs hinunter mit liebendem Blick,
Es kommen, es kommen die Wasser all,
Sie rauschen herauf, sie rauschen nieder,
Den Jüngling bringt keines wieder.

In ein mittelalterliches Szenario stellt Schiller einen mächtigen Fürsten und einen ehrgeizigen jungen Mann. Vielleicht um seine Schaulust zu befriedigen, provoziert der Fürst diesen zu einer extremen Tat, zum tollkühnen Sprung von der Klippe in den Abgrund. Die Verführung zur »Hybris«, was im Altgriechischen so viel wie Vermessenheit und Überheblichkeit bedeutet, ist bei Schiller übrigens ein häufiges Motiv. Der Jüngling meldet sich freiwillig, wohl vom Drang verführt, seine Kräfte beweisen zu wollen und bewundert zu werden. Den ersten Sprung tut er gleichsam ahnungslos und besteht die Probe, weil er intuitiv, mit Gottvertrauen und im Einklang mit den Elementen richtig handelt: »Da zeigte mir Gott (...) Aus der Tiefe ragend ein Felsenriff, / Das erfaßt' ich behend und entrann dem Tod.«

Als Knabe springt er in die Tiefe, als Mann taucht er wieder auf, so deuten einige Wissenschaftler diese Textstelle. Doch sein erster Satz beim Auftauchen lässt aufhorchen: »Lang lebe der König!« Die Reifeprüfung, als die diese Herausforderung gelesen werden kann, hat er offensichtlich nicht ganz bestanden: Noch denkt er nicht selbstständig, noch hängt er an der Vaterfigur und lässt sich zum zweiten Sprung verleiten. Und das, obwohl er erkannt hat, dass der »Mensch die Götter nicht versuchen« darf, dass jeder Selbstverwirklichung Grenzen gesetzt sind! Diese zweite Probe kann er nicht bestehen, weil er nicht mehr instinktsicher reagiert, aber vor allem, weil er eine existenzielle Erfahrung gemacht hat und sie bei der ersten Bewährungsprobe, vor Ehrgeiz blind, ignoriert.

Die Fragen, die die Ballade hier aufwirft, sind noch heute höchst aktuell: Was ist das Maß, was sind die Maßstäbe für die eigene Selbstverwirklichung? Unsere Zeit schreibt kühne Selbstentwürfe, ja die Pflicht zu immer neuer Selbst-(er-)findung vor. Abenteuer, bei denen wir unsere Grenzen überschreiten, geben uns das Gefühl, ein intensiveres Leben zu führen, so wie dem Bungee-Springer, der mit dem Motto »I've never lost« auf der Brust von der Brücke über einen reißenden Fluss springt. »Der Taucher« fragt auch danach, wie weit ein Mensch gehen darf, und richtet sich sowohl an die feudalen Herrscher von damals als auch an Politiker und Wissenschaftler von heute, also an alle diejenigen, die über Menschen Macht ausüben. In der Ballade missbraucht ein König seine Macht über zwei ihm anvertraute junge Menschen, den Knappen und die Tochter. Wie wir wissen, hat auch Schiller die Willkür solcher Vaterfiguren hautnah erfahren, als ihn der »Landesvater« Karl Eugen aus der Familie riss und in seine Begabtenschule steckte, wo die Jungen »wie Drahtpuppen« auf Gehorsam gedrillt wurden.

Das Thema Freiheit und ihre Grenzen hat Schiller nie mehr losgelassen.

Er selbst lebte sein kurzes Leben eigentlich immer »an der Grenze«. In seiner Jugend forderte er wiederholt die Obrigkeit heraus, verfasste »Die Räuber«, ein revolutionäres Drama, und verließ das Land bei Nacht und Nebel, um gegen den Willen Karl Eugens Dichter zu werden.

Diese Leidenschaft zur Dichtkunst trieb den oft schwer kranken Dichter bis an den Rand der Erschöpfung. Wenn ihn das Arbeitsfieber gepackt hatte, schrieb er wochenlang bis in die Morgenstunden. Schonungslos ging er mit sich selbst um. Daher ist es nicht verwunderlich, dass Menschen, die Normen verletzten und den Absturz riskierten, seine Sympathie gehörte.

Was habe ich erreicht? Was will ich noch? – diese Fragen wird sich auch Schiller gestellt haben. Er verfolgte nämlich immer neue Pläne. Kaum hatte ein Stück seine Schreibwerkstatt verlassen, war er schon wieder unzufrieden und

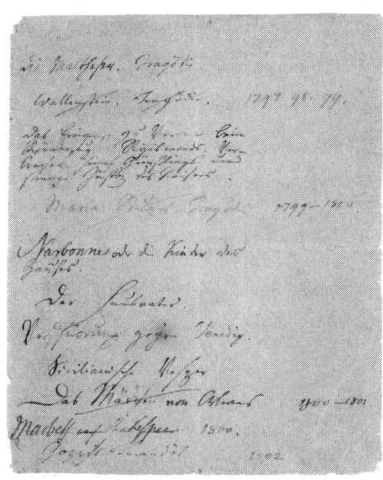

Das Dramenverzeichnis, erste Seite.

setze sich neue Ziele. Dabei musste er häufig Neuland betreten, denn im damaligen Deutschland waren die Dichter bemüht, den Vorsprung tonangebender Länder wie Frankreich und England aufzuholen. Schiller und Goethe fanden vor ihrer Haustür jedenfalls keine Vorbilder für ihre literarischen Reformpläne. Heute ruft es vielleicht nur ein müdes Lächeln hervor, dass es damals Rivalitäten darum gab, welches Land die beste Literatur hervorbrachte.

»Der Handschuh«

Was Goethe angeht, so riet er dem Freund, während die beiden an ihren Balladen feilten: ».. . lassen [Sie] Ihren Taucher je eher je lieber ersaufen. Es ist nicht übel, da ich meine Paare in das Feuer und aus dem Feuer bringe, daß Ihr Held sich das entgegengesetzte Element aussucht.« Doch der Taucher war bereits »ersoffen«, kaum dass Goethe wieder zurück in Weimar war. Und Schiller hatte schon die nächste Ballade zu Papier gebracht:

Der Handschuh
(Erzählung)

Vor seinem Löwengarten,
Das Kampfspiel zu erwarten,
Saß König Franz,
Und um ihn die Großen der Krone,
Und rings auf hohem Balkone
Die Damen in schönem Kranz.

Und wie er winkt mit dem Finger,
Auf tut sich der weite Zwinger,
Und hinein mit bedächtigem Schritt
Ein Löwe tritt,

Und sieht sich stumm
Rings um,
Mit langem Gähnen,
Und schüttelt die Mähnen,
Und streckt die Glieder,
Und legt sich nieder.

Und der König winkt wieder,
Da öffnet sich behend
Ein zweites Tor,
Daraus rennt
Mit wildem Sprunge
Ein Tiger hervor,
Wie der den Löwen erschaut,
Brüllt er laut,
Schlägt mit dem Schweif
Einen furchtbaren Reif,
Und recket die Zunge,
Und im Kreise scheu
Umgeht er den Leu
Grimmig schnurrend,
Drauf streckt er sich murrend
Zur Seite nieder.

Und der König winkt wieder,
Da speit das doppelt geöffnete Haus
Zwei Leoparden auf einmal aus,
Die stürzen mit mutiger Kampfbegier
Auf das Tigertier,
Das packt sie mit seinen grimmigen Tatzen,
Und der Leu mit Gebrüll
Richtet sich auf, da wirds still,
Und herum im Kreis,
Von Mordsucht heiß,
Lagern die greulichen Katzen.

Da fällt von des Altans Rand
Ein Handschuh von schöner Hand
Zwischen den Tiger und den Leun
Mitten hinein.

Und zu Ritter Delorges spottenderweis
Wendet sich Fräulein Kunigund:
»Herr Ritter, ist Eure Lieb so heiß,
Wie Ihr mirs schwört zu jeder Stund,
Ei, so hebt mir den Handschuh auf.«

Und der Ritter in schnellem Lauf
Steigt hinab in den furchtbarn Zwinger
Mit festem Schritte,
Und aus der Ungeheuer Mitte
Nimmt er den Handschuh mit keckem Finger.

Und mit Erstaunen und mit Grauen
Sehens die Ritter und Edelfrauen,
Und gelassen bringt er den Handschuh zurück,
Da schallt ihm sein Lob aus jedem Munde,
Aber mit zärtlichem Liebesblick –
Er verheißt ihm sein nahes Glück –
Empfängt ihn Fräulein Kunigunde.
Und er wirft ihr den Handschuh ins Gesicht:
»Den Dank, Dame, begehr ich nicht«,
Und verläßt sie zur selben Stunde.

»Der Handschuh« könnte fast eine Fortsetzung des »Tauchers« sein, wenn man die beiden zentralen Figuren, den Jüngling und den Ritter, nebeneinander stellt. Während der hochriskante Sprung des Jünglings scheitert, ist der Ritter klüger, weil er den Verführungen zum Ruhm und zur Ehre widersteht. Der König im »Taucher« und das Ritterfräulein Kunigunde spielen mit dem damals bedeutenden Ehrbegriff. Der Ritter muss der tödlichen Aufforderung folgen, um vor der versammelten Hofgesellschaft nicht das Gesicht zu verlieren. Gruppendruck würden wir das heute nennen. Auch Franz I. ist ein selbstherrlicher Despot, der keinen Finger rührt, um den Ritter vor den Launen einer Dame zu schützen, die vermutlich gerade eine Geschichte über römische Gladiatorenkämpfe gelesen hat. Schiller hat seine Kritik am feudalen Spiel mit Menschenleben hier durch einen effektvollen Kunstgriff verstärkt: Die »zivilisierte«, adelige Gesellschaft wird in der Raubtierrunde widergespiegelt. Wer ist gefährlicher? Kein Wunder, dass es großen Protest bei den adeligen Damen in Weimar gab, die eine Textprobe in die Hände bekommen hatten.

Ritter Delorges hat auf der ganzen Linie gesiegt. Die Dame mit den Starallüren lässt er abblitzen. Vor allem gewinnt er den Mut, die Gesetze des Hofes zu brechen und Kunigunde vor den Kopf zu stoßen. Dieser Mann hat die Reifeprüfung erfolgreich bestanden. Er erreicht ein hohes Maß an Selbstständigkeit und möglicherweise wird er der gesamten Welt des Hofes den Rücken zukehren. Diese Ballade gibt uns den nicht zu verachtenden Rat, auszusteigen, wenn man für die Zwecke anderer missbraucht wird.

Es war übrigens Goethe, der Schiller auf dieses Balladenmotiv hingewiesen hat. Wie schon gesagt, viele der Balladen sind nicht in einsamer Nachtarbeit entstanden, sondern im Team mit dem zehn Jahre Älteren, der in dieser Zeit einer seiner besten Freunde werden sollte. 10 Jahre hielt die Freundschaft, die mit dem Tod Schillers im Jahre 1805 endete. Sie steht bis heute für die produktive Beziehung zweier hochkarätiger Dichter.

»Der Ring des Polykrates«

Aus dieser kreativen Zeit stammt die Ballade »Der Ring des Polykrates«. Für dieses Gedicht bearbeitete Schiller eine antike Vorlage des berühmten griechischen Geschichtsschreibers Herodot: Polykrates herrschte im 6. Jahrhundert vor Christus über die Insel Samos. Er galt als vom Glück verwöhnt, und die Fülle seines Glücks war schon zu seinen Lebzeiten sprichwörtlich. Sein gewaltsames Ende jedoch gab zu Warnungen Anlass. Polykrates wollte hoch hinaus und fiel tief. Schiller hat aus dieser Vorlage wieder eine Ballade gemacht, die von Freiheit und ihren Grenzen spricht und davor warnt, den Neid der Götter herauszufordern. Auch Götter, so erzählt die Ballade, können durchaus Neid empfinden, wenn ein Erdenbürger nach den Sternen greift. Neidgefühle sind auch heute noch ein heikles Thema und kaum jemand gibt sie gern zu. Wie liest sich das bei Schiller?

Der Ring des Polykrates

Er stand auf seines Daches Zinnen,
Er schaute mit vergnügten Sinnen
Auf das beherrschte Samos hin.
»Dies alles ist mir untertänig«,
Begann er zu Ägyptens König,
»Gestehe, daß ich glücklich bin.«

»Du hast der Götter Gunst erfahren!
Die vormals deinesgleichen waren,
Sie zwingt jetzt deines Szepters Macht.
Doch einer lebt noch, sie zu rächen,
Dich kann mein Mund nicht glücklich sprechen,
Solang des Feindes Auge wacht.«

Und eh der König noch geendet,
Da stellt sich, von Milet gesendet,
Ein Bote dem Tyrannen dar:
»Laß, Herr! des Opfers Düfte steigen
Und mit des Lorbeers muntern Zweigen
Bekränze dir dein festlich Haar.

Getroffen sank dein Feind vom Speere,
Mich sendet mit der frohen Märe
Dein treuer Feldherr Polydor – «
Und nimmt aus einem schwarzen Becken,
Noch blutig, zu der beiden Schrecken,
Ein wohlbekanntes Haupt hervor.

Der König tritt zurück mit Grauen:
»Doch warn ich dich, dem Glück zu trauen«,
Versetzt er mit besorgtem Blick.
»Bedenk, auf ungetreuen Wellen,
Wie leicht kann sie der Sturm zerschellen,
Schwimmt deiner Flotte zweifelnd Glück.«

Und eh er noch das Wort gesprochen,
Hat ihn der Jubel unterbrochen,
Der von der Reede jauchzend schallt.
Mit fremden Schätzen reich beladen,
Kehrt zu den heimischen Gestaden
Der Schiffe mastenreicher Wald.

Der königliche Gast erstaunet:
»Dein Glück ist heute gut gelaunet,
Doch fürchte seinen Unbestand.
Der Kreter waffenkundge Scharen
Bedräuen dich mit Kriegsgefahren,
Schon nahe sind sie diesem Strand.«

Und eh ihm noch das Wort entfallen,
Da sieht mans von den Schiffen wallen,
Und tausend Stimmen rufen: »Sieg!
Von Feindesnot sind wir befreiet,
Die Kreter hat der Sturm zerstreuet,
Vorbei, geendet ist der Krieg.«

Das hört der Gastfreund mit Entsetzen:
»Fürwahr, ich muß dich glücklich schätzen,
Doch«, spricht er, »zittr ich für dein Heil.
Mir grauet vor der Götter Neide,
Des Lebens ungemischte Freude
Ward keinem Irdischen zuteil.

Auch mir ist alles wohlgeraten,
Bei allen meinen Herrschertaten
Begleitet mich des Himmels Huld,
Doch hatt ich einen teuren Erben,
Den nahm mir Gott, ich sah ihn sterben,
Dem Glück bezahlt ich meine Schuld.

Drum, willst du dich vor Leid bewahren,
So flehe zu den Unsichtbaren,
Daß sie zum Glück den Schmerz verleihn.
Noch keinen sah ich fröhlich enden,
Auf den mit immer vollen Händen
Die Götter ihre Gaben streun.

Und wenns die Götter nicht gewähren,
So acht auf eines Freundes Lehren
Und rufe selbst das Unglück her,
Und was von allen deinen Schätzen
Dein Herz am höchsten mag ergötzen,
Das nimm und wirfs in dieses Meer.«

Und jener spricht, von Furcht beweget:
»Von allem, was die Insel heget,
Ist dieser Ring mein höchstes Gut.
Ihn will ich den Erinnen weihen,
Ob sie mein Glück mir dann verzeihen.«
Und wirft das Kleinod in die Flut.

Und bei des nächsten Morgens Lichte,
Da tritt mit fröhlichem Gesichte
Ein Fischer vor den Fürsten hin:
»Herr, diesen Fisch hab ich gefangen,
Wie keiner noch ins Netz gegangen,
Dir zum Geschenke bring ich ihn.«

Und als der Koch den Fisch zerteilet,
Kommt er bestürzt herbeigeeilet
Und ruft mit hocherstauntem Blick:
»Sieh, Herr, den Ring, den du getragen,
Ihn fand ich in des Fisches Magen,
O, ohne Grenzen ist dein Glück!«

Hier wendet sich der Gast mit Grausen:
»So kann ich hier nicht ferner hausen,
Mein Freund kannst du nicht weiter sein.
Die Götter wollen dein Verderben,
Fort eil ich, nicht mit dir zu sterben.«
Und sprachs und schiffte schnell sich ein.

Zunächst fällt auf, wie genau die Form der Balladendefinition entspricht. Ein Erzähler berichtet in nur drei Versen die Ausgangssituation, dann entfaltet sich ein Dialog zwischen dem vom Glück verwöhnten Polykrates und seinem skeptischen Freund, dem König von Ägypten. Das Gespräch ist in einer dramatischen Steigerung aufgebaut: Dreimal warnt der Ägypter den befreundeten Herrscher und dreimal scheinen seine Warnungen aus der Luft gegriffen. Erst als die Götter das Opfer des Polykrates zurückweisen, sieht sich der Ägypter bestätigt. Die Glückssträhne des Herrschers verkehrt sich tragisch in ihr Gegenteil.

Heutige Leserinnen und Leser finden es vermutlich seltsam, dass Polykrates erst glücklich ist, wenn sein Freund ihm sein Glück auch bestätigt. Warum liegt ihm so viel daran? Seltsam ist auch, dass Glücksmeldungen eigentlich als Hiobsbotschaften zu verstehen sind. Der weise Ägypter hat da mehr Durchblick: »Mir grauet vor der Götter Neide, / Des Lebens ungemischte Freude / Ward keinem Irdischen zuteil.« Dass sein eigener Sohn gestorben ist, versteht er als unfreiwilliges Opfer: »Dem Glück bezahl ich meine Schuld.« Der Skeptiker behält Recht, wie wir aus der Vorlage von Herodot, aber nicht aus der Ballade selbst wissen.

Vielleicht ist dieser Stoff trotz seiner Aktualität nicht sofort einleuchtend. In unserer Zeit, da nach dem Motto gelebt wird: »Nothing succeeds like success«, da Erfolg so viel wie Glück bedeutet, ist die Furcht vor dauerhaftem Glück schwer nachvollziehbar und leicht als Aberglaube abzutun. Der Psychoanalytiker Sigmund Freud allerdings war überzeugt davon, dass wir im Alltag unbewusst kleine Opfer bringen, um größeres Unheil zu verhüten. Und was ist uns schließlich schon bewusst von unseren Alltagsstrategien gegen den Neid der Freundinnen, der Mitschüler oder Gurtkonkurrenten im Judoverein? Die kleinen oder größeren Missgeschicke – eine schlechte Note, ein verlorenes

Buch, ein Sturz vom Fahrrad –, könnten sie nicht solche Neid-Vermeidungsstrategien sein?

Neidisch sind in dieser Ballade allerdings nicht nur die Götter, sondern neidisch ist, so kann man unterstellen, auch der Freund aus Ägypten, den das Protzen des samischen Königs geradezu herausfordert, jeden Erfolg mies zu machen. Wie eitel, macht- und geldgierig darf man eigentlich sein, wie sehr darf man sich öffentlich seiner Erfolge freuen, ohne den Neid oder die Rachegelüste anderer zu wecken? In der Tat war das Ende des realen Polykrates grausig: Er wurde mit dem Kopf nach unten gekreuzigt.

Warum hat Schiller dies dem Leser vorenthalten? Durfte der Tyrannenmord nicht aufs Papier? Eigentlich doch eine gute Gelegenheit, an die bislang immer ungeschoren davongekommenen Vater- und Despotenfiguren selbst Hand anzulegen . . .

Gedichte sind wie ein Schlüsselloch ins Innere des Autors. Von Schiller ist bekannt, dass er Neidgefühle gut kannte, Goethe gegenüber zum Beispiel. Und er konnte auch darüber sprechen. Oftmals ließ er den Frust in bitteren Äußerungen durchblicken, den er, der immer um alles kämpfen musste, gegenüber dem vom Schicksal so begünstigten Genie empfand: »Gegen Göthen bin ich und bleib ich eben ein poetischer Lump«, schrieb er ein Jahr vor seiner Balladenserie. Es hatte Jahre gedauert, bis sie sich als ebenbürtige Partner anerkannten und bei aller Gegensätzlichkeit mit größtem Respekt begegneten. Schiller sprach vom »wohlthätigsten Ereigniß« seines Lebens, und Goethe nannte die Freundschaft ein »glückliches Ereigniß«. Welch ein Glück, nicht nur für die beiden, dass sie sich im richtigen Augenblick begegneten und dieselben hoch gesteckten Ziele verfolgten: nichts Geringeres als die »politisch geteilte Welt unter der Fahne der Wahrheit und Schönheit wieder zu vereinigen«. Wenn das nicht vermessen ist? Aber gegen diese Vermessenheit haben sie ja die Balladen geschrieben!

V.
»Dass Euch die Schuppen fielen vom Auge!«
Tödliche Täuschung

Machtgier und Absturz

»Die Verschwörung des Fiesko zu Genua«

Schiller war immer auf der Suche nach spannenden Themen. Schließlich lebte er vom Dichten, und 1783, im teuren Mannheim, hatte er Geld wieder dringend nötig – und sein zweites Drama schon seit längerem in der Tasche. Den »Fiesko« hatte er flott und trotz Schreibverbot noch als Regimentsarzt zu Papier gebracht. Genau gesagt: Er begann damit mitten im Arrest, den er als Strafe für die »Räuber« bekommen hatte. Heimlich beschaffte er sich Schreibzeug, er hatte ja Übung darin, die Verbote des Herzogs zu umgehen. Jetzt wollte er dem Publikum zeigen, dass er noch anderes darstellen konnte als das Schicksal eines kraftgenialischen Räuberhauptmanns.

»Die Verschwörung des Fiesko zu Genua« zählt mit den »Räubern« und »Kabale und Liebe« zu Schillers Jugenddramen. Er hat sie im Alter von etwa 20 bis 24 Jahren geschrieben. Nebenher arbeitete er am »Don Karlos«, der ihn fünf Jahre gekostet hatte, den er immer wieder umschrieb und über dem er zum »Klassiker« reifte. »Fiesko«, sein zweites Drama also, handelt wieder von einem »erhabenen Bösewicht«. Diesmal heißt er nicht Karl Moor, sondern Fiesko. Und es war auch ein riskantes Stück – Freiheit contra die alte politische Ordnung; sogar von Tyrannenmord ist hier die Rede. Wahrscheinlich lehnte der Mannheimer Theaterintendant es deswegen zunächst einmal ab und Schiller musste es überarbeiten. Rebellionen interessierten Schiller brennend, so sehr übrigens, dass er einige Jahre später mit einer »Geschichte der merkwürdigsten Rebellionen« begann, und auch im »Fiesko« geht es um dieses Thema.

Fiesko ist ein Held mit politischem Sendungsbewusstsein und von größtem Egoismus, rebellisch und machtgierig zugleich. Das Stück spielt in Italien im 16. Jahrhundert. Fiesko ist ein smarter, junger, »blühend-schöner Mann«, aber undurchsichtig und widersprüchlich. »Tückisch« nennt ihn Schiller. Ein Mann, der seine wahren Interessen hinter Glamour verbirgt. Der mondäne Luxus dieses Aristokraten, Festsäle mit Schenk- und Spieltischen, mit Musik und Tanz, bilden die Kulisse für die Handlung – ein echtes Kontrastprogramm zu den »Räubern«:

> Hurtig, Lakaien! man soll den Ball erneuern und die großen Pokale füllen. Ich wollte nicht, daß jemand hier Langeweile hätte. Darf ich Ihre Augen mit Feuerwerken ergötzen? Wollen Sie die Künste meines Harlekins hören? Vielleicht finden Sie bei meinem Frauenzimmer Zerstreuung?

Mit aufwändigen Kostümen und Kulissen, mit Schlosshof, Saal und Boudoir unterhält Schiller seine Zuschauer, sogar ein ganzer Hafen musste auf die Bühne. Die wussten das sicher zu schätzen – auch wenn der »Fiesko« die Bühnenarbeiter seiner Zeit, die ständig prächtige Dekorationen umzubauen hatten, total überforderte. Aber das gehörte zum Geschäft und Schiller hatte genau kalkuliert: Das farbenprächtige Spektakel kam in der Faschingssaison heraus. Im Januar 1784 wurde es in Mannheim aufgeführt. Und mit einem Maskenball – wie sonst zu dieser Jahreszeit! – beginnt das Drama.

»Maske« ist ein Grundmotiv des komplizierten Stücks. Es geht um Betrug, Verstellung, Täuschung. Fiesko ist alles andere als ein genusssüchtiger Frauenheld, insgeheim plant er einen Aufstand. Er will Andreas Doria stürzen, den Herzog von Genua – den »Dogen«, wie es auf Italienisch heißt. Fieskos Komplott richtet sich nicht nur gegen den alten Dogen, sondern auch gegen dessen Neffen Gianettino Doria, einen korrupten und gewalttätigen Mann von 26 Jahren. Alles, was über diesen »bäurisch-stolzen«, »anstößigen« Charakter zu erfahren ist, stößt wahrlich ab und lässt Fieskos Verschwörungsvorhaben als nur zu begründet erscheinen. Das Bürgermädchen Bertha wird von einer komplett vermummten »Maske« vergewaltigt – hinter der niemand anders als Gianettino steckt. Nun ist dieses Mädchen die Tochter des »verschworenen« Republikaners Verrina, der genauso wie Fiesko nur ein Ziel hat: die Tyrannen zu stürzen. Fiesko geht dabei einen ganz eigenen Weg: Er beginnt eine Affäre mit Julia, der attraktiven Schwester von Gianettino – obwohl er ganz glücklich mit Leonore verheiratet ist. Das Stück beginnt mit einem öffentlichen Skandal, auf einem Fest, bei dem alle mitbekommen, wie Fiesko mit Julia Doria flirtet. Ehefrau Leonore flieht den Festsaal und ruft tief erschüttert:

> Vor meinen Augen! eine stadtkundige Kokette! im Angesicht des ganzen Adels von Genua! (...) Der lange verweilende Kuß auf ihren entblößten Arm, daß noch die Spur seiner Zähne im flammroten Fleck zurückblieb.

Das war deutlich. Fiesko scheint es darauf angelegt zu haben, Leonore zu provozieren. Alles nur Täuschung, wie man wenig später erfährt. Fiesko liegt nichts an Julia, er benutzt sie nur. Zu ihrem Unglück hegt Julia, die «stolze Kokette«, ernste Gefühle für Fiesko und erklärt ihm fußfällig ihre Liebe. Auch diese Situation macht sich Fiesko zunutze. Er verspottet Julia, konfrontiert sie mit etlichen Zuhörern, die hinter der Tapete zu Zeugen ihres Gefühlsausbruchs wurden, und versöhnt sich bei dieser Gelegenheit wieder mit Ehefrau Leonore. So boshaft behandelt Fiesko Menschen. Und ganz nebenbei: So geht der Autor Schiller mit diesem Frauentyp um. Julia, die überhebliche Schönheit, ist ein Gegentyp zur braven Leonore, und diese »Femmes fatales« – extravagante, erotische Frauen – haben oft ein böses Schicksal in seinen Dramen.

Hat Fiesko die Situation im Griff? Oder fordert er den »Himmel heraus«, wie ihn Leonore ängstlich warnt? Wieder ein schillernder Grenzüberschreiter, der Verschwörer Fiesko. Als Gianettino einen »Mohren« beauftragt, Fiesko zu töten, kann der sich retten. Aber das bringt Fiesko auf eine Idee – so ein Attentat, denkt er sich, lässt sich bestens für die Karriere nutzen. Der »Mohr« wird umgepolt und arbeitet jetzt für Fiesko:

> FIESKO. So ritze mir hurtig mit deinem Dolche den Arm auf, bis Blut darnach läuft – Ich werde tun, als hätt ich dich erst frisch auf der Tat ergriffen. Gut. *(Mit gräßlichem Geschrei)* Mörder! Mörder! Mörder! Besetzt die Wege! Riegelt die Pforten zu! *(Er schleppt den Mohren an der Gurgel hinaus. Bediente fliehen über den Schauplatz)*

Der Betrug klappt, das Volk jubelt dem angeblich aus großer Gefahr entronnenen Fiesko zu, der großherzig durch die Menge reitet und Kusshände verteilt. Fiesko weiß seine Leute zu manipulieren. Und dass er das kann, wissen auch seine Gegner. Lomellin, ein Freund Gianettinos, berichtet höchst verärgert von dem Spektakel:

> Die ganze Versammlung hing ihm odemlos in starren, schröcklichen Gruppen entgegen, er sprach wenig, aber streifte den blutenden Arm auf, das Volk schlug sich um die fallenden Tropfen wie um Reliquien. Der Mohr wurde seiner Willkür übergeben, und Fiesko – ein Herzstoß für uns – Fiesko begnadigte ihn. Itzt raste die Stille des Volks in einen brüllenden Laut aus, jeder Odem zernichtete einen Doria, Fiesko wurde auf tausendstimmigem Vivat nach Hause getragen.

Fiesko spielt mit Gefühlen und den »Herzen der Menge«, so charakterisiert ihn der kluge Höfling Lomellin. Mit unehrlichen Schachzügen erobert Fiesko die Herzen der Massen. Man stelle sich einen solchen Mann in der heutigen

Politik vor: ein gut aussehender, wahrscheinlich höchst telegener Politiker, der seine Sache so skrupellos verfolgt, dass er kleinere »Kollateralschäden« ohne mit der Wimper zu zucken in Kauf nimmt. Der »Fiesko« ist, so Claudia Pilling in ihrer Schillerbiographie, »ein modernes Drama, das die Öffentlichkeit, die öffentliche Meinung, als politische Größe erkennt«. Fiesko tut alles, um das Volk für sich zu gewinnen – und wenn es über Betrug und Gewalt geht, wenn Emotionen geschickt manipuliert werden.

Schillers Zeitgenossen erkannten in Fiesko den Typ des Höflings: Moral von Politik trennen, Intrigen beherrschen, immer auf seinen Vorteil bedacht sein, selbst nie sein wahres Gesicht zeigen, jedem misstrauen. So hatte ihn der Italiener Niccolò Macchiavelli in seinem berühmten »Il Principe« gezeichnet, sozusagen ein Benimm-Buch für Herrscher und Höflinge des 16. Jahrhunderts. Es hat ganze Generationen in seinen Bann geschlagen, für Schiller war es ein Lehrbuch zur Psychologie der Macht. Die absolutistischen Herrscher, die seine Dramen bevölkern, von Fiesko bis zu Wallenstein, könnten alle vom »Principe« gelernt haben.

Fiesko nimmt die Maske ab und ist nicht länger der vergnügungssüchtige Salonlöwe, sondern ein Rebell und Verschwörer. Er appelliert an seine Gäste, mit ihm die Tyrannen Doria zu stürzen:

Lange genug, meine Freunde, haben wir Gianettino Dorias Trotz, und die Anmaßungen des Andreas ertragen. Wenn wir Genua retten wollen, Freunde, wird keine Zeit zu verlieren sein. Zu was Ende, glauben Sie, diese zwanzig Galeeren, die den vaterländischen Hafen belagern? Zu was Ende die Allianzen, so diese Doria schlossen? Zu was Ende die fremden Waffen, die sie ins Herz Genuas zogen? – Itzt ist es nicht mehr mit Murren und Verwünschen getan. *Alles* zu retten, muß *alles* gewagt werden. Ein verzweifeltes Übel will eine verwegene Arznei. (...) Schon hab ich vor Ihnen her den Weg zum Ruhme gebahnt. Wollen Sie folgen? Ich bin bereit, Sie zu führen.

Die bald darauf ausbrechenden Kämpfe kosten viele das Leben. Fiesko ist auf dem Höhepunkt des Gefechts überglücklich, als er glaubt, Gianettino erstochen zu haben. Doch da täuscht er sich. Tatsächlich tötete er seine maskierte Frau Leonore. Sie hatte sich halb wahnsinnig vor Angst den Scharlachrock Gianettinos umgehängt und in dieser Vermummung ins Kriegsgetümmel reißen lassen. Typisch Theaterlogik, so könnte man denken, wer verwechselt schon seinen Erzfeind mit der eigenen Frau?! Doch Schiller braucht diese Szene, um Fiesko in eine Krise zu stürzen:

> Fiesko *(sucht mit verdrehten Augen im ganzen Kreis herum, darauf mit leiser, schwebender Stimme, die stufenweis bis zum Toben steigt)* Wahr ists – wahr – und ich das Stichblatt des unendlichen Bubenstücks. *(Viehisch um sich hauend)* Tretet zurück, ihr menschlichen Gesichter – Ah, *(mit frechem Zähnblöcken gen Himmel)* hätt ich nur *seinen* Weltbau zwischen diesen Zähnen – Ich fühle mich aufgelegt, die ganze Natur in ein grinsendes Scheusal zu zerkratzen, bis sie aussieht wie mein Schmerz – *(Zu den andern, die bebend herumstehn)* Mensch! – wie es itzt dasteht, das erbärmliche Geschlecht, sich segnet und selig preist, daß es nicht ist wie ich –

Schiller verlangt hier wieder ein ganzes Register mimischer, stimmlicher und gestischer Ausdruckskraft von seinem Schauspieler. Dafür waren seine Jugenddramen berühmt, und schon das bedeutete eine kleine Revolution auf der Bühne. Als Fiesko am Boden zerstört und wild vor Schmerzen zusammenbricht, ist er zum ersten Mal ehrlich – aber immer noch größenwahnsinnig. Er lästert Gott, die Natur und die ganze Menschheit.

Der Mann, der bislang alle anderen wie Marionetten tanzen ließ, kommt selbst zu Fall. Und wie es zu Tragödien gehört – der Held wird erst hoch aufgebaut, damit er tief stürzen kann. Fiesko hat den Umsturz siegreich geführt, der korrupte Gianettino ist tot und das begeisterte Volk will Fiesko zum Herrscher. Der erliegt der Versuchung: »*Genua*

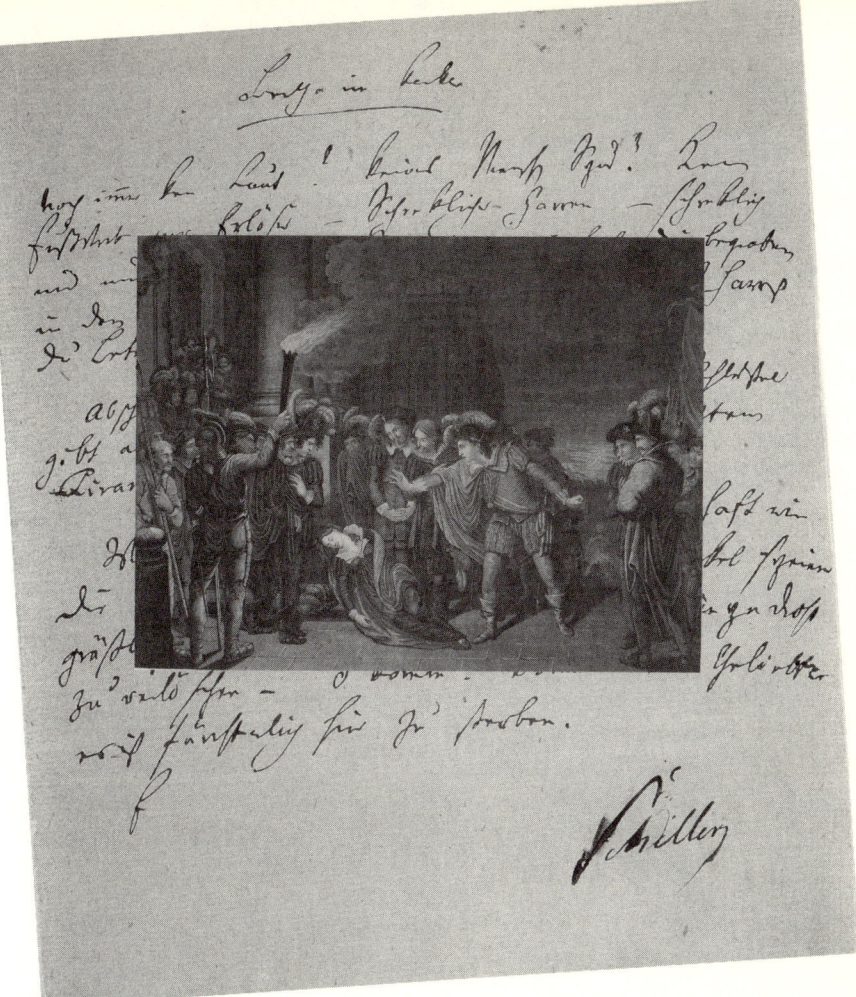

Faksimile: Fragment eines Entwurfs zur »Fiesko«-Bühnenbearbeitung. Illustration zu »Fiesko«.

erwartet mich, sagtet ihr? Ich will Genua einen Fürsten schenken, wie ihn noch kein Europäer sah ...«

Fiesko lockt die Herrscherwürde, der rebellische Freiheitskämpfer findet tausend gute Gründe, um sich zu rechtfertigen. In seinem ersten Drama »Die Räuber« hat Schiller mit den beiden Brüdern Karl und Franz Moor zwei leibhaftige Gegenspieler aufgebaut. In seinem zweiten Drama verlegt er den tragischen Konflikt in die Hauptfigur Fiesko hinein. Der hat zwei Seelen in seiner Brust und muss sich nun entscheiden, ob er Genua zur Republik machen soll oder sich selbst zu Genuas neuem Tyrannen.

Im Hafen von Genua begegnet Fiesko dem alten Verrina, in dessen Charakter gerade er, der Meister der Täuschung, sich gründlich täuscht. Der Kampfgefährte ist ein strenger, prinzipientreuer Republikaner, eine Kontrastfigur zum leichtlebigen Fiesko, dessen politische Überzeugung nach Tagesverfassung zu wechseln scheint. Verrina hat den Konflikt in Fieskos Herzen schon lange misstrauisch verfolgt, er will verhindern, dass Fiesko Herzog von Genua wird. Ein Mann, der sich so raffiniert nach oben manövriert, so denkt Verrina sich, hat alle Voraussetzungen zum allerschlimmsten Tyrannen:

> FIESKO *(sehr gerührt)*. Sei – mein – Freund –
>
> VERRINA. Wirf diesen häßlichen Purpur weg, und ich bins! – Der erste Fürst war ein Mörder, und führte den Purpur ein, die Flecken seiner Tat in dieser Blutfarbe zu verstecken – Höre, Fiesko – ich bin ein Kriegsmann, verstehe mich wenig auf nasse Wangen – Fiesko – das sind meine ersten Tränen – Wirf diesen Purpur weg.
>
> FIESKO. Schweig.
>
> VERRINA *(heftiger)*. Fiesko – laß hier alle Kronen dieses Planeten zum Preis, dort zum Popanz all seine Foltern legen, ich soll knien vor einem Sterblichen – ich werde *nicht* knien – Fiesko. *(Indem er niederfällt)* Es ist mein erster Kniefall – Wirf diesen Purpur weg.
>
> FIESKO. Steh auf, und reize mich nicht mehr!
>
> VERRINA *(entschlossen)*. Ich steh auf, reize dich nicht mehr. *(Sie stehen an einem Brett, das zu einer Galeere führt)* Der Fürst hat den Vortritt. *(Gehen über das Brett)*
>
> FIESKO. Was zerrst du mich so am Mantel? – er fällt!
>
> VERRINA *(mit fürchterlichem Hohn)*. Nun, wenn der Purpur fällt, muß auch der Herzog nach. *(Er stürzt ihn ins Meer)*
>
> FIESKO *(ruft aus den Wellen)*. Hilf, Genua! Hilf! Hilf deinem Herzog! *(Sinkt unter)*

Der Held ertrinkt. Aber darauf legt sich Schiller nicht fest, denn er schrieb mindestens zwei Bühnenfassungen vom »Fiesko«, in der einen – aus der hier zitiert wird – stirbt der Titelheld, in einer anderen verzichtet der Rebell auf die Fürstenwürde, schenkt den Genuesern die Freiheit und beschließt seine politische Karriere als Genuas »glücklichster Bürger«. Schillers Zeitgenossen amüsierten sich darüber, wie der Autor mit dem Schluss experimentierte. Einige Konkurrenten waren wahrscheinlich schadenfroh und hofften inständig, dass der Bühnenkomet Schiller ganz schnell wieder verglühe.

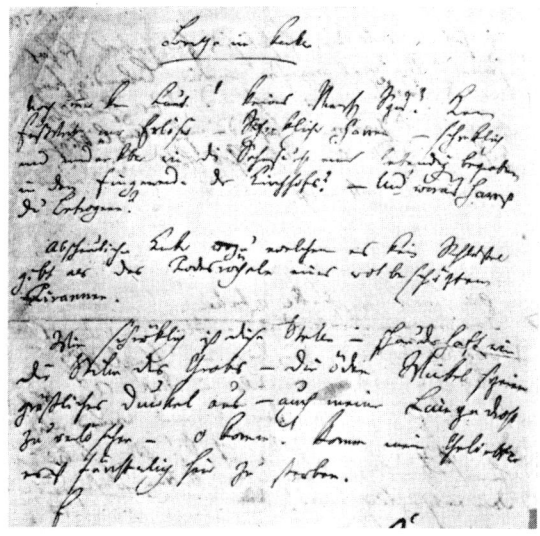

Originalhandschrift aus der Bühnenbearbeitung des »Fiesko«.

Darin hatten sie sich verrechnet, auch wenn der »Fiesko«, den Schiller als »republikanisches Trauerspiel« bezeichnete, das Publikum nicht sehr überzeugte. Lag es am politischen Thema? Lag es am Schluss, um den Schiller immer wieder gerungen hat? Bevorzugten die Zuschauer einen Helden in der Art Karl Moors, einen Helden, der am Schluss einsichtig und geläutert ist anstatt durch die Hand eines Mörders gestoppt zu werden?

Das Drama wirft Fragen auf. Was wird nun aus Genua – eine Republik oder eine Tyrannis? Schiller interessiert sich in diesem Stück weniger für das Politische als für den Charakter des Fiesko mit seinen psychischen Konflikten, sonst hätte er das am Ende nicht offen gelassen. Es gibt keinen Sieger, es gibt viele Tote und eine ungeklärte politische Situation. Was hat der Umsturz eigentlich gebracht? »Ich geh zum Andreas«, ruft Verrina bedeutungsvoll zum Schluss. Gemeint ist Andreas Doria, der alte Doge, der sich in diesem Stück eigentlich nicht in ein schlechtes Licht gesetzt hat – ganz im Gegensatz zu seinem wirklich »tyrannischen« Neffen Gianettino. Will Verrina ihn immer noch stürzen? Will er Andreas seine Hilfe anbieten?

150 Jahre nach den Diskussionen zeitgenössischer Zuschauer nimmt der Schriftsteller Thomas Mann Schillers Dramen unter die Lupe. Er bewundert Schiller dafür, dass er »sich ein persönliches Theater-Idiom erfunden« hat, »unverwechselbar nach Tonfall, Gebärde und Melodie, sofort als das seine zu erkennen«. Zu dieser speziellen »Schiller-Sprache« gehören auch die auffallend pointierten Schlusssätze. Aus den »Räubern« kennen wir schon den Spruch »Dem Mann kann geholfen werden«, mit dem Karl Moor von der Bühne abgeht. Wenn man in Schillers Dramen blättert, wird man noch viele andere markante Schlussworte finden, auch im »Fiesko«: Die vieldeutige Bemerkung »Ich geh zum Andreas« gibt reichlich Anlass zum Grübeln.

»Geschichte des Dreißigjährigen Krieges«
und »Wallenstein«

Zwischen der »Verschwörung des Fiesko zu Genua« und »Wallenstein« liegen etwa 15 Jahre. Doch wenn man sich den Helden anschaut, kommt er einem sehr bekannt vor.

Wallenstein ist auch so ein »Ungeheuer mit Majestät«, ein vieldeutiger Charakter voller Machthunger und Lust an der Rebellion.

Beim »Fiesko« war Schiller 23 Jahre alt, fast gleichaltrig mit seinem Helden, und hätte Erfolg bitter nötig gehabt – aber der blieb aus. 1799, bei der Uraufführung von »Wallensteins Tod« in Weimar, war der Autor schon 40 Jahre alt. Die Aufführung wurde ein großer Erfolg. Herzog Karl August von Sachsen-Weimar und Eisenach – nicht zu verwechseln mit Herzog Karl Eugen von Württemberg – zeigte sich gönnerhaft. Er verdoppelte ihm das Jahresgehalt, und Schiller etablierte sich in Weimar. Damals traf sich die Highsociety in dem Provinzfürstentum, sozusagen die »VIPs« der Zopfzeit. Schillers Ansehen wuchs und die Familie auch, drei Kinder hatte er mittlerweile und das vierte war unterwegs. Er nahm am gesellschaftlichen Leben teil, war zu Musik-, Karten- und Kegelabenden eingeladen. Karten spielte er gut, im Kegeln war er miserabel. Er ging zu Schlittenfahrten, zu Empfängen bei Hof, und sonntags waren die Predigten des hier seit vielen Jahren als Oberpfarrer und Hofprediger wirkenden Johann Gottfried Herder ein gesellschaftliches »must«: Die Beziehung zwischen Schiller und dem reformerischen Denker und Verfasser vieler Schriften zu Literatur und Theologie war darüber hinaus jedoch nicht ohne Spannungen.

Doch zurück zu Wallenstein! Wie war Schiller auf ihn gekommen? Die Anfänge lagen neun Jahre zurück. Der berühmte, aus böhmischem Adelsgeschlecht stammende Feldherr Wallenstein, der die Partei des Kaisers ergriff und selbst finanzierte Truppen führte, war schon eine der wichtigsten Personen in Schillers »Geschichte des Dreißigjährigen Krieges«. Der Dreißigjährige Krieg (1618–1648) hatte seine Schlachtfelder auf deutschem Boden und selbst über 100 Jahre später litten die Menschen noch an den Folgen. Für uns ist das lang vergangen, doch Schillers Zeitgenossen hatten zu diesem Gemetzel noch einen ganz anderen zeitlichen Bezug – etwa so, als wenn heute jemand über den Ersten Weltkrieg schriebe.

Geschichte hat Schiller zeit seines Lebens fasziniert, und streckenweise verdiente er sich sein Brot damit. Er brauchte immer neue Perspektiven – war Dichter, Historiker und Philosoph – und stürzte sich mit Begeisterung in die neue Materie:

> Täglich wird mir die *Geschichte* theurer. Ich habe diese Woche eine Geschichte des Dreißigjährigen Krieges gelesen, und mein Kopf ist noch ganz warm davon. Daß doch die Epoche des höchsten Nationen-Elends auch zugleich die glänzendste Epoche menschlicher Kraft ist! Wie viele große Männer giengen aus dieser Nacht hervor! Ich wollte daß ich zehen Jahre hintereinander nichts als Geschichte studiert hätte. Ich glaube ich würde ein ganz anderer Kerl sein.

So schwärmt Schiller gegenüber Freund Körner – und etwas kokett fügt er hinzu: »Meinst Du daß es ich noch werde nachhohlen können?« Im Jahre 1786 war das, als er mit seinem eigenen Geschichtswerk noch gar nicht angefangen hatte. Vier Jahre später war es dann so weit und Schiller vielleicht wirklich schon »ein ganz anderer Kerl«, der etwas

Historischer Calender für Damen.

Neues plante: keine trockene Abhandlung für Gelehrte. Ein breites Publikum wollte er ansprechen, besonders die Frauen. Er veröffentlichte Fortsetzungen im »Historischen Calender für Damen«, und die Käuferinnen rissen sie ihm aus den Händen.

Schiller erzählt unterhaltsam Geschichten in seiner »Geschichte des Dreißigjährigen Krieges«:

Mehr als Tapferkeit galt ihm [Wallenstein] die Unterwürfigkeit gegen seine Befehle, weil durch jene nur der Soldat, durch diese der Feldherr handelt. Er übte die Folgsamkeit der Truppen durch eigensinnige Verordnungen und belohnte die Willigkeit, ihm zu gehorchen, auch in Kleinigkeiten mit Verschwendung, weil er den *Gehorsam* höher als den *Gegenstand* schätzte. Einstmals ließ er bei Lebensstrafe verbieten, daß in der ganzen Armee keine andre als rote Feldbinden getragen werden sollten. Ein Rittmeister hatte diesen Befehl kaum vernommen, als er seine mit Gold durchwirkte Feldbinde abnahm und mit Füßen trat. Wallenstein, dem man es hinterbrachte, machte ihn auf der Stelle zum Obersten. Stets war sein Blick auf das Ganze gerichtet, und bei allem Scheine der Willkür verlor er doch nie den Grundsatz der Zweckmäßigkeit aus den Augen. Die Räubereien der Soldaten in Freundes Land hatten geschärfte Verordnungen gegen die Marodeurs veranlaßt, und der Strang war jedem gedroht, den man auf einem Diebstahl betreten würde. Da geschah es, daß Wallenstein selbst einem Soldaten auf dem Felde begegnete, den er ununtersucht als einen Übertreter des Gesetzes ergreifen ließ und mit dem gewöhnlichen Donnerwort, gegen welches keine Einwendung stattfand: »Laß die Bestie hängen« zum Galgen verdammte. Der Soldat beteuert und beweist seine Unschuld – aber die unwiderrufliche Sentenz ist heraus. »So hänge man dich unschuldig«, sagte der Unmenschliche, »desto gewisser wird der Schuldige zittern.« Schon macht man die Anstalten, diesen Befehl zu vollziehen, als der Soldat, der sich ohne Rettung verloren sieht, den verzweifelten Entschluß faßt, nicht ohne Rache zu sterben. Wütend fällt er seinen Richter an, wird aber, ehe er seinen Vorsatz ausführen kann, von der überlegenen Anzahl entwaffnet. »Jetzt laßt ihn laufen«, sagte der Herzog, »es wird Schrecken genug erregen.«

Wie geht Wallenstein mit Menschen um? Mit autoritärem Führungsstil: Oberster Maßstab sind seine Befehle. Wallenstein gestaltet die Welt nach seinem Willen. Die erste Anekdote berichtet, wie er »eigensinnige«, vielleicht sogar unsinnige Regeln aufstellt, um den Gehorsam seiner Leute zu prüfen – das hätte auch Karl Eugen einfallen können! –, die zweite Anekdote zeigt dasselbe in einer grausigen Konsequenz. Der arme Soldat ist nur ein Objekt seiner Machtdemonstration. Wallenstein hat – scheinbar – alles unter Kontrolle.

Als Schiller 1792 seine »Geschichte des Dreißigjährigen Krieges« abschloss, war er mit der Figur Wallensteins noch längst nicht fertig. Er begann mit einer Tragödie und ließ die Arbeit immer wieder liegen: »Es ist ein Meer auszutrinken und ich sehe manchmal das Ende nicht.«

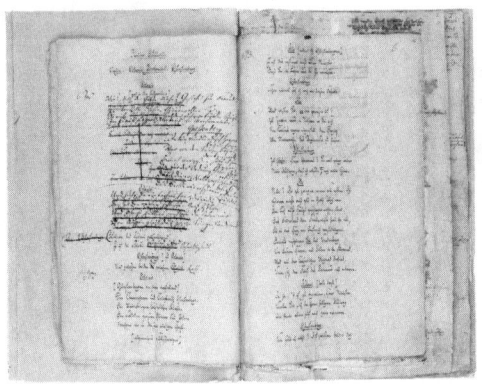

»Wallenstein« – Handschrift mit eigenhändigen Korrekturen Schillers.

»Wallenstein« wurde eine umfangreiche Trilogie mit den Teilen »Wallensteins Lager« – 1798 uraufgeführt –, »Die Piccolomini« – im Januar 1799 uraufgeführt – und »Wallensteins Tod« mit seiner Uraufführung im April 1799. Die Wallenstein-Trilogie leitet das ein, was man Schillers klassische

Dramenphase nennt. Gut acht Jahre arbeitete er an diesem Werk, zum Schluss im ständigen Austausch mit Goethe.

Worum geht es in diesem hochkomplizierten Politdrama? Es zeigt wie ein Spionagethriller die internationalen Verflechtungen und Konflikte, die materiellen Interessen hinter den Glaubenskämpfen des 17. Jahrhunderts. Wallenstein ist ein Kriegsgewinnler, und solange es ihm gut geht, halten die Soldaten ihre Köpfe für ihn hin. Im Drama spiegeln sich Gesellschaftsstrukturen: Wallenstein als Aufsteiger fast an der Spitze, unter ihm die Staatsdiener und Offiziere – »Piccolomini« und andere –, noch weiter unten die große Masse, die Soldaten von »Wallensteins Lager«. Spannungen, wohin man blickt: Die Fronten verlaufen nicht nur zwischen den verfeindeten Heeren, sie verlaufen auch innerhalb der eigenen Armee. Zunächst erlebt man Wallenstein in der Fülle seiner Macht. Er residiert in Pilsen, hat alle seine Truppen dorthin befohlen, alle seine Heerführer und außerdem noch die Familie. Eine wichtige Entscheidung bahnt sich an – aber welche? Gemunkelt wird viel. Will er dem Kaiser abtrünnig werden? Eigentlich arbeitet Wallenstein für den katholischen Kaiser, und jetzt soll er Verhandlungen mit den Gegnern, den protestantischen Schweden, geführt haben. Niemand kennt sich so richtig aus. Wallensteins Visionen, seine politischen und militärischen Alleingänge geben reichlich Anlass zu Streit und Sorge.

Zu Beginn des Dramas wird der Machtmensch aus der Perspektive seiner Soldaten geschildert. Übrigens im Knittelvers, in diesem volkstümlichen, etwas holprigen und paarweise gereimten Vers, mit dem Schiller die Sprache der einfachen Soldaten von der Sprache der Offiziere abhebt. Nach den Worten der Soldaten ist Wallenstein einer von ihnen – gewesen. Er hat ja einmal klein angefangen. Der Krieg macht das Organisationsgenie zum Helden. Vom »Friedländer«, wie sie ihren Feldherren nennen, erzählen die Soldaten sich wahre Wunder:

... unter des Friedländers Kriegspanieren
Da bin ich gewiß zu victorisieren.
Er bannet das Glück, es muß ihm stehen.
Wer unter seinem Zeichen tut fechten,
Der steht unter besondern Mächten.
Denn das weiß ja die ganze Welt,
Daß der Friedländer einen Teufel
Aus der Hölle im Solde hält.
(...)
Sie sagen, er les auch in den Sternen
Die künftigen Dinge, die nahen und fernen;
Ich weiß aber besser, wie's damit ist.
Ein graues Männlein pflegt bei nächtlicher Frist
Durch verschlossene Türen zu ihm einzugehen,
Die Schildwachen habens oft angeschrien,
Und immer was Großes ist drauf geschehen,
Wenn je das graue Röcklein kam und erschien.

Die Soldaten trauen ihm alles zu. Wallenstein ist wie Fiesko
ein Führer mit großer Ausstrahlung, ein Verführer der Massen. Auch die Jugend schwört auf ihn, die Kinder des
Heerlagers, die mit Wallenstein auf einen schnellen Frieden
hoffen. Kein Wunder, dass ihm der idealistische Max Piccolomini zujubelt, der in seinem jungen Leben nichts als
Krieg kennen gelernt hat: »Er ist so gut, so edel (...) Ists
denn das erste Mal, daß er das Seltne, / Das Ungehoffte tut?
Es sieht ihm gleich, / Zu überraschen wie ein Gott, er muß /
Entzücken stets und in Erstaunen setzen.«
  Wallenstein zwischen Gott und Teufel, ein Mann jenseits menschlichen Maßes, zwiespältig. Wallenstein, der mit
kühlem Kopf bei Hochzeiten oder Freundschaftsbindungen
taktiert – Wallenstein, der bei brisanten Entscheidungen
von seinem Astrologen abhängig ist. Als »argwöhnisch-fins-
teren« Mann beschreibt ihn seine Frau. Er selbst sieht sich
ganz anders als »des Glückes abenteuerlicher Sohn«, als
»hellgeborenes, heiteres« Jupiterkind. Das bezieht sich auf

die alteuropäische Lehre von den vier Temperamenten, nach welcher der Stand der Sterne in der Geburtsstunde das Temperament bestimmt. Jupiter ist das Gestirn des heiteren Sanguinikers, und Wallenstein schmeichelt sich, ein Günstling Jupiters zu sein.

Welche Sprosse fehlt ihm noch auf der Leiter des Erfolgs? Die böhmische Königswürde, die Krönung seiner Kriegskarriere? Wallenstein ist noch nicht am Ziel all seiner Wünsche und vor allem nicht so frei und unabhängig, wie man von diesem mächtigen Mann erwarten könnte. Er untersteht dem Kaiser, seinem Auftraggeber im Kampf gegen die Protestanten. In diesem Glaubenskrieg, der ein ganz irdischer Machtpoker ist, wird Wallenstein bei weitem zu mächtig. Er will Böhmen, er drängt mit eigenen Visionen auf die politische Bühne, er verhandelt auf eigene Faust mit den Schweden. Doch der Kaiser zieht seinem ehemaligen Günstling Grenzen.

Schillers Drama zeigt Möglichkeiten und Grenzen eines hochbegabten, aber auch unbequemen Mannes, der sich an den alten Ordnungen reibt – vielleicht ein Spiegel für Schiller selbst und viele andere tüchtige Bürger seiner Zeit, die sich gesellschaftlich emanzipieren wollen? Bei seinem Helden Wallenstein geht es nicht gut aus. Er gerät zunehmend in Schwierigkeiten: »Ja, ich gestehs – es liegt das Spiel nicht ganz / Zu meinem Vorteil.« Schon zu Beginn des Dramas lässt Schiller Wallenstein die Beziehung zum Kaiser und seine gesellschaftliche Karriere kritisch überdenken:

Ja, meine Schuld ist es, weiß wohl, ich selbst
Hab mir den Kaiser so verwöhnt. Da! Vor neun Jahren,
Beim Dänenkriege, stellt ich eine Macht ihm auf
Von vierzigtausend Köpfen oder fünfzig,
Die aus dem eignen Säckel keinen Deut
Ihm kostete – Durch Sachsens Kreise zog
Die Kriegesfurie, bis an die Schären
Des Belts den Schrecken seines Namens tragend.

Da war noch eine Zeit! Im ganzen Kaiserstaate
Kein Nam geehrt, gefeiert wie der meine,
Und Albrecht *Wallenstein,* so hieß
Der dritte Edelstein in seiner Krone!
(...)
Und was war nun mein Dank dafür, daß ich,
Ein treuer Fürstenknecht, der Völker Fluch
Auf mich gebürdet – diesen Krieg, der nur
Ihn groß gemacht, die Fürsten zahlen lassen?
Was? Aufgeopfert wurd ich ihren Klagen,
– Abgesetzt wurd ich.

Die Absetzung durch den Kaiser war für Wallenstein trau-
matisch. Eigentlich müsste er jetzt Schluss machen, sich auf
seinen Lorbeeren und Ländereien ausruhen. Sagenhaften
Reichtum hat er sich erworben, sich einen Palast hin-
gestellt, der an Pracht provozierend mit dem des Kaisers
konkurriert – man kann ihn übrigens heute noch in Prag
besichtigen. Aber Aussteigen passt nicht zu seinem verzeh-
renden Ehrgeiz. Hinter seinem Rücken wird längst gegen
ihn intrigiert. Der Kaiser traut ihm nicht mehr und bereitet
seine Absetzung vor. Octavio Piccolomini, Wallensteins
intimster Waffenbruder, hilft dabei und fördert damit auch
elegant die eigene Karriere. Insgeheim fürchtet Octavio den
großen Wallenstein jedoch, er befürchtet einen gigantischen
Umsturz, wenn man den Feldherrn nicht stoppt:

... Aufgelöst
Sind alle Bande, die den Offizier
An seinen Kaiser fesseln, den Soldaten
Vertraulich binden an das Bürgerleben.
Pflicht- und gesetzlos steht er gegenüber
Dem Staat gelagert, den er schützen soll,
Und drohet, gegen ihn das Schwert zu kehren.
Es ist so weit gekommen, daß der Kaiser
In diesem Augenblick vor seinen eignen
Armeen zittert – der Verräter Dolche
In seiner Hauptstadt fürchtet ...

In seiner »Law and Order«-Mentalität sieht Octavio apokalyptisches Chaos voraus. Der Charakterunterschied könnte kaum größer sein: Hier der intrigante Octavio, der keinen Mut zu Veränderungen hat – da der Querdenker Wallenstein, der mit hohem Risiko neue Ordnungen erzwingt. Als Schiller das Drama schrieb, dachte er wahrscheinlich auch an die aktuellen politischen Entwicklungen, die er besorgt verfolgte: Es brodelte unter den verkrusteten Institutionen. Napoleon griff nach der Macht, hatte den Siegeszug nach Paris begonnen und erschütterte mehr und mehr die politische Ordnung und die Grenzen, die nach dem Dreißigjährigen Krieg festgelegt worden waren.

Festgelegte Grenzen respektiert auch Wallenstein nicht. Jetzt spielt er mit dem Gedanken, zu den Schweden überzulaufen. Sympathisch ist ihm die Lösung nicht: »Der Kaiser hat mich bis zum Äußersten/Gebracht. Ich kann ihm nicht mehr ehrlich dienen./Zu meiner Sicherheit, aus Notwehr tu ich/Den harten Schritt, den mein Bewußtsein tadelt.« Wallenstein als ein Überläufer mit Gewissensbissen. Genau betrachtet war er immer ein Mann zwischen den Parteien, er war noch nicht einmal ein überzeugter Katholik, sondern hat sich, wie man heute weiß, mit seinem Übertritt zum Katholizismus Vorteile verschaffen wollen. Es ist kein Zufall, dass er bei der Astrologie Zuflucht sucht: Ersatz für den erschütterten Gottesglauben in einer heillosen Welt.

Gleichzeitig – jetzt sind wir wieder bei Schillers Drama – ist Wallenstein von der Astrologie fasziniert, weil er meint, mit ihrer Hilfe die Zukunft berechnen und beherrschen zu können. Das ist typisch für diesen Machtmenschen! Er hat bislang tatenlos auf eine Sternenkonstellation gewartet, die ihm, dem heiteren »Jupiterkind«, Glück bringen soll:

> Glückseliger Aspekt! So stellt sich endlich
> Die große Drei verhängnisvoll zusammen,
> Und beide Segenssterne, *Jupiter*

Und *Venus,* nehmen den verderblichen,
Den tückschen *Mars* in ihre Mitte, zwingen
Den alten Schadenstifter mir zu dienen.

(. . .)

Saturnus' Reich ist aus, der die geheime
Geburt der Dinge in dem Erdenschoß
Und in den Tiefen des Gemüts beherrscht,
Und über allem, was das Licht scheut, waltet.

Nicht Zeit ists mehr zu brüten und zu sinnen,
Denn Jupiter, der glänzende, regiert
Und zieht das dunkel zubereitete Werk
Gewaltig in das Reich des Lichts – Jetzt muß
Gehandelt werden, schleunig, eh die Glücks-
Gestalt mir wieder wegflieht überm Haupt,
Denn stets in Wandlung ist der Himmelsbogen.

Wallenstein in grenzenloser Selbstüberschätzung: Mars
»dient« ihm wie ein kleiner Soldat und Jupiter steht ihm wie
ein Schutzengel »überm Haupt«.

Aber er täuscht sich. Er geht schon von falschen Voraussetzungen aus, wenn er seine Sternenschau betreibt: Wallenstein ist nämlich gar kein Jupitermensch. Wallenstein ist ein
»Kind« des düsteren Saturn, und darum stürzt ihn genau die
Konstellation ins Unglück, auf die er händeringend gewartet
hat. »Saturnus' Reich ist aus« – ohne es zu wissen, beschreibt
Wallenstein mit diesen Worten sein eigenes Ende.

Als saturngeprägter Mensch ist Wallenstein auch alles
andere als »hellgeboren« und heiter: Ein Melancholiker ist
er. Die Melancholie kommt immer mehr zum Vorschein, je
schwieriger seine Lage wird. Melancholiker – darunter verstand man nach der Temperamentenlehre einen finsteren,
introvertierten, unbarmherzigen und gefühlskalten Menschen. Auch Machtgier, ein Hang zu fantastischen Ideen
und Überheblichkeit wurden ihm nachgesagt. Literaturwis-
senschaftler heben immer wieder hervor, dass Wallenstein
sich in einer anderen berühmten Dramenfigur spiegeln

Kupferstich. Zeitgenössische Illustration zu »Wallensteins Tod«.

kann: in Goethes »Faust«. Beide haben ein ähnliches »melancholisches« Psychogramm. Und das, was für Wallenstein die Astrologie ist, ist für Faust die Magie: eine Wissenschaft, um die geheimen Weltzusammenhänge zu erkennen – und um mit ihrer Hilfe noch mächtiger zu werden. Wissenschaften also, die sie instrumentalisieren und missbrauchen.

Bei Wallenstein folgen die tödlichen Irrtümer Schlag auf Schlag. Er hat sich menschlich, militärisch und diplomatisch überschätzt, er verliert Prag und seine Regimenter, seine Anhänger laufen zum Kaiser zurück, die öffentliche Meinung ist gegen ihn. Er traut nur noch wenigen – Oberst Buttler zum Beispiel. Niedergeschlagen zieht Wallenstein sich auf sein Zimmer zurück und sagt prophetisch voraus: »Ich denke einen langen Schlaf zu tun.« In derselben Nacht wird er von Buttlers Leuten erstochen.

Schiller inszeniert den Machtwechsel geschickt, indem er Wallenstein hinter den Kulissen umbringen lässt. Das Publikum bekommt seinen Tod nicht zu sehen. Die Regieanweisungen lauten: »Man hört in der Ferne zwei Türen nacheinander stürzen – Dumpfe Stimmen – Waffengetöse – dann plötzlich tiefe Stille.« Damit ist der Machtmensch aus dem Spiel. Was denkt sich der Zuschauer in diesem Moment? Auch er ist Teil der öffentlichen Meinung, die Wallenstein so geschickt manipulieren konnte. Hat Wallenstein das Ende verdient? Ist er zu bemitleiden? Wo gibt es solche Machtmenschen heute, und wie geht man am besten mit ihnen um?

Wallenstein, Opfer seiner Selbsttäuschungen, stirbt dritter Klasse: von der Masse hingerichtet, die ihn hochgespült und angebetet hat. »So endigte Wallenstein«, kommentiert Schiller nüchtern in seiner »Geschichte des Dreißigjährigen Krieges«, »in einem Alter von funfzig Jahren, sein tatenreiches und außerordentliches Leben; durch Ehrgeiz emporgehoben, durch Ehrsucht gestürzt.«

Ein manipulierter Held

»Der Geisterseher«

Nimmt man den »Geisterseher«, Schillers einzigen Roman, zur Hand, spricht der Autor plötzlich mit einer ganz anderen Stimme: Von Sensationen, Magie und undurchdringlicher Rätselhaftigkeit erzählt er hier. Man könnte meinen, das Buch sei von einem anderen geschrieben. Der Held, ein melancholischer deutscher Prinz, steht im Bann schicksalshafter Mächte, irrt im Dickicht merkwürdiger Zufälle und durchschaut dabei nicht, dass er manipuliert und getäuscht wird.

Schiller als Esoteriker? Eigentlich hatte er für magische Seancen, Alchimie und Ähnliches nicht viel übrig. Dafür dachte er zu nüchtern und war viel zu sehr in der Aufklärung verwurzelt. Aber für den »Geisterseher« – genauso wie später für den »Wallenstein« – griff er auf, was der Esoterikmarkt damals zu bieten hatte: Geisterseher, alternative Heiltherapien mit Magnetismus oder magischen Ritualen waren zu Schillers Zeit gerade Mode – mit ihnen blühte das Geschäft. Der sizilianische Magier Cagliostro hatte sich in die höchsten Adelskreise emporgeschwindelt und versorgte seine Klientel mit Skandalen; der schwedische Philosoph Emanuel Swedenborg faszinierte das Publikum mit seinen hellseherischen Fähigkeiten, und Kant schrieb über die »Träume eines Geistersehers«. Schiller plante den Roman, der in Fortsetzungen in seiner Zeitschrift »Thalia« erschien, mit nüchternem Geschäftssinn: »Soviel ist indessen gewiß, daß ich mir diesen Geschmack des Publikums zu Nutzen machen und so viel Geld davon ziehen werde, als nur immer möglich ist.«

Einen Bestseller also wollte Schiller schreiben! Wovon handelt er? Es geht um den schüchternen, 35-jährigen Prinzen von ******, der in den Karneval Venedigs eintaucht, lange immun bleibt gegen alle Verführungen und dann mit Tempo aufholt, was ihn vorher kalt ließ. Er gerät in schlechte Gesellschaft, feiert wilde Feste und macht so hohe Spielschulden, dass sich seine Familie von ihm lossagt: wieder ein Grenzgänger kurz vor dem Absturz, wie er bei Schiller mehrfach anzutreffen ist.

Thalia. Umschlagseite.

Die Schönen, Reichen und Mächtigen führt der Autor in Venedig zusammen. Es ist die Zeit des Karnevals und der Maskierung – und des Betrugs und Misstrauens, ganz ähnlich wie im »Fiesko«. Geheimgesellschaften werden aufgespürt und politische Verschwörungen angedeutet. Die Geschichte quillt über von merkwürdigen Zufällen, von verlorenen und mysteriös wieder auftauchenden Gegenständen, von geheimnisvollen Todesbotschaften, von Spiegeln, in denen plötzlich fremde Gesichter erscheinen, und von menschlichen Gestalten, die in Rauchwolken zerfließen. Es ist auch eine so genannte »Mantel-und-Degen-Geschichte« mit Beleidigungen, Duellen und mörderischen Glücksspielen, mit unterirdischen Gewölben und Gondelfahrten. Am Anfang steht eine schicksalhafte Begegnung:

Eines Abends, als wir nach Gewohnheit in tiefer Maske und abgesondert auf dem St. Markusplatz spazieren gingen – es fing an, spät zu werden, und das Gedränge hatte sich verloren – bemerkte der Prinz, daß eine Maske uns überall folgte. Die Maske war ein Armenier und ging allein. Wir beschleunigten unsere Schritte und suchten sie durch öftere Veränderung unseres Weges irre zu machen – umsonst, die Maske blieb immer dicht hinter uns. »Sie haben doch keine Intrige hier gehabt?« sagte endlich der Prinz zu mir. »Die Ehemänner in Venedig sind gefährlich.«

Der geheimnisvolle Armenier steht als Drahtzieher hinter dem Geschehen. Er bringt den Prinzen in seine Gewalt. Mit geschickter Manipulation und wohl überlegter Gehirnwäsche wird der protestantische Prinz zum Katholizismus bekehrt. Konversionen – Übertritte zu einer anderen Glaubensrichtung – waren Thema der Zeit. Geheimbünde wie die Freimaurer und Rosenkreuzer erregten die Gemüter und erschienen als gleichermaßen faszinierend und gefährlich. Die Jesuiten waren seit 1773 sogar verboten, weil sie angeblich den Übertritt protestantischer Fürsten zum Katholizismus betrieben.

Vor diesem Hintergrund spielt Schillers »Geisterseher«, und der Autor lässt seinen Helden, den harmlosen deutschen Prinzen, in die wohlvorbereitete Falle gehen. Eine katholische Geheimgesellschaft zieht den jungen Protestanten wie mit »höherer Gewalt« in ihren Bannkreis und erfüllt ihm die geheimsten Wünsche. Das fängt an mit einer Totenbeschwörung:

Wir fanden, als wir in den Saal zurückkamen, mit einer Kohle einen weiten Kreis beschrieben, der uns alle zehn bequem fassen konnte. Rings herum an allen vier Wänden des Zimmers waren die Dielen weggehoben, daß wir gleichsam auf einer Insel standen. Ein Altar, mit schwarzem Tuch behangen, stand mitten im Kreis errichtet, unter welchen ein Teppich von rotem Atlas gebreitet war. Eine chaldäische Bibel lag bei einem Totenkopf aufgeschlagen auf dem Altar, und ein silbernes Kruzifix war darauf festgemacht. Statt der Kerzen brannte Spiritus in einer silbernen Kapsel. Ein dicker Rauch von Olibanum verfinsterte den Saal, davon das Licht beinahe erstickte. Der Beschwörer war entkleidet wie wir, aber barfuß; um den bloßen Hals trug er ein Amulett an einer Kette von Menschenhaaren, um die Lenden hatte er eine weiße Schürze geschlagen, die mit geheimen Chiffern und symbolischen Figuren bezeichnet war. Er hieß uns einander die Hände reichen und eine tiefe Stille beobachten; vorzüglich empfahl er uns, ja keine Frage an die Erscheinung zu tun. Den Engländer und mich (gegen uns beide schien er das meiste Mißtrauen zu hegen) ersuchte er, zwei bloße Degen unverrückt und kreuzweise, einen Zoll hoch, über seinem Scheitel zu halten, solange die Handlung dauern würde. Wir standen in einem halben Mond um ihn herum, der russische Offizier drängte sich dicht an den Engländer und stand zunächst an dem Altar. Das Gesicht gegen Morgen gerichtet, stellte sich der Magier jetzt auf den Teppich, sprengte Weihwasser nach allen vier Weltgegenden und neigte sich dreimal gegen die Bibel. Eine halbe Viertelstunde dauerte die Beschwörung, von welcher wir nichts verstanden; nach Endigung derselben gab er denen, die zunächst hinter ihm standen, ein Zeichen, daß sie ihn jetzt fest bei den Haaren fassen sollten. Unter den heftigsten Zuckungen rief er den Verstorbenen dreimal mit Namen, und das dritte Mal streckte er nach dem Kruzifixe die Hand aus – –

Auf einmal empfanden wir alle zugleich einen Streich wie vom Blitze, daß unsere Hände auseinander flogen; ein plötzlicher Donnerschlag erschütterte das Haus, alle Schlösser klangen, alle Türen schlugen zusammen, der Deckel an der Kapsel fiel zu, das Licht löschte aus, und an der entgegenstehenden Wand über dem Kamine zeigte sich eine menschliche Figur, in blutigem Hemde, bleich und mit dem Gesicht eines Sterbenden.

»Wer ruft mich?« sagte eine hohle, kaum hörbare Stimme.

Eine filmreife Szene! Als einen Erzähler, der alle Register des Schauerlichen und Magischen zieht, der das Wunderbare faszinierend in Szene setzt, kannten wir Schiller bislang nicht. Er selbst scheint manchmal gefangen genommen von den Möglichkeiten fantastischen und eigentlich schon »romantischen« Erzählens.

Wie lenkt Schiller das Geschehen weiter? Es ist verwickelt: Der Prinz entlarvt wie Sherlock Holmes die Tricks des Geistersehers und beweist in bester aufklärerischer Weise, dass all dieser Spuk natürlich zu erklären sei. Aber dann geht er den nächsten und viel geschickteren Betrügern auf den Leim: Der katholischen Geheimgesellschaft, die Einfluss auf sein Fürstentum nehmen will, ist er nicht gewachsen. Sie arbeitet mit Geld, Agenten und Hintermännern an allen Schauplätzen und schlägt dann zu wie eine moderne religiöse Sekte. Der prominente Prinz ist Opfer einer groß angelegten Täuschungskampagne, und Rom erreicht, was es will: Der Prinz hört seine erste katholische Messe. Zum Schluss ist er noch heillos verliebt in eine madonnenhafte Unbekannte – nicht ahnend, dass auch sie im Auftrag der katholischen Gesellschaft arbeitet und als Lockvogel auf ihn angesetzt ist.

Ist das Schicksal des Prinzen besiegelt, oder kann er sich noch befreien? »Bestimme Dich aus Dir selbst!« war ein Wahlspruch Schillers, nach dem er selbst gelebt hat und den er in der Entwicklung seiner Figuren immer wieder vor Augen führt. Von Freiheit und Selbstbestimmung ist der perfekt manipulierte Prinz von ✶✶ so weit entfernt wie kaum ein anderer von Schillers Helden.

»Der Geisterseher« war damals eine Sensation, und der Autor gab ihn 1789 noch einmal als Buch heraus. Schiller konnte seinen größten finanziellen Erfolg feiern – und hatte die Literatur mit Schauerromantik, mit Ideen für Krimis, Groschenromane und viele Nachfolgewerke bereichert. Während seine Leser voller Spannung auf den Schluss warteten, während ihn die Verleger zur Weiterarbeit drängten und er selber noch darüber nachdachte, wie er die Geschichte zu Ende bringen sollte – denn er hatte sich schon selbst im Labyrinth seiner Figuren und Beziehungen verirrt –, verlor er einfach die Lust daran. So ein Roman war nichts für ein Genie! Nur selten sei er sich »eines sündlichen Zeitaufwandes so bewußt« gewesen »als bei dieser Schmiererei«, schrieb er einem Freund. Der »Geisterseher« blieb unvollendet.

Geschwisterrivalitäten

»Die Räuber«

Sie wären eine heile Familie – wenn nur der böse Karl nicht wäre! Zumindest sieht es Franz Moor so. Mit Engelszungen redet er auf seinen Vater ein, liebevoll, schonend – und er beschwört ihn inständig: »O daß Ihrs begreifen lerntet! daß Euch die Schuppen fielen vom Auge!« Er warnt ihn dringend vor seinem Bruder Karl – Karl, der kurz darauf seine Räuberkarriere beginnt.

Was in den »Räubern« wie ein nettes Familienstück anfängt, wird zur Kriminalgeschichte. Franz ist gar nicht besorgt, weder um den Vater noch um den Bruder. Gegen ihn intrigiert er nach Kräften und liest seinem Vater einen gefälschten Brief vor, in dem es über Karl heißt: »Gestern um Mitternacht hatte er den großen Entschluß, nach vierzigtausend Dukaten Schulden (...) nachdem er zuvor die Tochter eines reichen Bankiers allhier entjungfert, und ihren Galan, einen braven Jungen von Stand, im Duell auf den Tod verwundet, mit sieben andern, die er mit in sein Luderleben gezogen, dem Arm der Justiz zu entlaufen.« – Nichts davon stimmt. Es ist eine groß angelegte Intrige, um Karl, den attraktiven, genialen, heiß geliebten Erstgeborenen aus seiner Position zu drängen. Extreme Geschwisterkonkurrenz, so wie bei Kain und Abel.

Schiller steigt mit seinem Drama »Die Räuber« in ein Modethema seiner Zeit ein: Zwei Brüder, die in einer

Welt, in der sich die alten Familienstrukturen auflösen, Krieg gegeneinander führen. Der Vater ist nicht mehr der mächtige Pater familias und der alte Moor sogar eine besonders weinerliche Figur. Und die Söhne sind nicht mehr die angepassten »Kinder der Hauses«, wie man es traditionellerweise erwarten durfte. Hier gibt es zwei zornige junge Männer, die die Ordnung auf den Kopf stellen: Erbschleicher Franz sehnt den Tod seines Vaters herbei und hilft schlimmstenfalls nach. Familiengefühle kennt er nicht:

> Ich habe Langes und Breites von einer sogenannten *Blutliebe* schwatzen gehört, das einem ordentlichen Hausmann den Kopf heiß machen könnte – Das ist dein Bruder! – das ist verdolmetscht: Er ist aus eben dem Ofen geschossen worden, aus dem du geschossen bist – also sei er dir heilig! – Merkt doch einmal diese verzwickte Konsequenz, diesen possierlichen Schluß von der Nachbarschaft der Leiber auf die Harmonie der Geister; von eben derselben Heimat zu eben derselben Empfindung; von einerlei Kost zu einerlei Neigung. Aber weiter – es ist dein Vater! Er hat dir das Leben gegeben, du bist sein Fleisch, sein Blut – also sei er dir heilig. Wiederum eine schlaue Konsequenz! Ich möchte doch fragen, *warum* hat er mich gemacht? doch wohl nicht gar aus Liebe zu mir, der erst ein *Ich* werden sollte? Hat er mich gekannt, ehe er mich machte? (. . .) Wo stickt dann nun das Heilige? Etwa im Aktus selber, durch den ich entstund? – Als wenn dieser etwas mehr wäre als viehischer Prozeß zur Stillung viehischer Begierden!

Starke Worte, Spaß an drastischen Ausdrücken und schockierende Schlussfolgerungen! Darin kann Franz es mit Karl locker aufnehmen. Trotzdem ist der Unterschied gewaltig: Franz denkt nur an sich und setzt seine intellektuelle Originalität gezielt für egoistische Ziele ein. Und da passt es natürlich gut, sich über die »so genannte Blutliebe« einfach hinwegzusetzen, denn »Gefühlsduselei« wäre geradezu hinderlich. Der Mensch funktioniert wie eine Maschine, angefangen bei Zeugung und Geburt bis zum Tod.

Wie kam Schiller auf diese provozierenden Thesen? Vermutlich über das Werk von Julien Offray de Lamettrie. »L'homme machine« – so hieß das Buch des Franzosen, der übrigens wie Schiller Philosoph und Militärarzt war. Lamettries materialistische Philosophie dürfte für Franz Moors Ellenbogenideologie Pate gestanden haben.

Franz wartet noch unter Hochspannung, dass es bei ihm so richtig losgeht. Dafür hat er sich die passende Weltanschauung zurechtgelegt: Höhere Gefühle gibt es nicht, Ethik und Religion sind überflüssig. Der Mensch ist nur ein vergänglicher Körper mit einigen Begierden. Also ist alles erlaubt, was Franz Vorteile verschafft. Karl steht ihm im Weg und Karls Braut will er sich unter den Nagel reißen. Zunächst sieht es ganz so aus, als ob alles klappt. Einen »Freigeist« hätte man Franz vielleicht auch zu Schillers Zeit genannt, das Schreckbild aller Moralisten, ein Mensch, der ohne ethische oder religiöse Bedenken für den Moment, das Vergnügen und seinen Vorteil lebt.

Oder leben will. Franz von Moor freut sich händereibend schon auf den Moment, da das Schloss ihm gehört und alle sich unter sein Joch beugen müssen. Er malt sich aus, wie er Frust und Wut an seinen Untergebenen auslassen kann: »Ich will euch die zackichte Sporen ins Fleisch hauen, und die scharfe Geißel versuchen. In meinem Gebiet solls so weit kommen, daß Kartoffeln und dünn Bier ein Traktament für Festtage werden, und wehe dem, der mir mit vollen, feurigen Backen unter die Augen tritt!«

Aber seine Rechnung geht nicht auf. Es dauert nicht lange, bis all seine Intrigen auffliegen, Karl vor Wut tobt und seine Räuber auf ihn hetzt. Merkwürdigerweise begegnen sich die beiden im ganzen Stück kein einziges Mal. Die Räuber jagen ins Schloss, wo Franz, nur noch begleitet vom alten Diener, sie ängstlich erwartet.

FRANZ. Ich kann nicht beten – hier hier! *(auf Brust und Stirn schlagend)* Alles so öd – so verdorret. *(Steht auf)* Nein ich will auch nicht beten – diesen Sieg soll der Himmel nicht haben, diesen Spott mir nicht antun die Hölle –

DANIEL. Jesus Maria! helft – rettet – das ganze Schloß steht in Flammen!

FRANZ. Hier nimm diesen Degen. Hurtig. Jag mir ihn hinterrücks in den Bauch, daß nicht diese Buben kommen und treiben ihren Spott aus mir. *(Das Feuer nimmt überhand)*

DANIEL. Bewahre! Bewahre! Ich mag niemand zu früh in den Himmel fördern, viel weniger zu früh – *(Er entrinnt)*

FRANZ *(ihm groß nachstierend, nach einer Pause).* In die Hölle, wolltest du sagen? – Wirklich! ich wittere so etwas – *(wahnsinnig)* Sind das ihre hellen Triller? hör ich euch zischen, ihr Nattern des Abgrunds? – Sie dringen herauf – belagern die Türe – warum zag ich so vor dieser bohrenden Spitze? – die Türe kracht – stürzt – unentrinnbar! – Ha! so erbarm du dich meiner! *(Er reißt seine goldene Hutschnur ab und erdrosselt sich)*

Der eigentlich so »kalte, trockne« Franz gerät völlig außer sich und begeht Selbstmord. Für die Kirche war Selbstmord eine Todsünde, denn Gottes Entscheidungen über Leben und Tod durfte der Mensch nicht vorwegnehmen. In Schillers Männerwelt allerdings hat Selbstmord etwas Heroisches, selbst bei Franz, der so seinem Bruder noch in letzter Sekunde dessen Pläne durchkreuzt.

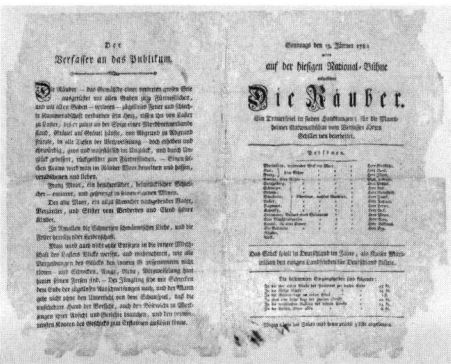

Die Uraufführung der »Räuber«, das einzige erhaltene Exemplar des Theaterzettels mit der Vorrede.

Schiller interessierte das Thema »Rivalität« brennend. Wie wir aus seiner Biographie wissen, hat er sich selbst immer wieder mit anderen verglichen. Er charakterisierte sich als Menschen, der zwar unter schlechten Bedingungen aufwuchs und in vielem zu kurz kam, aber der es trotzdem geschafft hat, seinen eigenen Weg zu gehen. Wie sieht es bei den rivalisierenden Brüdern Franz und Karl aus? Wie kam es überhaupt zu der extremen Rivalität? Schiller interpretiert das wie ein moderner Psychologe: Franz wurde von Kindesbeinen an zum Außenseiter gemacht, noch als Erwachsener beschwert er sich bitter über den Fehlstart:

> Ich habe große Rechte, über die Natur ungehalten zu sein, und bei meiner Ehre! ich will sie geltend machen. – Warum bin ich nicht der erste aus Mutterleib gekrochen? Warum nicht der einzige? Warum mußte sie mir diese Bürde von Häßlichkeit aufladen? gerade mir? Nicht anders, als ob sie bei meiner Geburt einen Rest gesetzt hätte. Warum gerade mir die Lappländersnase? Gerade mir dieses Mohrenmaul? Diese Hottentottenaugen? Wirklich, ich glaube, sie hat von allen Menschensorten das Scheußliche auf einen Haufen geworfen und mich daraus gebacken. Mord und Tod! Wer hat ihr die Vollmacht gegeben, jenem dieses zu verleihen und mir vorzuenthalten?

Während Karl der »Augapfel« des Vaters war, ging es Franz schlecht. Der »trockne Alltagsmensch«, so pflegte ihn derselbe zärtliche Vater zu nennen, der Karl auf seinem Schoß hatte und sich von ihm in die Wangen zwicken ließ. Damit nicht genug, der Vater schürt die Konkurrenz der beiden nach Kräften: Der »kalte, trockne, hölzerne Franz«, so der Vater, »der wird einmal zwischen seinen Grenzsteinen sterben, und modern und vergessen werden, wenn der Ruhm dieses Universalkopfs« – gemeint ist Karl – »von einem Pole zum andern fliegt«.

Der Vater hat also auf ganzer Linie versagt, hat einen Sohn in den Himmel gehoben und den andern verhöhnt.

So gesehen kann Franz einem fast Leid tun. Eine Mutter, die in diesem Vater-Sohn- und Brüderkonflikt eingreifen könnte, kommt in dem Stück nicht vor.

Das Interesse für Psychologie ließ Schiller sein Leben lang nicht los, wobei es diese Wissenschaft im heutigen Sinn natürlich noch nicht gab, aber man fing bereits an, sich mit der Seelenkunde zu beschäftigen. Auch in der Karlsschule – der fortschrittliche Lehrer Jakob Friedrich Abel konnte mit psychologischen Themen den Schüler Schiller in Bann schlagen. Die »Räuber« haben davon profitiert. Das Jugenddrama zeigt bereits, was Schiller später eindringlich im »Verbrecher aus verlorener Ehre« ausgestaltet: wie sehr äußere Umstände die Charakterentwicklung beeinflussen, wie ein Mensch zum Verbrecher gemacht wird. Mildernde Umstände für den Verbrecher Franz?

»Die Braut von Messina«

Zwanzig Jahre nach den »Räubern« nimmt Schiller das Thema rivalisierender Geschwister wieder auf: 1803 im Drama »Die Braut von Messina«. Im Untertitel heißt es deutlich »Die feindlichen Brüder«. Wieder zwei Egozentriker, die zusammenprallen! Sonst könnte der Gegensatz jedoch nicht größer sein: Es ist kein Sturm-und-Drang-Drama mit sinnlich-rohen Mordbuben, die im Wald leben und mit Kraftausdrücken um sich werfen, sondern ein Drama der Klassik, in dem sich sizilianische Adlige vornehm in Säulenhallen und im fünffüßigen Jambus befehden.

Die »Braut von Messina« spielt im mittelalterlichen Sizilien. Aber das Mittelalter verschleiert nur notdürftig, was eigentlich dahinter steckt: eine attische Tragödie. Die »Braut« ist ein gewagter Versuch, mit den hoch verehrten »Alten«, den Schriftstellern der Antike, zu konkurrieren! Goethe war Schiller da mit seiner »Iphigenie auf Tauris« schon voraus.

Schiller lässt das Drama des alten Griechenland wieder auferstehen. Anregungen holte er sich bei Aischylos, Sophokles und Euripides. Mit großer Gebärde schildert Schiller den Untergang eines Familiengeschlechts. Er greift Inzestmotive auf, bedient sich eines unheilvollen Orakels und stellt nach dem Muster antiker Tragödien sogar einen Sprechchor auf die Bühne. Das war wohl mit Abstand das Merkwürdigste. Schiller verließ sich nicht darauf, dass das so ganz verstanden wird, und lieferte sicherheitshalber einen kleinen Aufsatz mit: »Über den Gebrauch des Chors in der Tragödie«.

Andere Bedenken waren dafür überwunden. Zum Beispiel, an wen er sein Stück verkauft, auf welche Bühne es kommt. Eine Bühne war ihm sicher. Dafür sorgte Goethe, der mittlerweile zwei Theater unter sich hatte und auf neue Stücke drängte. Schiller konnte zufrieden sein. Er hat sich bestimmt auch gefreut darüber, seinen Sohn auf der Bühne zu sehen – der neunjährige Karl spielte nämlich als Page mit. Und auch schon vorher hatte Schiller im höfischen Kreis aus seinem Manuskript vorgelesen und Erfolg damit gehabt. Als gefeierter, seit einigen Monaten sogar geadelter Dichter konnte Schiller es sich leisten, sein Publikum zu fordern. Und eine Herausforderung war dieses Drama schon: Ein »hoher furchtbarer Ernst waltete durch die ganze Handlung«, so Schiller selbst nach der Premiere.

Was ist so ernst an der »Braut von Messina«? Es geht um die Brüder Don Manuel und Don Cesar, glorreiche Helden, ihres »Landes Stolz«. Jeder für sich ist wohl in Ordnung, aber zusammen sind sie unerträglich. Sie hassen sich von Kindesbeinen an: »Mit ihnen wuchs/Aus unbekannt verhängnisvollem Samen/Auch ein unselger Bruderhaß empor.« Mutter Isabella will vermitteln. Im Hinterkopf hat sie dabei, der vereinten Familienrunde die bis dahin in einem Kloster verborgene Tochter zuzuführen. Das Mädchen hätte sie nach dem Willen ihres Mannes eigentlich töten lassen sollen. Ein Orakel sagte voraus, dass durch die Tochter das ganze Geschlecht untergehen wird. Isabella entschied heimlich, die Tochter leben zu lassen, und nun ist es Zeit, Beatrice zu holen.

Doch erst einmal zurück zu den beiden Söhnen: Die haben bereits einen Bürgerkrieg in Messina ausgelöst. Wie hat es angefangen? Wie erklärt das der Psychologe Schiller? Isabella gibt gleich im Eingangsmonolog einen Hinweis:

Zwar weil der Vater noch gefürchtet herrschte,
Hielt er durch gleicher Strenge furchtbare
Gerechtigkeit die Heftigbrausenden im Zügel,
Und unter *eines* Joches Eisenschwere
Bog er vereinend ihren starren Sinn.
Nicht waffentragend durften sie sich nahn,
Nicht in denselben Mauren übernachten;
So hemmt' er zwar mit strengem Machtgebot
Den rohen Ausbruch ihres wilden Triebs,
Doch ungebessert in der tiefen Brust
Ließ er den *Haß* – Der Starke achtet es
Gering, die leise Quelle zu verstopfen,
Weil er dem Strome mächtig wehren kann.
Was kommen mußte, kam. Als er die Augen
Im Tode schloß, und seine starke Hand
Sie nicht mehr bändigt, bricht der alte Groll
Gleichwie des Feuers eingepreßte Glut,
Zur offnen Flamme sich entzündend los.
Ich sag euch, was ihr alle selbst bezeugt,
Messina teilte sich, die Bruderfehde
Löst' alle heilgen Bande der Natur,
Dem allgemeinen Streit die Losung gebend,
Schwert traf auf Schwert, zum Schlachtfeld ward die Stadt,
Ja diese Hallen selbst besprützte Blut.

Dass Geschwister gleichen Geschlechts oft in Konkurrenz zueinander treten, ist ja bekannt – aber hier herrscht rohe Gewalt zwischen beiden Brüdern. Der starke Vater hatte sie noch unter Kontrolle, aber die Mutter kann sie nicht mehr bändigen. Schade – endlich trifft man in Schillers Dramen auf eine Mutter und dann ist sie, wie sie selbst sagt, so machtlos!

Doch kommt Isabella sehr schnell auf die Schwächen der väterlichen Erziehung zu sprechen: Mit strengen Verboten und »gewaltsam« hat der Fürst von Messina den Streit unterdrückt. Die Ursache lag sicher tiefer, aber das kümmerte ihn nicht. Als Stärke legt Isabella aus, was man heute als Versäumnis interpretieren würde. Warum hat der Vater den Streit nicht schlichten können, warum hat er die Jungen einfach nur getrennt? Hat er etwa ihre Konkurrenz geweckt? So, wie der Vater geschildert wird, war er vermutlich stolz auf seine kriegerischen Söhne und freute sich, dass sie in seine Fußstapfen traten. Um die Versöhnung der beiden muss sich nun seine Frau Isabella bemühen:

> *(Zu Don Manuel)*
> Wenn ich die Hand des Bruders freundlich drücke,
> Stoß ich den Stachel nicht in *deine* Brust?
> *(Zu Don Cesar)* Wenn ich das Herz an *seinem* Anblick weide,
> Ists nicht ein Raub an dir? – O ich muß zittern,
> Daß meine Liebe selbst, die ich euch zeige,
> Nur eures Hasses Flammen heftger schüre.

Ein kompliziertes Verhältnis, und Isabella ist darauf geeicht, mögliche Reibungspunkte zwischen den Brüdern vorherzusehen und zu vermeiden. Erst einmal hat sie Glück, sie kann die beiden versöhnen:

> Don Cesar *(ohne Don Manuel anzusehen)*.
>> Du bist der ältre Bruder, rede du!
>> Dem Erstgebornen weich ich ohne Schande.
> Don Manuel *(in derselben Stellung)*.

Sag etwas Gutes und ich folge gern
Dem edeln Beispiel, das der Jüngre gibt.

DON CESAR. Nicht weil ich für den Schuldigeren mich
Erkenne, oder schwächer gar mich fühle –

DON MANUEL. Nicht Kleinmuts zeiht Don Cesarn, wer ihn kennt,
Fühlt' er sich schwächer, würd er stolzer reden.

DON CESAR. Denkst du von deinem Bruder nicht geringer?

DON MANUEL. Du bist zu stolz zur Demut, ich zur Lüge.

DON CESAR. Verachtung nicht erträgt mein edles Herz.
Doch in des Kampfes heftigster Erbittrung
Gedachtest du mit Würde deines Bruders.

DON MANUEL. Du willst nicht meinen Tod, ich habe Proben.
Ein Mönch erbot sich dir, mich meuchlerisch
Zu morden, du bestraftest den Verräter.

DON CESAR *(tritt etwas näher)*.
Hätt ich dich früher so gerecht erkannt,
Es wäre vieles ungeschehn geblieben.

DON MANUEL. Und hätt ich dir ein so versöhnlich Herz
Gewußt, viel Mühe spart ich dann der Mutter.

DON CESAR. Du wurdest mir viel stolzer abgeschildert.

DON MANUEL. Es ist der Fluch der Hohen, daß die Niedern
Sich ihres offnen Ohrs bemächtigen.

DON CESAR *(lebhaft)*. So ists, die Diener tragen alle Schuld!

DON MANUEL. Die unser Herz in bitterm Haß entfremdet.

DON CESAR. Die böse Worte hin und wider trugen.

DON MANUEL. Mit falscher Deutung jede Tat vergiftet.

DON CESAR. Die Wunde nährten, die sie heilen sollten.

DON MANUEL. Die Flamme schürten, die sie löschen konnten.

DON CESAR. Wir waren die Verführten, die Betrognen!

DON MANUEL. Das blinde Werkzeug fremder Leidenschaft!

Das war knapp. Doch die Brüder haben eine gemeinsame Basis gefunden – wenn auch eine brüchige: Den Dienern geben sie die Schuld an ihrem Streit. Anstatt ihre Beziehung ernsthaft zu verbessern kitten sie den Riss oberflächlich. Kein gutes Omen für die Zukunft! Die Brüder vertragen sich wieder, aber der Zuschauer erkennt, dass sie sich über die wahren Schwierigkeiten hinwegtäuschen.

Täuschung ist das richtige Stichwort für die gesamte Handlung. Täuschung und Ent-Täuschung schweben wie ein Damoklesschwert über den Köpfen der Familienmitglieder. Jeder Einzelne hütet für sich ein Geheimnis und will doch endlich reinen Tisch machen. Aber das bleibt immer im Ansatz stecken – genauso wie die Fragen, die Don Manuel seiner Braut stellt, unbeantwortet verhallen: »Weiß ich dein ganz Geheimnis? Hast du nichts, / Nichts mir verschwiegen oder vorenthalten?« Die Braut äußert sich nicht, die Brüder sind insgeheim beide verliebt, und die Mutter hält eine Tochter versteckt. Warum die komplizierte Heimlichtuerei?

Sie geht weit in die Familiengeschichte zurück. Gewalt und Betrug beherrschen die Familie schon seit drei Generationen: Der verstorbene Fürst hatte seinem Vater die Braut gestohlen – die junge Isabella. Zur Strafe dafür wurde er verflucht. Mit dieser Braut, so lautete der Fluch, sollte er kein Glück haben, ihre gemeinsame Tochter würde einmal das ganze Geschlecht auslöschen. Nur aus diesem Grund, sozusagen als kleineres von zwei Übeln, befahl der verstorbene Fürst, Beatrice töten zu lassen. Keiner traut dem anderen in diesen erblastig komplizierten Familienverhältnissen. Keiner redet offen mit dem anderen. Heute würde man eine Therapie empfehlen: Wie bei so vielen Familiengeheimnissen, um die sich heute Therapeuten bemühen, wäre es besser, die Situation zu klären, als das ausgegrenzte Thema über Generationen weiterzugeben und dadurch zu verschlimmern.

In der »Braut von Messina« sieht es zunächst gut aus. Die Brüder sind ausgesöhnt, und zur Feier des Tages will Don Manuel seine Braut mitbringen. Wie gesagt, beide Söhne haben sich heimlich schon entschieden und brennen wahrscheinlich darauf, ihr Mädchen vorzustellen. Don Manuel erscheint in Begleitung der schönen Geheimnisvollen, die Beatrice heißt. Das Mädchen schmiegt sich eng an ihn, und so entdeckt Don Cesar die beiden.

DON CESAR *(tritt heftig ein und fährt beim Anblick seines Bruders mit Ent-*
setzen zurück). Blendwerk der Hölle! Was? In seinen Armen!
(Näher tretend, zu Don Manuel)
Giftvolle Schlange! Das ist deine Liebe!
Deswegen logst du tückisch mir Versöhnung!
O eine Stimme Gottes war mein Haß!
Fahre zur Hölle, falsche Schlangenseele!
(Er ersticht ihn)
DON MANUEL. Ich bin des Todes – Beatrice – Bruder!
(Er sinkt und stirbt. Beatrice fällt neben ihm ohnmächtig nieder)

Hier wird die Zeit nicht mit Worten verplempert, hier
werden keine Fragen gestellt oder Erklärungen verlangt –
Don Cesar entscheidet die Situation mit der Waffe. Obwohl
in Schillers Dramen viel geredet wird, fehlt oft die entscheidende Aussprache. Dann handeln die Männer im wortkargen Alleingang, verlassen sich nur auf sich selbst und irren
sich tödlich.

Dramen gehören eigentlich auf die Bühne; dort sind sie
wesentlich leichter zu verstehen als bei der stillen Lektüre
zu Hause. Der Zuschauer, der »Die Braut von Messina« im
Theater verfolgt, hat es wohl längst geahnt: Bei Isabellas
verborgener Tochter, der verborgenen Braut des ersten und
des zweiten Sohns handelt es sich um dieselbe junge Frau:
Beatrice. Das junge Mädchen ist wie viele weibliche Gestalten bei Schiller eine Art erotischer Motor. Sie tut eigentlich nichts, ist nur aufregend attraktiv, fesselt die Männer an sich und bestimmt damit die Handlung. Und die
geht jetzt bei der »Braut von Messina« ihrem Ende entgegen. Don Cesar ist todunglücklich, als er über die wahren
Familienbeziehungen aufgeklärt wird, und bringt sich um.
Damit sühnt er den Mord an seinem Bruder und erfüllt die
Weissagungen des väterlichen Orakels. Niemand wird den
Namen der fürstlichen Familie weitertragen. Gleichzeitig
zieht er einen Schlussstrich: »Wenn *ein* Totenmahl den
Mörder / Zugleich mit dem Gemordeten umschließt, / *Ein*

Stein sich wölbet über beider Staube, / Dann wird der Fluch entwaffnet sein.«

Wird Schuld von Generation zu Generation vererbt? Die »Braut von Messina« ist Schillers »schwärzeste Tragödie« genannt worden. Kritiker warfen ihm Fatalismus vor, weil seine Figuren von Anfang an keine Chance gehabt hätten. Nichts von Freiheit, von Selbstbestimmung – Themen, die Schiller sonst so häufig in seinen Figuren behandelt. In jüngerer Zeit hat man die »Braut von Messina« mit den modernen Dramen des Existenzialismus verglichen. Der Existenzialismus – in Frankreich zum Beispiel vertreten durch Albert Camus und Jean-Paul Sartre – hatte äußerst pessimistisch nach der menschlichen Existenz und der menschlichen Freiheit gefragt. Hat der Mensch die Freiheit zu entscheiden, zu wählen? Ist der Mensch verantwortlich? Ist das Leben, ist die Geschichte sinnvoll?

In Schillers Drama trägt auch der Chor Fragen an den Zuschauer heran. Er hat hier eine andere Funktion als in den antiken Vorbildern. Schillers Chor vertritt gegensätzliche Meinungen und greift sogar ins Geschehen ein. Ein Teil des Chors streitet als Anhänger Don Manuels mit dem Gefolge Don Cesars – hier symbolisiert er die große, ihrem Führer folgende »blinde Menge«. Dieser Chor hofft, ärgert, irrt sich immer wieder – wie die Akteure auf der Bühne. Und wie die Zuschauer. Dann vereinigt sich der Chor wieder und kommentiert den Bruderstreit als »richtender Zeuge« auf einer übergeordneten Ebene.

Einen höchst irritierenden Perspektivenwechsel hat Schiller sich da einfallen lassen! Es ist fast ein Verfremdungseffekt, wie man ihn aus den Dramen Bertolt Brechts kennt: Brecht schaltete »verfremdende«, illusionsstörende Momente ein, die das Bühnengeschehen unterbrechen, den Zuschauer aus seinem Kunstgenuss herausreißen und ihn zum Nachdenken anregen. Schiller will eigentlich dasselbe. »Reflexion« ist die besondere Aufgabe seines Chors: »Der Chor verläßt den engen Kreis der Handlung, um sich über Vergangenes und Künftiges (...) über das Menschliche überhaupt zu verbreiten, um die großen Resultate des Lebens zu ziehen und die Lehren der Weisheit auszusprechen.«

Eine dieser Weisheiten ist berühmt geworden. Wieder der Schlusssatz des Werks, die berühmte Spezialität von Schiller! Hat sich diese Fürstenfamilie schuldig gemacht? Was ist der Sinn ihres Lebens? Der Chor entlässt uns mit einer deprimierenden, zumindest nachdenklich machenden Antwort:

> Das Leben ist der Güter höchstes *nicht*,
> Der Übel größtes aber ist die *Schuld*.

Verbrechen aus Not

»Der Verbrecher aus verlorener Ehre«

Don Manuel und Don Cesar stritten sich noch um Araberpferde und Schlösser am Meer – Christian Wolf, der »Sonnenwirt« aus Schillers erster größerer Erzählung, hat echte Probleme. Ihm fehlt schon das Dach über dem Kopf. Die Geschichte des obdachlosen Wilderers stützt sich auf einen großen Kriminalfall, an den sich viele Leser damals noch erinnern konnten: den des Verbrechers Friedrich Schwan. Schiller hatte über seinen Lehrer Abel von ihm gehört: Abels Vater war es gewesen, der Schwan hinter Schloss und Riegel brachte. Schiller hatte also Informationen fast aus erster Hand.

Schwan wurde 1760 zur Abschreckung öffentlich gefoltert, gerädert und zusammen mit zwei Lebensgefährtinnen hingerichtet. Die glühenden Zangen schreckten nicht nur ab. Sie heizten auch der Sensationslust des braven Publikums ein – und darauf setzte Schiller, als er nach einem spannenden Stoff suchte. Er hatte sich das 1786 gut überlegt: Etwas Sensationelles würde seiner neuen Zeitschrift »Thalia« zum Start verhelfen. Und er hatte Recht: »Der Verbrecher aus verlorener Ehre« fand seine Anhänger und wurde zum Muster für spätere Kriminalgeschichten.

Schiller geht frei mit der Lebensgeschichte des landesbekannten Wilddiebs um: Bei ihm heißt der negative Held Christian Wolf, und Schiller interessiert sich hauptsächlich für die »Leichenöffnung seines Lasters«. Warum wird dieser Mensch zum Räuber? Kühl und unpathetisch berichtet Schiller davon, packt wie ein Mediziner sein Sezierbesteck aus und analysiert nüchtern das Kapitalverbrechen. Angefangen hat es in Wolfs Kindheit. »Die ersten Jugendjahre bestimmen vielleicht die Gesichtszüge des Menschen durch sein ganzes Leben, so wie sie überhaupt die Grundlagen seines moralischen Charakters sind«, sagte schon der Student Schiller. Bei Wolf ist die Kindheit trost- und vaterlos. Der Junge lebt mit seiner Mutter mehr schlecht als recht von einer Gastwirtschaft. Er hat auch mit seinem Aussehen Pech:

> Eine kleine unscheinbare Figur, krauses Haar von einer unangenehmen Schwärze, eine plattgedrückte Nase und eine geschwollene Oberlippe, welche noch überdies durch den Schlag eines Pferdes aus ihrer Richtung gewichen war, gaben seinem Anblick eine Widrigkeit, welche alle Weiber von ihm zurückscheuchte und dem Witz seiner Kameraden eine reichliche Nahrung darbot.

Nicht unbedingt ein Mann zum Verlieben, das denkt sich auch Hanne, die es offensichtlich auf sein Geld abgesehen hat. Wolf täuscht sich geflissentlich darüber hinweg, dass sie nur deswegen mit ihm zusammen ist, und er organisiert noch Geld durch Wildereien dazu, das alles »treulich in die

Hände seiner Geliebten« wandert. Nur: Die Treue ist einseitig. Hanne hat nämlich noch andere Liebhaber, und einer
von ihnen, der eifersüchtige Robert, sorgt dafür, dass Wolf
für seine Wilddiebereien bestraft wird. Wolf verliert seine
Gastwirtschaft, gerät auf die schiefe Bahn und bekommt nie
wieder eine Chance.

Zwei Verhaftungen folgen kurz aufeinander – bei der
dritten statuieren die Richter ein Exempel: »Wolf ward
verurteilt, das Zeichen des Galgens auf den Rücken gebrannt, drei Jahre auf der Festung zu arbeiten.« Eine drakonische Strafe, aber mit Jagen, das in dieser Zeit ein Privileg
des Adels war, trifft Wolf den fürstlichen Nerv. Der Galgen
ist nicht nur hinten auf seinem Rücken, er rückt ihm auch
im Leben näher. Wie erzählt es Wolf selbst bei Schiller?

Ich betrat die Festung«, sagte er, »als ein Verirrter und verließ sie als
ein Lotterbube. Ich hatte noch etwas in der Welt gehabt, das mir
teuer war, und mein Stolz krümmte sich unter der Schande. Wie ich
auf die Festung gebracht war, sperrte man mich zu dreiundzwanzig
Gefangenen ein, unter denen zwei Mörder und die übrigen alle
berüchtigte Diebe und Vagabunden waren. Man verhöhnte mich,
wenn ich von Gott sprach, und setzte mir zu, schändliche Lästerungen gegen den Erlöser zu sagen. Man sang mir Hurenlieder vor, die
ich, ein lüderlicher Bube, nicht ohne Ekel und Entsetzen hörte, aber
was ich ausüben sah, empörte meine Schamhaftigkeit noch mehr.
Kein Tag verging, wo nicht irgendein schändlicher Lebenslauf wiederholt, irgendein schlimmer Anschlag geschmiedet ward. Anfangs
floh ich dieses Volk und verkroch mich vor ihren Gesprächen, so gut
mirs möglich war, aber ich brauchte ein Geschöpf, und die Barbarei
meiner Wächter hatte mir auch meinen Hund abgeschlagen. Die
Arbeit war hart und tyrannisch, mein Körper kränklich, ich brauchte
Beistand, und wenn ichs aufrichtig sagen soll, ich brauchte Bedaurung, und diese mußte ich mit dem letzten Überrest meines Gewissens erkaufen. So gewöhnte ich mich endlich an das Abscheulichste,
und im letzten Vierteljahr hatte ich meine Lehrmeister übertroffen.

Von jetzt an lechzte ich nach dem Tag meiner Freiheit, wie ich
nach Rache lechzte. Alle Menschen hatten mich beleidigt, denn alle

waren besser und glücklicher als ich. Ich betrachtete mich als den Märtyrer des natürlichen Rechts und als ein Schlachtopfer der Gesetze. (...) Damals gelobte ich unversöhnlichen glühenden Haß allem was dem Menschen gleicht, und was ich gelobte, hab ich redlich gehalten.

Wolf hat keine Ehre mehr: keine Menschenwürde, wie man heute sagen würde, keine Menschenwürde, die nach dem heutigen Grundgesetz »unantastbar« ist. Wolf verzweifelt. Er wird aggressiv und allmählich richtig zum Wolf – auch wenn er mit Vornamen noch so fromm »Christian« heißt. »Homo homini lupus«, sagte der englische Staatstheoretiker Thomas Hobbes, »der Mensch ist der Menschen Wolf.« Das könnte mittlerweile auch Christian Wolfs Motto sein. Er hat gelernt, das Leben als Kampf aller gegen alle zu verstehen. Sobald er auf freiem Fuß ist, streunt er in seine Heimatstadt:

... als ich an der Ecke einer Gasse umlenkte, rannte ich gegen meine Johanne. ›Sonnenwirt!‹ schrie sie laut auf und machte eine Bewegung, mich zu umarmen. ›Du wieder da, lieber Sonnenwirt! Gott sei Dank, daß du wiederkömmst!‹ Hunger und Elend sprach aus ihrer Bedeckung, eine schändliche Krankheit aus ihrem Gesichte, ihr Anblick verkündigte die verworfenste Kreatur, zu der sie erniedrigt war. Ich ahndete schnell, was hier geschehen sein möchte; einige fürstliche Dragoner, die mir eben begegnet waren, ließen mich erraten, daß Garnison in dem Städtchen lag. ›Soldatendirne!‹ rief ich und drehte ihr lachend den Rücken zu. Es tat mir wohl, daß noch *ein* Geschöpf *unter* mir war im Rang der Lebendigen. Ich hatte sie niemals geliebt.

Meine Mutter war tot. Mit meinem kleinen Hause hatten sich meine Kreditoren bezahlt gemacht. Ich hatte niemand und nichts mehr. Alle Welt floh mich wie einen Giftigen, aber ich hatte endlich verlernt, mich zu schämen. (...) Mein erstes war, daß ich mein Wildschießen fortsetzte. Die Jagd überhaupt war mir nach und nach zur Leidenschaft geworden, und außerdem mußte ich ja leben. Aber dies war es nicht allein; es kitzelte mich, das fürstliche Edikt zu verhöhnen und meinem Landesherrn nach allen Kräften zu schaden.

Wolf dreht den Spieß um. Er rächt sich an denen, die ihn ausgegrenzt haben, schließt sich einer Räuberbande an, und bald kommt noch ein Mord auf sein Sündenregister. Gegen Ende macht er noch einmal einen gewaltigen Klimmzug, um wenigstens als ordentlicher Bürger zu sterben. Der Siebenjährige Krieg ist ausgebrochen und überall werden Soldaten angeworben. Das sieht Wolf als letzte Chance und täuscht sich darin wie schon so oft in seinem Leben. Er bewirbt sich beim Landesherrn und verschweigt ihm nichts:

> Ich verabscheue mein Leben, und fürchte den Tod nicht, aber schrecklich ist mirs zu sterben, ohne gelebt zu haben. Ich möchte leben, um einen Teil des Vergangenen gutzumachen; ich möchte leben, um den Staat zu versöhnen, den ich beleidigt habe.

Der Landesherr geruht nicht einmal zu antworten. Allerdings hat Wolf auch kein Blatt vor den Mund genommen:

> Die Zeitrechnung meiner Verbrechen fängt mit dem Urteilsspruch an, der mich auf immer um meine Ehre brachte. Wäre mir damals die Billigkeit minder versagt worden, so würde ich jetzt vielleicht keiner Gnade bedürfen.

Was Wolf hier kundtut, dürfte dem Landesherrn nicht schmecken: Er sagt überdeutlich, dass er nur aus Not zum Verbrecher geworden ist – bei mehr Gerechtigkeit im Lande hätte er das Bitten jetzt nicht nötig.

Für Wolf gibt es keinen Tod auf dem Feld der Ehre. Er wird bald verhaftet und legt sein Geständnis ab – »bitten Sie für mich, alter Mann«, so spricht er zu dem Amtmann, »und lassen Sie dann auf Ihren Bericht eine Träne fallen: Ich bin der Sonnenwirt«. Dass der für ihn bittet, dürfte wohl eine der Selbsttäuschungen Wolfs sein.

Aber einige Leser hat er sicher überzeugt: Wolf ist eigentlich sympathisch und, wie Schiller sagt, »ein Mensch (. . .) wie wir«. Er wächst nur unter sehr schlechten Bedingungen auf und wird von der Gesellschaft zum Verbrecher gemacht. Verbrechen, so interpretiert hier Schiller als Psychologe weiter, sind »Verirrungen« der Seele – als »verirrte große Seele« hatte er übrigens schon seinen ersten Helden, Karl Moor, charakterisiert. Und wer irrt sich nicht einmal? Die Schlussfolgerungen sind ungeheuer: Dann könnte ja auch der Biedermann in seinem Sessel ein potenzieller Mörder sein.

Die Geschichte vom »guten Räuber« stellte die Geduld des damaligen Lesers auf eine harte Probe. Aber vielleicht, so mögen sich die geneigten Leser gedacht haben, ist da etwas dran. Sie fingen nämlich gerade an, sich für sich selbst zu interessieren, die blinden Flecken ihrer Herzen zu erforschen und ihr Seelenleben im Tagebuch zu verewigen – da kam ihnen diese Biographie mit psychologischer Ausdeutung ganz gelegen.

Auch heute hat der »Verbrecher aus verlorener Ehre« begeisterte Leser. Wenn man sich nämlich anschaut, wie Schiller das Strafrecht seiner Zeit kritisiert, wie er Gefängnisse als Brutstätten des Verbrechens anprangert, die Eingliederung des Haftentlassenen in die Gesellschaft fordert – so klingt das überraschend modern. Schiller war als Justizkritiker nicht nur fortschrittlich, so Jutta Limbach, die ehemalige Präsidentin des Bundesverfassungsgerichts, die sich seine Schriften bewundernd angeschaut hat: Er war seiner Zeit um gut 200 Jahre voraus!

»Die Kindsmörderin«

Ein weibliches Schicksal schildert Schiller in seinem Gedicht »Die Kindsmörderin«. Wieder ein Jugendwerk und wieder eine soziale Anklage! Er gab es 1782 in einer Sammlung bunt gemischter Gedichte heraus, die noch ganz andere Töne anschlagen, als man sie vom »klassischen« Schiller gewohnt ist.

Hier spricht er durch ein Mädchen zu uns, das unschuldig und schuldig zugleich ist. »Rollengedicht« nennt man das, wenn das lyrische Ich in eine Rolle schlüpft. Die junge Frau hat sich in Joseph verliebt, wird schwanger und von ihm verlassen. Das hätte an Unglück schon gereicht, aber sie bringt aus Verzweiflung ihr Baby um und darauf stand die Todesstrafe.

»Bleibt sauber«, so hieß es noch im letzten Jahrhundert zu Deutschlands Töchtern – selbst einige Gedichte des späteren Schiller hielten dafür als moralische Unterstützung her. Aber Schiller hatte eine zwiespältige Haltung. Er sagte auch allen Ernstes: Seine Leserinnen sollten sich über ihre »gefallenen Schwestern« in Bordellen nicht den Mund zerreißen! Und auch für die Kindsmörderin im Gedicht wirbt er um Verständnis.

Für Louise, so heißt die junge Frau, ist das Leben vorbei. Sie nimmt Abschied, lässt Liebesgeschichte und Enttäuschungen noch einmal an sich vorüberziehen:

> Weinet um mich, die ihr nie gefallen,
> Denen noch der Unschuld Lilien blühn,
> Denen zu dem weichen Busenwallen
> Heldenstärke die Natur verliehn!
> Wehe! menschlich hat dies Herz empfunden! –
> Und Empfindung soll mein Richtschwert sein! –
> Weh! vom Arm des falschen Manns umwunden,
> Schlief Louisens Tugend ein.
>
> Ach vielleicht umflattert eine andre,
> Mein vergessen, dieses Schlangenherz,
> Überfließt, wenn ich zum Grabe wandre,
> An dem Putztisch in verliebten Scherz?
> Spielt vielleicht mit seines Mädchens Locke?
> Schlingt den Kuß, den sie entgegenbringt?
> Wenn, verspritzt auf diesem Todesblocke,
> Hoch mein Blut vom Rumpfe springt.

Wild geht es in ihrem Kopf zu, Liebesszenen assoziiert sie mit drastischen Köpfungsfantasien, immer wieder verflucht sie ihren Verführer. Sie hängt noch an ihm, der sie verlassen hat, bitter und eifersüchtig stellt sie sich vor, wie er jetzt bei einer anderen ist. Von Schönheit erzählt sie, von ihrer unschuldigen Jugend, von Liebe, Leidenschaft, Betrogen- und Verlassenwerden. An der »Qualität« des Gedichts kann man etwas zweifeln, Louises »Ach!«-und-»Wehe!«-Rufe klingen ein bisschen nach Kitschroman, aber es ist gut, dass Schiller sich des Themas annimmt. Er setzt sich für eine sozial Schwache ein, sozusagen für eine »Verbrecherin aus verlorener Ehre«.

In der Mitte des Gedichts spricht Louise vom Mord am eigenen Kind. Reue verfolgt sie seither, die Lebensfreude ist dahin: dieselbe Verzweiflung, die Goethe bei ihrer Leidensgenossin Gretchen im »Faust« beschreibt. Louise empfindet den Tod als Erlösung. Zum Schluss wächst sie noch einmal über sich hinaus, der wehmütige Ton macht einer kraftvollen Stimme Platz. Sie verzeiht Joseph, appelliert an ihre Mitschwestern, nicht denselben Fehler zu begehen wie sie – und verlässt als stolze Heldin die Lebensbühne:

> Trauet nicht den Rosen eurer Jugend,
> Trauet, Schwestern, Männerschwüren nie!
> Schönheit war die Falle meiner Tugend,
> Auf der Richtstatt hier verfluch ich sie! –
> Zähren? Zähren in des Würgers Blicken?
> Schnell die Binde um mein Angesicht!
> Henker, kannst du keine Lilie knicken?
> Bleicher Henker, zittre nicht! – – –

Der Schluss ist auf Rührung angelegt, er drückt so auf die Tränendrüse, dass es auch den Henker erwischt: »Zähren« sind Tränen in der Sprache der Zeit. Den letzten Vers hat Schiller deutlich gekürzt. Man kann sich den Hieb des Henkers vorstellen, der die Gedanken unterbricht. Louise ist tot.

Mit dem Stoff der Kindsmörderin lag Schiller voll im Trend, man las, man schrieb, man diskutierte darüber. Wie konnte man verhindern, dass junge Kindsmörderinnen hingerichtet werden, ohne gleichzeitig die »Unzucht« zu begünstigen?

Schillers späterer Freund Goethe war einmal für das Todesurteil einer Kindsmörderin verantwortlich. Damals, als Minister, ließ ihn der Herzog von Weimar prüfen, ob man die Gesetze ändern solle. Aber nach Goethe war es »räthlicher (. . .) die Todtesstrafe beyzubehalten« – und das Mädchen, um das es ging, wurde geköpft. Eine schwer wiegende, vielleicht traumatische Entscheidung – ob Goethe mit Schuldgefühlen zu kämpfen hatte?

Schiller beschreibt in seinem Gedicht »Die Kindsmörderin« eine große soziale Ungerechtigkeit. Voreheliche Schwangerschaften waren einzig ein Problem der Frauen. Empfängnisverhütung gab es damals noch nicht – medizinische Bücher enthielten zwar Hinweise oder berechneten Tage der Unfruchtbarkeit, aber das waren oft genau die falschen. Ungewollte Schwangerschaften, Kindsmord, geächtete ledige Mütter beschäftigten als gesellschaftliches Problem die Schriftsteller bis ins 21. Jahrhundert.

VI.
VON DER »FEDER« LEBEN
SCHILLER, EINER DER ERSTEN FREIEN AUTOREN

»Das verfluchte Geld«

Nun geht es um einen, der auszog, Dichter zu werden. Auf seinem Weg von Marbach über Mannheim und Leipzig nach Jena und Weimar war er oft bettelarm, doch wurde Schiller nie im Stich gelassen. Am besten ging es ihm, wenn nichts und niemand ihn bei der Arbeit störte, kein Gläubiger, keine Krankheit und kein unerwarteter Besuch. Er war privilegiert, obwohl er gern die Mängel beklagte, den Mangel an Freiheit, Geld und Gesundheit. Er hatte eine Eliteschule besucht und für damalige Standards eine hervorragende Bildung genossen. Er war so qualifiziert, dass er seinen Brotberuf schnell an den Nagel hängte, um sich lebenslang weiterzubilden als Historiker, Philosoph und eben als Dichter.

Es geht auch um sein Verhältnis zu Arbeit und Geld und um den Aufstieg des Marbacher Jungen aus einfachen Verhältnissen zum »Dichterfürsten«.

Bis an sein Lebensende hat er Bitt- und Bettelbriefe geschrieben. Viele sind »diplomatische Meisterleistungen«. Bei den Dankesschreiben hat er sich genauso angestrengt.

Erst spät und langsam besserte sich Schillers finanzielle Lage. Die immer wohlhabenderen, einflussreicheren Adressaten, an die er seine stilvollen Briefe richtete, sind ein Zeichen dafür. Bei adeligen Gönnern, betuchten Mäzenen, Fürsten und Freunden im In- und Ausland löste der oft abgebrannte, kranke und hart arbeitende Dichter großes Mitgefühl aus. Erst als Schiller Kinder hatte, dachte er ernsthaft an Rücklagen. Bis dahin waren Geldangelegenheiten eine höchst lästige Einschränkung seiner Bedürfnisse und Ideen.

Biographen verweisen gern auf Schillers »schwäbische Geschäftstüchtigkeit«. Mit Verlegern hat er zwar immer wieder verhandelt und gepokert, doch meistens um Vorschüsse gebeten. Es gelang ihm nicht wirklich, vom Schreiben zu leben. Viele mussten etwas beisteuern, damit die Schillers standesgemäß leben konnten. Wer die winzigen Zimmer im Häuschen an der Hauptstraße in Marbach gesehen hat, weiß von Schillers bescheidenen Anfängen, an die er immer wieder erinnerte. An seinen »schlechten Start im Leben«, besonders im Vergleich zu Goethe. Das Haus in Weimar, das er 1802 erwarb, war ein Palast dagegen, ein großes Haus im klassizistischen Stil. Vom Aussteiger zum Aufsteiger, auch das trifft auf den »armen« Schiller zu.

Schillers Geburtshaus in Marbach.

Schillers Wohnhaus in Weimar.

Als »freier« Schriftsteller zu leben, schafften damals nur wenige. Das lag vor allem an den äußeren Bedingungen. Ende des 18. Jahrhunderts sahen sich Autoren auf dem freien Markt einer völlig ungeschützten Existenz ausgesetzt. Für ein Manuskript gab es vom Verleger ein einmaliges Honorar, gleichgültig ob es ein Erfolg oder eine Pleite wurde. Keine Lesungen, keine Preise und Stipendien, keine Stadt- und Turmschreiber, keine Poetikvorlesungen und Talkshows, die Schriftstellern heute ein Zubrot ermöglichen. Es gab die Dichterbeamten an den Fürstenhöfen, wie Goethe beispielsweise, oder den oft bedauernswerten Hauslehrer. Als solcher hatte Christoph Martin Wieland am Hof Anna Amalias in Sachsen-Weimar angefangen. Ihm ist es schließlich gelungen, nur von der »Feder« zu leben.

Schiller hätte ein gewiefter Verhandler und geschickter Taktierer sein müssen, um vom Schreiben leben zu können. »Zum Kaufmann schicke ich mich überhaupt so wenig als zum Kapuziner«, klagt er über seinen Geschäftssinn. Erst spät versteht er sich auf taktische Diplomatie mit seinen beiden Verlegern. Vielleicht waren es zwei Dinge, die Schiller trotzdem zum Aufsteiger machten: erstens, keine Angst vor Schulden, und zweitens, Arbeit bis zum Umfallen. Ständig Selbstausbeutung zu betreiben, so dass er einfach ein Recht auf den allmählichen Wohlstand zu haben schien. So muss er es gesehen haben. Denn wie ist es sonst auszuhalten, immer abhängig von der Gunst anderer zu sein, zu hoffen, dass Freunde oder Bekannte einspringen, dass Mäzene im letzten Moment auftauchen, dass der Herzog seine Zuwendungen verdoppelt, dass die Verleger Göschen und Cotta großzügig Vorschüsse gewähren? Das alles funktionierte bei Schiller. Andere haben in ähnlichen Fällen keinen müden Taler gesehen. »Schillers Anziehungskraft war groß, er hielt alle fest, die sich ihm näherten ...«, sagte Goethe einmal über Schillers Ausstrahlung. Andere äußerten sich weit weniger freundlich über den Dichter.

Ein früher Vorfall erlaubt uns, über Schillers Umgang mit Geld zu spekulieren: Am 21. November 1773 – Schiller ist fast ein Jahr an der Militärakademie – erhielt er zwölf Schläge mit dem Weidenstock, weil er sich »für sechs Kreuzer Wecken auf Borg kommen ließ«. Der 14-Jährige hatte Lust auf frische Semmeln, pumpte sich Geld und ließ sie sich vom Bäcker liefern. Ob es die Anleihe, die eigenmächtige Verbesserung des Frühstücks oder beides war, was ihm die Körperstrafe einbrachte, wissen wir nicht. Jedenfalls hat er sich nicht mit den Gegebenheiten abgefunden.

Nehmen wir zu seinen Gunsten an, dass er aus nackter Verzweiflung oder mangelnder Lebenserfahrung seine miserable Lage nach der Flucht aus Württemberg so drastisch beschönigt:

> Auch in die Zukunft kann ich zuversichtlich sehen, weil mir meine Arbeiten gut bezahlt werden, und ich fleißig bin. Sobald ich in Berlin bin, kann ich in der ersten Woche auf festes Einkommen rechnen, weil ich vollgültige Empfehlungen an Nicolai habe, der dort gleichsam der Souverain der Litteratur ist, alle Leute von Kopf sorgfältig anzieht, mich schon im Voraus schäzt, und einen ungeheuren Einfluß hat, beinah im ganzen teutschen Reich der Gelehrsamkeit. (...) Ich habe keinen andern Gedanken, als mein Glük nur allein durch die Medicin zu machen, und werde suchen innerhalb eines halben Jahrs Doctor zu seyn. Da ich durch Sachsen gehe, so habe ich gute Addressen an große Gelehrte, auch an Fürsten, wenn ich die letzteren benuzen will.

Das Einzige, was an dieser Situationsbeschreibung stimmt, ist, dass er fleißig ist. Alles andere ist falsch, realitätsfern, bestenfalls übertrieben. Zu diesem Zeitpunkt, im Jahre 1782, sitzt er bereits in der Schuldenfalle: 200 Taler vom Stuttgarter Verleger geborgt, der die »Räuber« für ihn gedruckt hat. Andreas Streicher bestreitet den Unterhalt. Dann springt Schillers Zimmerwirt in Mannheim, Malermeister Anton Hölzel, mit einer beträchtlichen Summe ein, dann Frau von Wolzogen, die Mutter eines Mitschülers von der

Karlsschule, die seine »Räuber« so schätzt. Das ist nur der Anfang einer langen Reihe von Helfern in der Not: von Freund Huber den Wintermantel geborgt, vom Verleger Cotta einen Blitzableiter aufs Häuschen montiert, vom Verleger Göschen einen Winterpelz erbeten, bei Bildhauer Dannecker seine Büste zweimal in Gips, ein drittes Mal in Marmor bestellt und riesige Vorschüsse später für den Hauskauf bekommen. Er pumpt sie, früher oder später, alle an, stilvoll und entwaffnend direkt. Zu seinem Glück kann den sympathischen Autor keiner hängen lassen. Henriette von Wolzogen zeigt sich besonders großzügig und geduldig. Sie hat ihm mehrmals Geld geliehen und, als Schiller sich vom Herzog Karl Eugen verfolgt sieht, ihm ihr Anwesen in Thüringen als Zufluchtsort überlassen. Als sie selbst von Gläubigern bedrängt wird, muss sie Schillers Kredite zurückfordern. Für Schiller, dessen Vertrag am Mannheimer Theater gerade nicht verlängert worden ist, ein schwerer Schlag. Er steht bei ihr mit 500 Gulden in der Kreide. Was schreibt er ihr in dieser Situation?

Mannheim, 8. Oktober 1784

Ihr Brief, meine Teuerste, und die Situation, in welcher ich mich mit Ihnen befinden muß, hat eine schreckliche Wirkung auf mich gemacht. Unglückliches Schicksal, das unsre Freundschaft so stören mußte, das mich zwingen mußte, in Ihren Augen etwas zu scheinen, was ich niemals gewesen bin und niemals werden kann: niederträchtig und undankbar. Urteilen Sie selbst, meine Beste, wie weh es mir tun muß, auch nur einen Augenblick in der Liste derjenigen zu stehen, die an Ihnen zu Betrügern geworden sind. Gott ist mein Zeuge, daß ich es nicht verdiene. Aber jetzt ist es zu nichts nütze, so allgemein über unser Verhältnis zu reden. Nur das einzige überlegen Sie bei sich selbst, ob eben diese entsetzliche Beschämung, mit der ich an meine Wohltäterin denken muß, mein bisheriges Stillschweigen nicht einigermaßen, ich will nicht sagen, entschuldigt, doch wenigstens begreiflich macht. Wie oft und gern wäre ich in den Bedrängnissen meines Herzens, in dem Bedürfnis nach Freundschaft zu Ihnen, meine Teuerste, geflogen, wenn nicht eben die schreckliche Empfindung meiner Ohnmacht, Ihren Wunsch zu erfüllen und meine Schulden zu entrichten, mich wieder zurückgeworfen hätten. Der Gedanke an Sie, der mir jederzeit so viel Freude machte, wurde mir durch die Erinnerung an mein Unvermögen eine Quelle von Marter. Sobald Ihr Bild vor meine Seele kam, stand auch das ganze Bild meines Unglücks vor mir. Ich fürchtete mich, Ihnen zu schreiben, weil ich Ihnen nichts, immer nichts als das ewige ›Haben Sie Geduld mit mir‹ schreiben konnte.

Aber Ihr jetziger Brief fiel mir sehr auf die Seele. Ich sehe, Sie leiden, das ist entsetzlich. Ich muß, ich will wahr und aufrichtig gegen Sie sein. Vielleicht beruhigt Sie das, und ich hoffe, das soll es.

Jetzt gleich kann ich Ihnen unmöglich etwas von meiner Schuld bezahlen. Es ist schrecklich, daß ich das sagen muß, aber schämen darf ich mich nicht; denn es ist Schicksal. Man ist nicht deswegen strafbar, weil man unglücklich ist. Ich bin fast das ganze verflossene Jahr krank gewesen. Ewig nagender Gram, Ungewißheit meiner Aussichten kämpfte gegen meine Wiedergenesung. Dieses allein ist Ursache, daß mein Plan so vereitelt ist. Wäre das nicht gewesen, Sie würden gewiß größtenteils bezahlt worden sein. Kann ich dafür, daß es so gehen mußte? Aber jetzt sind meine Entwürfe gemacht, und das nach reifer, vollkommener Überlegung. Wenn ich jetzt auf meinem Weg nicht beunruhigt werde, so ist meine Zukunft gegründet. Ich komme in Ordnung und werde in den Stand gesetzt sein, auf den letzter Heller zu bezahlen. Nur jetzt muß ich Luft haben, bis meine Sachen im Gange sind; wenn ich jetzt gelähmt werde, so bin ich auf immer gelähmt …

Ziemlich unverfroren, wie er argumentiert, »schämen darf ich mich nicht; denn es ist Schicksal«. Sicher hat Schiller seine ständige Geldnot als würdelos und beschämend erlebt. Sonst hätte er es nicht so oft und hartnäckig leugnen müssen. Der Intendant Dalberg ist einer von vielen, dem er – und sich – versichert, dass es keinen Grund zur Scham gibt:

Ich ging leer hinweg, leer in Börse und Hoffnung. Es könnt mich schamrot machen, daß ich Ihnen solche Geständnisse tun muß, aber ich weiß, es erniedrigt mich nicht. Traurig genug, daß ich auch an mir die gehässige Wahrheit bestätigt sehen muß, die jedem freien Schwaben Wachstum und Vollendung abspricht.

Aus diesen Zeilen spricht vor allem das Gefühl des Zukurz-gekommenen und des rundum Benachteiligten, das Schiller wohl nie ganz verlassen hat. Da ist es schon tröstlich, dass alle »freien« Schwaben damit geschlagen sind! Wie unrealistisch aber ist erst der Plan, der ihm aus der Patsche helfen und Henriette von Wolzogen beruhigen soll:

In dieser Woche kündige ich ein Journal an, das ich auf Subskription herausgebe. Dazu sind mir von vielen Orten her die Hände geboten worden, und meine Hoffnungen sind die besten. Wenn ich fünf-hundert Subskribenten bekomme, welches kaum fehlen kann, da ich sehr gute Maßregeln dazu ergriffen habe, so bleiben mir nach Abzug aller Unkosten eintausend Gulden fixe Revenue. Außer diesem gehen meine Einnahmen von Stücken fort, und alles beruht auf meinem Fleiß und meiner Gesundheit. Der Gedanke, Ihnen, meine Beste, aus der Bedrängnis zu helfen und Ihnen etwas von meiner unendlichen Verbindlichkeit abzutragen, wird meinen Eifer beleben. – Der Wunsch, endlich einmal in Ordnung und Ruhe mich zu fühlen, wird mich spornen, alle Kräfte meines Geists aufzubieten. Meine Lebensart ist rangiert, und ich darf sagen, daß ich kein leichtsinniger Ver-schwender mehr bin. Eher will ich mir alles entziehen als diejenige leiden lassen, der ich alles, alles schuldig bin. Ich gebe Ihnen also feierlich und fest die gewisse Erklärung, daß Sie von heute an bis zu Ende 1785 terminweis ganz bezahlt werden sollen ...

Schiller steht das Wasser bis zum Hals, als er sich der oft zitierten Fanpost aus Leipzig entsinnt, die schon ein halbes Jahr auf Antwort wartet. Am 9. April 1785 befindet er sich bereits auf dem Weg nach Leipzig, zu den Verfassern des Briefes, den Schwestern Dora und Minna, den Freunden Christian und Ferdinand. Ohne sie persönlich zu kennen, überlässt er sich ihnen mit Haut und Haar. Ein Wunder in letzter Minute. Vorher sind noch einige Briefe zwischen ihm und den vier Leipzigern hin- und hergegangen, in de-nen Schiller ordentlich auf die Tränendrüse drückt.

An einen, Christian Gottfried Körner, schreibt er:

Ich kann nicht mehr in Mannheim bleiben. In einer unnennbaren Bedrängniß meines Herzens schreibe ich Ihnen meine Besten. Ich kann nicht mehr hier bleiben. Zwölf Tage habe ichs in meinem Herzen herumgetragen, wie den Entschluß aus der Welt zu gehen. Menschen, Verhältniße, Erdreich und Himmel sind mir zuwider. Ich habe keine Seele hier, keine einzige die die Leere meines Herzens füllte, keine Freundin, keinen Freund; und was mir *vielleicht* noch theuer seyn könnte, davon scheiden mit Konvenienz und Situationen. (...) ich *muß* Leipzig und Sie besuchen. O meine Seele dürstet nach *neuer* Nahrung – nach *beßern* Menschen – nach *Freundschaft, Anhänglichkeit* und *Liebe.* (...) Ich war noch nicht glüklich, denn Ruhm und Bewunderung, und die ganze übrige Begleitung der Schriftstellerey wägen auch nicht *einen* Moment auf, den Freundschaft und Liebe bereiten – das Herz darbt dabei. Werden Sie mich wol aufnehmen?

Das tun sie gewiss, und auch Ferdinand Huber bekommt vorher noch einen Bittbrief. Schiller versteht es glänzend, seine missliche Lage günstig darzustellen.

Aber ich kann Mannheim nicht verlassen, ohne wenigstens einhundert Dukaten verschleudern zu müssen, und außer dem ersten Hefte meiner ›Thalia‹, welches mir schwerlich mehr als einhundert Taler auf den ersten Anlauf abwerfen kann, habe ich bis dahin keine Subsidien zu hoffen. So schnell ich auch meine Sache in Weimar persönlich durchsetzen könnte, so muß ich doch dahin reisen und jene Auslagen zuvor gemacht haben. Meine Bekanntschaften und Freunde zu Mannheim kann und will ich auf diese Probe nicht setzen, oder ich liefe Gefahr, zum zweiten Mal Timon zu werden und mit der menschlichen Natur zu verfallen. Überdem sind die besten von ihnen meiner Philantropie mehr bedürftig als ich der ihrigen. Meiner Familie kann ich keinen Vorschuß zumuten; denn mein Vater ist Offizier, und sein Degen ist seine Besoldung. Auch habe ich drei Schwestern, denen die Existenz ihres Bruders schon mehr entzog, als sie wird hereinbringen können.

Ich glaube, mein Teurer, ich habe Sie jetzt mit meiner ganzen Situation bekannt genug gemacht. Jetzt meine Bitte: Ist es nicht möglich, daß Sie mir (auf Ihren oder meinen Namen – von Buchhändlern oder von *andern* Juden) ohngefähr dreihundert Taler Vorschuß verschaffen können? Mein Plan ist dieser: alle zwei Monate bezahlte ich von meiner ›Thalia‹ fünfzig Taler zurück mit landesüblichen Zinsen, bis die Schuld getilgt wäre. Die Bezahlung aber dürfte nur mit dem dritten Hefte anfangen. Meiner ganzen Berechnung zufolge beläuft sich meine jährliche Einnahme von der ›Thalia‹ auf ohngefähr achthundert bis neunhundert Reichstaler nach Abzug der Unkosten. Wollte mir ein Buchhändler zu Leipzig den ganzen Verlag der ›Thalia‹ abnehmen, so würde ich schnell aus dem Embarras sein, – aber dieses kann doch eigentlich nur durch meine persönliche Gegenwart bewirkt werden, und diese Gegenwart ist ein Unding, wenn ich nicht jene Summe erhalten kann. Sie haben ohne Zweifel Verbindungen, denen Sie eine solche Dienstleistung zumuten können, welche ganz unwidersprechlich viel für mich entscheidet. Meine ganze Reise nach Leipzig hängt davon ab und von dieser zuverlässig mein künftiges Schicksal. Doch was habe ich nötig, Ihnen, mein liebster Freund, weitläufige Deklamationen vorzulegen? Sehen Sie dieses freimütige Geständnis für das entscheidende Zeichen an, daß diese Sache unendlich wichtig für Ihren Freund ist ...

Christian Gottfried Körner, der es seit der Erbschaft seiner Eltern genießt, großzügig zu sein, schickt Geld für die Reise und begleicht einen Teil der Schulden. Aber sollte der Erlös aus der Thalia-Zeitschrift nicht an Frau von Wolzogen gehen und nicht diese Schulden tilgen? Aber es geht weiter wie im Märchen. Schon nachdem sich Körner und Schiller einige Male in Leipzig gesehen haben, erhält Schiller diese Nachricht: »Ein Jahr wenigstens laß mir die Freude, Dich aus der Notwendigkeit des Brotverdienens zu setzen.« Einen Körner für jeden mittellosen, begabten Künstler! Jetzt kann sich Schiller für das Dichterleben entscheiden. Immer wieder hatte er sich überlegt, zur Medizin zurückzukehren, was ihm damals auch viele geraten hatten.

Schiller belohnt Körner mit einem weihevollen Dankesbrief:

Für Dein schönes und edles Anerbieten habe ich nur einen einzigen Dank, dieser ist die Freimütigkeit und Freude, womit ich es annehme. Niemals habe ich die Antwort gebilligt, womit der große Rousseau den Brief des Grafen Orlow abfertigte, der aus freiwilligem Enthusiasmus dem flüchtigen Dichter eine Freistätte anbot. In ebendem Maße, als ich mich gegen Rousseau kleiner fühle, will ich hier größer handeln wie er. Deine Freundschaft und Güte bereitet mir ein Elysium. Durch Dich, teurer Körner, kann ich vielleicht noch werden, was ich je zu werden verzagte. Meine Glückseligkeit wird steigen mit der Vollkommenheit meiner Kräfte, und bei Dir und durch Dich getraue ich mir, diese zu bilden. Die Tränen, die ich hier an der Schwelle meiner neuen Laufbahn Dir zum Danke, zur Verherrlichung vergieße, diese Tränen werden wiederkommen, wenn diese Laufbahn vollendet ist. *Werde* ich das, was ich jetzt träume, – wer ist glücklicher als Du? Eine Freundschaft, die so ein Ziel hat, kann niemals aufhören.

Hier klingt gleichsam ein Lebensmotiv Schillers an: die Anlagen und Talente, die man mitbringt, gegen widrige Umstände doch vollständig zu verwirklichen, eben zu werden, was man sein könnte. Dieses Bild vom besseren, anderen und vollkommeneren Ich hat Schiller immer vor Augen. Das ist die Kraftquelle, die ihn antreibt.

»Ich muß von Schriftstellerei leben«

Genau das ist es, was Schiller manchmal an Körner bedrückt. Der Freund bleibt unter seinen großartigen Möglichkeiten. Schiller sorgt sich, dass der Hochbegabte nichts aus seinen Talenten macht. Körner ist finanziell zu gut versorgt, als dass er den Antrieb hätte, künstlerisch produktiv zu sein, meint Schiller. So gesehen ist es ein Glück, dass er selber mittellos und gezwungen ist zu schreiben.

Eigentlich ist es ein Unglück für Dich, daß Dich der Hunger nicht zum Schreiben zwingt, wie unser einen. Dies würde Dich nöthigen, allen diesen Betrachtungen zum Trotze, zum Ziel zu eilen, und am Ende würdest Du doch finden, daß Du etwas geleistet hast, was Arbeit und Zeit lohnt; der leidige Muß würde ersetzen, was Dir an Selbstvertrauen und Beharrlichkeit fehlt. Wie oft ist es mir so ergangen!

Früher dachte er genau das Gegenteil, jeglicher Zwang war für Schreibhemmungen aller Art verantwortlich: »Es ist gewiß und wahrhaftig, daß der Zwang dem Geist alle Flügel abschneidet.«

Zu Beginn des Jahres 1788 bringt er Körner schonend bei, dass er, Schiller, das Fach wechseln müsse. Er wird sich einem handfesteren Gewerbe zuwenden, der Geschichte. Die Verhältnisse zwingen ihn dazu. Um Körner, der ihn nur als Dichter sehen möchte, zu überzeugen, muss er die Nöte des Alltags deutlich schildern:

1. Ich muß von *Schriftstellerei leben*, also auf das sehen, was *einträgt*.

2. Poetische Arbeiten sind nur meiner *Laune* möglich: forciere ich diese, so misrathen sie. Beides weißt Du. *Laune* aber geht nicht gleichförmig mit der *Zeit* – aber meine Bedürfnisse. Also darf ich um sicher zu seyn, meine *Laune* nicht zur *Entscheiderin* meiner Bedürfnisse machen.

3. Du wirst es für keine stolze Demuth halten, wenn ich Dir sage, daß ich zu *erschöpfen* bin. Meiner Kenntniße sind wenig. Was ich bin, bin ich durch eine, oft unnatürliche Spannung meiner Kraft. Täglich arbeite ich schwerer – weil ich viel schreibe: Was ich von mir gebe steht nicht in proportion mit dem, was ich empfange. Ich bin in Gefahr mich auf diesem Weg auszuschreiben.

4. Es fehlt mir an *Zeit*, Lernen und Schreiben gehörig zu verbinden. Ich muß also darauf sehen, daß auch *Lernen*, als Lernen, mir rendiere!

5. Es gibt *Arbeiten*, bei denen das Lernen die Hälfte, das *Denken* die andere Hälfte thut. Zu einem Schauspiel brauche ich kein Buch aber

meine ganze Seele und alle meine Zeit. Zu einer z. B. historischen Arbeit tragen mir Bücher die Hälfte bei. Die Zeit welche ich für beide verwende ist ohngefähr gleich groß. Aber am Ende eines historischen Buchs habe ich Ideen erweitert, neue empfangen – am Ende eines verfertigten Schauspiels vielmehr verloren.

6. Bei einem großen Kopf ist jeder Gegenstand der Größe fähig. Bin ich Einer so werde ich Größe in mein historisches Fach legen.

7. Weil aber die Welt das *Nützliche* zur höchsten Instanz macht, so wähle ich einen Gegenstand, den die Welt auch für nützlich hält. Meiner Kraft ist es eins oder soll es eins seyn – also entscheidet der Gewinn.

8. Ist es wahr oder falsch daß ich darauf denken muss, wovon ich *leben* soll, wenn mein dichterischer Frühling verblüht? Hältst Du es nicht für beßer, wenn ich mich entfernt auf eine Zuflucht für spätere Jahre bereite? – Und wodurch kann ich das als durch diesen Weg? Und ist nicht die Historie das fruchtbarste und dankbarste für *mich*?

9. Ueber den Zweiten Artikel meines *vorigen Briefs* und *Deiner Antwort*, über das Heurathen, habe ich nur Eine aber eine sehr wichtige Antwort, wichtig für Dich weil Du mich liebst. Ich bin in meiner jetzigen Lage nicht glücklich; ich habe seit vielen Jahren kein ganzes Glück gefühlt – und nicht sowohl, weil mir die Gegenstände dazu fehlten, sondern darum, weil ich die Freuden mehr naschte als genoß, weil es mir an innrer gleicher und sanfter Empfänglichkeit mangelte, die nur die Ruhe des Familienlebens, die Uebung des Gefühls in vielen und ununterbrochenen wenn auch nur kleinen und schwachen geselligen Empfindungen gibt. Doch ich kann Dir wirklich keinen Schatten von dem beschreiben, was ich empfinde. Ich bin nicht so sonderbar als Du vielleicht aus diesen Äuserungen für mich schließest: just dieses würdest Du aus allgemeinen Menschengefühlen am leichtesten erklären. Hier bin ich beinahe was man sagen kann, glücklich von aussen. Ich bin von vielen Menschen geliebt, recht theilnehmend wird mir von ihnen begegnet. Ich habe eine sehr sanfte und genußvolle Existenz. Aber um so mehr sehe ich daß die Quelle meines Unmuths in seinem Wesen ligt, das ich ewig mit mir herumtrage.

Adieu. Ich will sehen ob ich diesen Brief noch fortbringe. Nächstens mehr. Tausend Grüße Hubern und den Weibern. Lass diese meine Briefe nicht ganz lesen. Schreibe mir bald wieder. Dein

Schiller

Schiller möchte heiraten. Dazu braucht er eine gesicherte Existenz. 1789 erhält er eine Professur für Geschichte in Jena – durch Goethes Vermittlung. Er ist dreißig Jahre alt und besitzt zum ersten Mal einen richtigen Schreibtisch!

An den Wechsel zur Geschichte knüpft er wieder hohe, zu hohe Erwartungen: Bodenhaftung, eine gesicherte Existenz, einen Brotberuf zur Familiengründung.

Er will nicht länger Selbstausbeutung betreiben, er will sich weiterbilden, sich durchaus dem allgemeinen Nützlichkeitsdenken der Zeit anschließen, etwas liefern, was mehr als die Dichtung geschätzt wird. Vielleicht hatte er es auch satt, von kapriziösen Theaterintendanten gegängelt zu werden. Von solchen, die nur auf den Geschmack des Publikums schielen, das am liebsten rührselige Familien- und Ritterdramen sieht. Wie oft hat er den »Don Karlos« überarbeitet, weil er ein Erfolgsstück wie die »Räuber« abliefern sollte. So stecken am Ende nach all den Eingriffen und Korrekturen zu viele Dramen in dem »Familiengemälde«: ein Freiheitsdrama, ein Geschichtsdrama, eine Familientragödie, eine Liebestragödie und ein Freundschaftsdrama. Zu viel des Guten, wie Wieland in seiner Rezension befand. Schiller schimpfte es später ein »Machwerk«, das unter dem Druck der freien Autorschaft entstanden ist.

Für die neue Arbeitsstelle an der Uni in Jena bringt er jedenfalls wieder enorme Vorleistungen. Monatelang arbeitet er sich in ein völlig fremdes Sachgebiet ein – ohne Zuwachs an Einkommen, nur an Ehre. Die Professur ist nämlich unbezahlt! Mit Hörergeldern – so etwas wie Studiengebühren – darf er nur rechnen, wenn die Studenten kommen. Und so zahlreich, wie sie zu seiner legendären Antrittsvorlesung »Was ist und zu welchem Ende studiert man Universalgeschichte?« erscheinen, kommen sie schnell nicht mehr. Geschwächt von der schweren Krankheit Anfang 1791 muss er die Vorlesungen immer öfter absagen. Bevor er

sie ganz aufgibt, unterrichtet er sein Lieblingsthema »Ästhetik« zu Hause, manchmal vom Krankenbett aus. So lassen
sich keine Rücklagen bilden, und bei der Heirat muss die
Schwiegermutter regelmäßige Zahlungen versprechen, der
Herzog seine spärlichen Zuwendungen an den Professor
verdoppeln. Das reicht nicht aus, denn das junge Paar hat
Ansprüche: zwei Bedienstete, Wohnung zur Miete zwar,
aber mit »Mittagstisch« bei den Vermietern, praktisch Voll-
pension. Schiller sieht das etwas anders, wie er Körner über
seinen Lebensstil als Professor in Jena berichtet: »... ohne
dass es ein Mensch gewahr wird, kann ich leben, wie ein
Student.«

Das vielleicht größte Wunder ereilt ihn im Dezember
1791 in Form eines Stipendiums, das die zwei Dänen, Prinz
von Augustenburg und Graf Schimmelmann, für den deutschen Dichter ausgesetzt haben. Jens Baggesen, ein däni-
scher Kollege und Freund Schillers, hat die Rettungsaktion
eingefädelt und kündigt diese taktvoll an:

> Zwei Ihnen ganz unbekannte Weltbürger (...) vereinigen ihre für die
> Menschheit brennende Herzen, Sie um Erlaubniß zu bitten, Ihr
> oeconomisches Schicksal Ihren Verdiensten, unserm Jahrhundert und
> der veredelten Menschheit um etwas gemäßer machen zu dürfen.

Die beiden Spender, der Prinz von Augustenburg und Graf
Schimmelmann, grüßen den »armen« Schiller als Seelenver-
wandten:

> Zwey Freunde, durch Weltbürgersinn mit einander verbunden, er-
> lassen dieses Schreiben an Sie, edler Mann! Beyde sind Ihnen unbe-
> kannt, aber beyde verehren und lieben Sie. Beyde bewundern den
> hohen Flug Ihres Genius der verschiedene Ihrer neuern Werke zu
> den erhabensten unter allen menschlichen Zwecken stempeln konn-
> te. Sie finden in diesen Werken die Denkart, den Sinn, den Enthusi-
> asmus, der das Band der Freundschaft knüpfte, und gewöhnten sich
> bey ihrer Lesung an die Idee den Verfasser derselben als Mitglied ihres
> freundschaftlichen Bundes anzusehen.

Hier sind zentrale Begriffe des 18. Jahrhunderts im zeitgemäß aufklärerischen Ton versammelt: Freundschaft, aufgeklärtes Weltbürgertum, Großzügigkeit und Respekt vor dem Dichter. Schiller ist selig und schreibt erst mal an Körner:

> Jena, 13. Dezember 1791
> Ich muß Dir unverzüglich schreiben, ich muß Dir meine Freude mitteilen, lieber Körner. Das, wonach ich mich schon, solange ich lebe, aufs feurigste gesehnt habe, wird jetzt erfüllt. Ich bin auf lange, vielleicht auf immer, aller Sorgen los; ich habe die längst gewünschte Unabhängigkeit des Geistes. Heute erhalte ich Briefe aus Kopenhagen vom Prinzen von Augustenburg und vom Grafen von Schimmelmann, die mir auf drei Jahre jährlich tausend Taler zum Geschenk anbieten, mit völliger Freiheit, zu bleiben, wo ich bin, bloß um mich von meiner Krankheit völlig zu erholen. Aber die Delikatesse und Feinheit, mit der der Prinz mir dieses Anerbieten macht, könnte mich noch mehr rühren als das Anerbieten selbst. Ich werde Dir die Briefe in acht oder zehn Tagen schicken. Sie wünschen zwar, daß ich in Kopenhagen leben möchte, und der Prinz schreibt, daß, wenn ich dann angestellt sein wollte, man dazu Rat schaffen würde, – aber dies geht so bald nicht, da meine Verbindlichkeit gegen den Herzog von Weimar noch zu neu ist und noch vieler anderen Ursachen wegen. Aber hinreisen werde ich doch, wenn es auch erst in einem oder zwei Jahren geschieht.
> Wie mir jetzt zumute ist, kannst Du denken. Ich habe die nahe Aussicht, mich ganz zu arrangieren, meine Schulden zu tilgen und unabhängig von Nahrungssorgen ganz den Entwürfen meines Geistes zu leben. Ich habe endlich einmal Muße, zu lernen und zu sammeln und für die Ewigkeit zu arbeiten. Binnen drei Jahren kann ich dann entweder in Dänemark eine Versorgung finden, oder es fällt mit Mainz etwas vor, – und dann bin ich auf zeitlebens gedeckt.
> Aber was detailliere ich Dir dieses alles? Sage Dir selbst, wie glücklich mein Schicksal ist. Ich kann Dir für heute nichts mehr sagen ...

Wie er sich so richtig freuen kann über die lang gewünschte »Unabhängigkeit des Geistes«! Gleichzeitig möchte man matronenhaft rufen: Halt, bitte mehr Realitätssinn, lieber Schiller! Drei Jahre 1000 Taler, das ist viel Geld, aber eben nur drei Jahre lang. Wie kommt er dazu, zu sagen: »Vielleicht auf immer aller Sorgen los« oder: »In Dänemark eine Versorgung finden« oder auch nur: »Hinreisen werde ich doch«. Alles »Schwärmerei« im damaligen Wortsinn. Allein in diesem Brief werden Schillers maßlose Übertreibungen und sein blauäugiger Optimismus deutlich. Verhängnisvollerweise kommt dazu, dass er so schlecht haushalten kann und schlichte Buchhaltungsregeln ignoriert. Regelmäßig überbewertet er Einnahmen, unterbewertet Ausgaben und hat Außenstände schon mehrfach verplant, ehe sie noch bei ihm gelandet sind. Man denke nur an die Einnahmen durch die »Thalia«! Das Stipendium wird um weitere drei Jahre verlängert! Schuldenfrei ist er aber noch immer nicht. Und die Ansprüche steigen auch: 1799 das erste Mal auf eigenem Grund und Boden, in Jena ein Garten mit Sommerhaus, das langsam renoviert wird. Dann ein zweiter Wohnsitz in Weimar, der auf das Budget drückt. Der Herzog verdoppelt das Jahresgehalt von zweihundert Talern auf vierhundert. Goethe bezieht schon lange das Dreifache, aber als Minister muss er eben jede Menge ermüdende Verwaltungsarbeiten erledigen, die ihm die Energie zum Dichten rauben. Als Schiller 1802 sein Haus in Weimar bezieht, müssen viele Geldquellen angezapft werden, denn wirklich leisten kann er es sich nicht. Cotta gibt einen hohen Vorschuss, der Herzog seinen Teil, Goethe zeigt sich großzügig, und so kommt Schiller zu seinem ersten richtigen Haus, frisch nach Wunsch renoviert und neu möbliert. Glückwunsch, Herr Schiller!

Das Adelsdiplom, das er fast zur gleichen Zeit, kurz nach seinem 43. Geburtstag, erhält, hat er erstaunlich unaufgeregt entgegengenommen. Vielleicht hat er es selbst höchst seltsam gefunden, dass er als leidenschaftlicher Kritiker des Adels – denken wir bloß an »Kabale und Liebe« – schließlich selbst zu dieser Gruppe gehören soll.

Deshalb windet er sich ein wenig, als er Körner von der »kahlen Auszeichnung« berichtet. Nein, er kann wirklich

Schillers Gartenhaus in Jena.

nichts dafür, und für seine Lotte ist damit der »Zutritt« zum Hof wieder frei. Der Brief zeigt auch sonst, wie schon damals der Hase gelaufen ist.

Weimar, 29. November 1802

... Du willst nähere Nachricht, wie es mit meinem Adel zugegangen. Was ich davon in Erfahrung brachte (denn an der Quelle selbst konnte ich freilich nicht nachfragen), ist dieses. Der Herzog hatte mir schon seit länger her etwas zugedacht gehabt, was mir angenehm sein könnte. Nun traf es sich zufällig, daß Herder, der in Bayern ein Gut gekauft, was er nach dem Landesgebrauch als Bürgerlicher nicht besitzen konnte, vom Kurfürsten von der Pfalz, der sich des Nobilitationsrechtes anmaßt, den Adel geschenkt bekam. Herder wollte seinen pfalzgräfischen Adel hier geltend machen, wurde aber damit abgewiesen und obendrein ausgelacht, weil ihm jedermann diese Kränkung gönnte; denn er hatte sich immer als der größte Demokrat herausgelassen und wollte sich nun in den Adel eindrängen. Bei dieser Gelegenheit hat der Herzog gegen jemand erklärt, er wolle mir einen Adel verschaffen, der unwidersprechlich sei. Dazu kommt noch, daß sich Kotzebue, den der Hof auch nicht leiden konnte, zudringlicherweise an den Hof eindrang, welches man ihm, da er und seine Frau Ansprüche hatten, nicht verwehren konnte, obgleich man schwer genug daran ging. Dies mag den Herzog noch mehr bestärkt haben, mich adeln zu lassen. Daß mein Schwager den ersten Posten am Hof bekleidet, mag auch mitgewirkt haben; denn es hatte was Sonderbares, daß von zwei Schwestern die eine einen vorzüglichen Rang am Hofe, die andere gar keinen Zutritt zu demselben hatte, obgleich meine Frau und ich sonst viele Verhältnisse mit dem Hofe hatten. Dieses alles bringt dieser Adelsbrief nun ins Gleiche, weil meine Frau, als eine Adlige von Geburt, dadurch in ihre Rechte, die sie vor unsrer Heirat hatte, restituiert wird.

Mit einem Einhorn als Wappentier – passend zum Dichterstand – stand der nobilitierte Schiller zwar nicht reicher, aber »höher« da. Natürlich ist die Ehe mit Charlotte von Lengefeld, einer Adligen, eine deutliche Verbesserung seines gesellschaftlichen Status. Der renommierte Minister und Geheimrat von Goethe dagegen lebt in »wilder Ehe« mit der bürgerlichen Christiane Vulpius, was ihm in der engen Weimarer Gesellschaft immer wieder Probleme bringt.

Als bald darauf Königin Luise von Preußen mit einem Jahresgehalt von 1000 Talern Schiller zu einem Umzug nach Berlin lockt, rafft er sich immerhin zur Reise dorthin auf, kehrt aber nach dem einzigartigen Jubelzug durch Berlins Theater-Landschaft müde und erschöpft nach Weimar zurück. Berlin mit seinen 50 000 Einwohnern hat den Weltmann aus der Provinz abgeschreckt, und er beschließt, lieber zu Hause um bessere Finanzen zu pokern. Der Bittbrief, den er an »seinen« Herzog Karl August schreibt, gilt als eine »diplomatische Meisterleistung«. Da kann der Herzog nicht Nein sagen.

Weimar, 4. Juni 1804

Durchlauchtigster Herzog, gnädigster Herr.

Ich bin nach Berlin gereist, um das dortige Theater, mit dem ich seit mehreren Jahren Geschäfte habe, näher kennen zu lernen und für meine künftigen Stücke einen vorteilhaften Kontrakt zu schließen. Ganz unerwartet und ungesucht geschehen mir Anträge von seiten des Kabinettsrats Beyme, mich dort zu fixieren. Man hat mich aufgefordert, meine Bedingungen zu machen, und ist geneigt, mir so viel zu bewilligen, als ich zu meiner Existenz in einer großen Stadt würde nötig haben.

Es konnte mir nie in den Sinn kommen, gnädigster Herr, irgendein Etablissement ohne Ihre höchste Genehmigung einzugehen. Es ist daher in dieser Sache von mir noch kein Schritt geschehen. Eurer Durchlaucht eröffne ich sie zuerst und lege die Entscheidung mit vollem Vertrauen in Ihre Hände.

Ich weiß, was ich der Gnade Eurer Durchlaucht schuldig bin, und ich glaube nicht, zu den feilen Menschen zu gehören, die aus Leichtsinn oder Gewinnsucht die heiligsten Bande auflösen. Nicht bloß die Pflichten der Dankbarkeit, auch Neigung und freundschaftliche Bande fesseln mich an Weimar. Die Aussicht auf eine glänzendere Lage würde mich also nie in Versuchung führen.

Aber, gnädigster Herr, ich habe Familie, und ob ich gleich mit demjenigen, was mir die Großmut Eurer Durchlaucht jährlich ausgesetzt, und mit dem, was meine Arbeiten mir erwerben, vollkommen ausreiche, so habe ich doch für meine Kinder noch wenig zurücklegen können. Ich bin dreiundvierzig Jahr alt, meine Gesundheit ist schwach, und ich muß auf die Zukunft denken. Diese einzige Rücksicht macht es mir zur Pflicht, eine wesentliche Verbesserung meiner Umstände, die sich mir anbietet, nicht gleichgültig von mir zu weisen, aber glücklich würde ich mich schätzen, wenn ich diese Verbesserung von der Gnade Eurer Durchlaucht erhalten und so Ihnen und Ihnen allein alles verdanken dürfte.

In Berlin will man mir so viel bewilligen, als ich zu meiner Existenz nötig habe; der Ertrag meiner Schriften würde demnach mein reiner Gewinn sein. Aber meine hiesigen Verhältnisse sind mir so teuer, daß ich mit Freuden auch künftighin zwei Dritteile dieser Einnahme jährlich zusetzen will, wenn ich durch die Großmut Eurer Durchlaucht in den Stand gesetzt werde, ein Dritteil davon des Jahrs für meine Kinder zurückzulegen.

Eure Durchlaucht haben mir schon so viele Beweise gegeben, daß Ihnen mein und der Meinigen Glück nicht gleichgültig ist. Sie selbst haben den Grund dazu gelegt, und eine freudige Hoffnung sagt uns, Sie werden Ihr eigenes Werk vollenden.

Lesen wir den Brief, den er zwei Tage später an Goethe schreibt und in dem er ihn um Rat bittet. Wie viel ernsthafter, lebenstüchtiger und seriöser als noch vor zehn Jahren!

Weimar, 6. Juni 1804

Ich sagte Ihnen gestern abend von dem Schritte, den ich bei unserm Herrn getan, und heute früh erhalte ich beifolgendes Billett von ihm, welches die günstigsten Gesinnungen für mich enthält. Der Ton, in welchem es abgefaßt ist, berechtigt mich zu der Hoffnung, daß es dem H[erzog] Ernst ist, mir solid zu helfen und mich in eine solche Lage zu setzen, daß ich meine rem familiarem zunehmen sehe.

Ich brauche jährlich zweitausend Taler, um mit Anstand hier zu leben, davon habe ich bisher über zwei Dritteile, zwischen vierzehn- und fünfzehnhundert Taler, mit meinen schriftstellerischen Einnahmen bestritten. Eintausend Taler will ich also gern jährlich von dem Meinigen zusetzen, wenn ich nur auf eintausend Taler fixe Einnahme rechnen kann. Sollten es die Umstände nicht erlauben, meine bisherige Besoldung von vierhundert Talern sogleich auf eintausend zu erhöhen, so hoffe ich von der gnädigen Gesinnung des Herzogs, daß er mir achthundert für jetzt bewilligen und mir die Hoffnung geben werde, in einigen Jahren das Tausend voll zu machen. Sagen Sie mir, bester Freund, der Sie meine Lage und die hiesigen Verhältnisse kennen, was Sie von der Sache denken und ob Sie glauben, daß ich mich, ohne den Vorwurf der Unbescheidenheit, in solchen Terminis gegen den Herzog erklären kann.

Sympathisch bescheiden bleibt Schiller auch als Aufsteiger und in Sachen Geld realistisch, doch im Konditional. Aber an seine Schwester Christophine schreibt er 1803 nicht ohne einen stolzen Unterton, wie er den Vater in den *Ausgaben* übertrumpft hat und dass er sparen könnte, wenn ...

Die gute Fine, welche sich unsers Lebens in Ludwigsburg und auf der Solitüde noch wohl erinnert, wird erschrecken, wenn ich ihr sage, daß ich mit meiner Familie jetzt gerade zehnmal soviel brauche, als der Vater als Stabshauptmann Gage gehabt. Das beste ist, daß bei dem wachsenden Aufwand ich auch als Schriftsteller meine Arbeiten steigern kann, und wäre ich nur Herr meiner ganzen Zeit wie in gesunden Tagen, so wäre mir nicht leid, jährlich noch ein ansehnliches Kapital zurückzulegen.

In unserm neuen Hause wird es Euch, wenn Ihr uns einmal besucht, recht wohl gefallen. Es ist sehr heiter und freundlich und liegt sehr angenehm. Freilich haben wir diesen Sommer mit dem Bauen viel Schererei gehabt und große Kosten, auch das Ameublement hat gekostet, aber jetzt freuen wir uns auch dieses Besitzes und fühlen das

Angenehme einer eigenen unabhängigen und bequemen Wohnung, weil wir uns während unsrer ganzen Ehe immer in diesem Stück haben behelfen müssen.

Ein behaglicher Lebensstil. Mit pausenlosem Arbeiten, immer neuen Vorschüssen, Zuwendungen und Schulden verdient.

»Nichts als die Tätigkeit, die das Leben erträglich macht«

Zur Arbeit hatte Schiller ein besonderes Verhältnis. Er fühlte sich am besten, wenn er an mehreren Projekten gleichzeitig saß, und wurde trübsinnig, wenn er unterbrochen wurde oder wenn eine Arbeit abgeschlossen und nicht gleich die nächste da war.

Der Brief an Goethe vom März 1799 zeigt, wie gut er diesen Mechanismus bei sich kannte:

Ich habe mich schon lange vor dem Augenblick gefürchtet, den ich so sehr wünschte, meines Werks los zu seyn; und in der That befinde ich mich bei meiner jetzigen Freiheit schlimmer als der bisherigen Sklaverey. Die Masse, die mich bisher anzog und fest hielt, ist nun auf einmal weg, und mir dünkt als wenn ich bestimmungslos im luftleeren Raum hienge. Zugleich ist mir, als wenn es absolut unmöglich wäre, daß ich wieder etwas hervorbringen könnte; ich werde nicht eher ruhig seyn, bis ich meine Gedanken wieder auf einen bestimmten Stoff mit Hofnung und Neigung gerichtet sehe. Habe ich wieder eine Bestimmung, so werde ich dieser Unruhe los seyn, die mich jetzt auch von kleineren Unternehmungen abzieht.

Manchmal läuft es auch bei Schiller sehr mühsam, da er »alles gleichsam erst aus sich herauspumpen« muss. Aber er ist dabei trotz häufiger Krankheit kein missgelaunter, menschenscheuer Eigenbrötler. Er liebt den Austausch mit Freunden und die Geselligkeit. Die Chronik der letzten Monate des Jahres 1799 zum Beispiel zeigt, wie sein Alltag in seinen letzten Lebensjahren verlief: viel Kontakt mit Goethe (meist Fachgespräche), viel Geselligkeit und Treffen mit der Weimarer Elite, Höhepunkte im Familienleben, Arbeit am Wallenstein, Umzug. »Es ist nichts als die Tätigkeit nach einem bestimmten Ziele, was das Leben erträglich macht«, sagt er 1803. Den Frühling fürchtet er grundsätzlich, »weil er ein unruhiges und gegenstandloses Sehnen hervorbringt«.

Oktober 3. Abends Gespräch mit Goethe.

Oktober 4. Abends Gespräch mit Goethe.

Oktober 5. Letzter Umzug aus dem Gartenhaus in die Stadtwohnung bei Griesbachs. Abends Gespräch mit Goethe über die Bearbeitung von Racines ›Mithridate‹ und Corneilles ›Cid‹ für die deutsche Bühne.

Oktober 6. Abends Besuch von Goethe.

Oktober 8. Mittags Gespräch mit Goethe über tragische Momente.

Oktober 9. Abends Gespräch mit Goethe über den Gebrauch von Fremdwörtern in der Tragödie.

Oktober 10. Goethe liest abends den ›Mahomet‹ vor. Gespräch über tragische Stoffe.

Oktober 11. Nachts 22.30 Uhr Geburt der Tochter Karoline Luise Friederike.

Oktober 12. Neben der schon sehr weit gediehenen ›Maria Stuart‹ Beschäftigung mit zwei neuen Dramenplänen (›Warbeck‹ und ›Malteser‹). – Abends Gespräch mit Goethe über die Wirkung der Tragödie auf das Publikum.

Oktober 13. Mittags Goethe und Caroline von Wolzogen, nachmittags Spazierfahrt mit Goethe und Gespräch über ›Mahomet‹. Abschied von Goethe.

Oktober 14. Morgens Abreise Goethes aus Jena. Ankunft der Frau von Lengefeld.

Oktober 15. Vormittags Taufe der Tochter Karoline.

Oktober 15.–18. Durchsicht von Goethes Übersetzung des ›Mahomet‹ von Voltaire; Bemerkungen über diesen.

Oktober 16. Übersendung von ›Piccolomini‹ und ›Wallensteins Tod‹ an Cotta.

Oktober 18. Vorschläge an Goethe zur Umgestaltung des ›Mahomet‹.

Oktober 19. Erscheinen des ›Musen-Almanachs für das Jahr 1800‹; enthält u. a. ›Das Lied von der Glocke‹.

Oktober 20. Heirat der Schwester Luise mit dem Pfarrer Frankh. Das Erscheinen von Schillers ›Lied von der Glocke‹ erregt im Schlegel-Kreis große Heiterkeit.

Oktober 22. Auf Wunsch des Herzogs Karl August kurze Wiederaufnahme des ›Malteser‹-Planes und Nachdenken über die Disposition – das einzig Vollendete –, die er dem Herzog bei der Ankunft in Weimar vorlegen will.

Oktober 23. Erkrankung Lottes an Nervenfieber mit heftigen Phantasien und Beängstigungen; mehrere Wochen ohne Besinnung mit öfteren Anfällen. Da sie niemanden außer Schiller und der Mutter um sich duldet, jeden 2. Tag Nachtwachen an ihrem Krankenbett.

Oktober 28. Lotte noch immer im Delirium, doch sind die Phantasien weniger unruhig.

Oktober 30. Lotte ist fast fieberfrei und außer Gefahr, jedoch ohne Besinnung.

November 2. Seit diesem Tag ist Lotte völlig gleichgültig, stumpf und geistesabwesend und spricht keine Silbe.

November 5. Lotte zeigt merklich mehr Besinnung.

November 6. Zur Zerstreuung seines Gemüts tagsüber einige Stunden mit dem Sohn Karl bei Goethe in *Weimar*. Karl bleibt bei Goethe zurück. Am gleichen Tag Rückkehr nach *Jena*.

November 8. Lotte ist wieder unruhiger; erneute Beängstigung.

November 10. Goethe bis 8. Dezember in Jena. Besuch von ihm, Niethammer und Justizrat Hufeland.

November 11. Abends mit Goethe die Akte I–II des ›Mahomet‹ durchgegangen.

November 17. Abends Gespräch mit Goethe.

November 18. Langsame Genesung Lottes, die mehr Aufmerksamkeit, Anteilnahme und Wiederkehr des Gedächtnisses zeigt, doch immer noch unruhige Phantasien und Traumbilder hat. Die Erholung erreicht erst Ende November einen befriedigenden Zustand. – Abends Gespräch mit Goethe.

November 19. Schiller sendet Goethe die Memoiren der Stéphanie-Louise de Bourbon-Conti, die Goethe zur ›Natürlichen Tochter‹ anregen.

November 22. Abends Besuch von Goethe.

November 25. Gespräch mit Goethe über die ›Malteser‹.

November 27. Abends Besuch von Goethe.

November 29. Übersendung des Manuskripts zur Sammlung der ›Gedichte‹ an Crusius und des 2. Teils der ›Kleineren prosaischen
Schriften‹ an Göpferdt zum Druck. Abends Gespräch mit Goethe
über seine frühe Lyrik.

November 30. Abends Gespräch mit Goethe über die ›Malteser‹.

Dezember 1. Abends Gespräch mit Goethe über Shakespeare.

Dezember 2. Beschäftigung mit dem Einpacken zum Umzug.

Ab 1796 arbeitet er fanatisch an seinen Dramenprojekten, in
denen er die mit Goethe erarbeiteten ästhetischen Standards
umsetzt. Ab 1800 wechseln Arbeitsrausch und »Krankheits-
schübe«: Im Jahre 1800 ist »Wallenstein« nach drei Jahren
fertig, dann folgen »Maria Stuart« in zwölf Monaten, »Die
Jungfrau von Orleans« in neun, »Die Braut von Messina« in
fünf, »Wilhelm Tell« in sechs Monaten. »Die Hauptsache ist
der Fleiß«, schreibt er an Körner.

Warum hat er sich so wenig geschont? Manisches Arbeiten
kann von den zunehmenden depressiven Stimmungen und
den körperlichen Gebrechen ablenken: wegen der Eupho-
rie, die ihm jedes neue Projekt beschert, mit der Vision
grenzenloser Kräfte und der Ahnung des baldigen Endes.
Diese Mischung aus Überschwang, protestantischem Arbeit-
sethos und dem Selbstverständnis eines gesellschaftlich
wirksamen Dichters hält ihn länger am Leben, als es vermutlich der kranke Körper von sich aus wollte. »Manisch-
depressiv« oder »bipolar« würde man ihn heute nennen –
wie es so viele Menschen sind, die viel leisten und sich
völlig verausgaben.

»Hat der Verstand seine Wache
von den Thoren zurückgezogen«

Schiller war überzeugt, dass sein »Schicksal« ein besonders hartes war, dass er es deshalb in jeder Hinsicht – die Ehe ausgenommen – besonders schwer hatte. Soweit die Briefe dies zeigen, hat er keineswegs damit gehadert, nur mildernde Umstände angemahnt. Auch was die Arbeitsweise selbst betrifft, hat er wieder ein besonders schweres Los gezogen, ist er doch Dichter und Philosoph zugleich und daher einem besonders hohen Anspruch verpflichtet:

> Soviel habe ich nun aus gewißer Erfahrung, daß nur strenge Bestimmtheit der Gedanken zu einer Leichtigkeit verhilft. Sonst glaubte ich das Gegentheil und fürchtete Härte und Steifigkeit. Ich bin jetzt in der That froh, daß ich es mir nicht habe verdrießen lassen einen sauren Weg einzuschlagen, den ich oft für die poetisierende Einbildungskraft verderblich hielt. Aber freilich spannt diese Thätigkeit sehr an, denn wenn der Philosoph seine Einbildungskraft und der Dichter seine Abstraktionskraft ruhen laßen darf, so muss ich, bey dieser Art von Produktionen, diese beyden Kräfte immer in gleicher Anspannung erhalten, und nur durch eine ewige Bewegung in mir kann ich die zwei heterogenen Elemente in einer Art von Solution erhalten.

Nur der »saure Weg« ist der gute Weg. Aus seiner »Werkstatt« liegen detaillierte Auskünfte von Zeitgenossen vor. Ob es wirklich die modrigen Äpfel in der Schreibtischschublade waren und nicht vielmehr Kaffee und Tabak, die ihn stimulierten? Hektisches Hin- und Herlaufen, lautes Schreien und Gestikulieren jedenfalls waren notwendig für Schiller, um ein Werk aufs Papier zu bringen. Von Luise Schwan, der Tochter seines Mannheimer Verlegers aus den Anfängen, liegt diese Erzählung vor:

Schiller bekam eines Abends, wo er, wie oft geschah, in unserem Familienkreis war, einen Anfall von kaltem Fieber. Er war sehr unwohl, wurde auf ein Bett gelegt, warm zugedeckt, mußte Chinatee trinken, und als der Frost nachließ, wurde er in einer Portechaise nach Hause gebracht. Den andern Tag ging mein Vater wie gewöhnlich mit mir spazieren und auf dem Heimweg sagte er, er wolle nur nach Schiller sehen, wie es ihm gehe, ich solle im Saal auf ihn warten, er werde wohl zu Bett liegen. An der Saaltür angekommen, hörten wir arges Geschrei, und was sahen wir! In dem ganz finstern Zimmer brannten zwei Kerzen, auf dem Tisch mit Papieren stand eine Bouteille Burgunder und ein Glas, und Schiller rannte in Hemdärmeln auf und ab, gestikulierte und krakeelte ganz barbarisch. Mein Vater rief ihm zu: Aber, lieber Schiller, was treiben Sie denn, daß Sie hausen wie ein Türke und gestern erst das Fieber hatten. Haben Sie deshalb Medizin studiert, um sich mit Gewalt zu ruinieren? – Nachdem Schiller ausgeschnauft hatte, sagte er, drum habe er gerade den Mohren am Kragen gehabt – nämlich im *Fiesko*, und er könne nicht begeistert werden, wenn das Tageslicht zu ihm hereinscheine. – Mein Vater ermahnte ihn sehr, sein Fieber abzuwarten und alle Mohren laufen zu lassen. Was er auch versprach. Den folgenden Abend kam er wieder und brachte diese Szene aus *Fiesko* mit, die er meinem Vater vorlas.

Das beschreibt seine Arbeitsweise treffend. Er muss alles aus sich selbst »herauspumpen«, alles eine Leistung seiner Fantasie, von der Anschauung hat er wenig gehalten. Die Personen seiner Dramen hat er sich ins Arbeitszimmer geholt und die Schauplätze ebenso. Alles Fantasie im besten Sinne. Als er am »Tell« sitzt, bekommt der Verleger Cotta von Schiller einige Aufträge zu erledigen:

Wenn Ihnen einige Prospekte von schweizerischen Gegenden, besonders aber von dem Schweizerufer des Waldstättensees, dem Rütli gegenüber, in die Hände fallen sollten, so senden Sie mir sie doch. Auch wünschte ich Füßlis ›Erdbeschreibung‹, Zschokkes Werk von der Schweiz und die Briefe über ein schweizerisches Hirtenland sowie auch von Ebels Schrift über die Gebirgsvölker die Fortsetzung zu besitzen. Alle diese Werke könnte ich in vierzehn Tagen zurückschicken, wenn ich sie geliehen bekommen könnte. Auch was in Bern über Wilhelm Tell neuerdings herausgekommen ist, wünschte ich zu lesen, wenn es Ihnen nicht zuviel Mühe macht, mirs zu verschaffen.

Sein Zimmer soll von oben bis unten mit Land- und Ansichtskarten der Schweiz tapeziert gewesen sein. Dass er nicht selber hinfuhr, dass er am Reisen keine rechte Freude fand, ist schon erstaunlich. Was der von ihm bewunderte Kant vom Reisen hielt, gilt auch für ihn: »Lasst andere reisen, ich bin ja schon da.« Auch in diesem Punkt unterscheidet er sich von Goethe, der das Reisen liebte. An ihn schreibt er am 16. Oktober 1795:

> Es kommt mir oft wunderlich vor, mir Sie so in die Welt hinein geworfen zu denken, indem ich zwischen meinen papiernen Fensterscheiben sitze, und auch nur Papier vor mir habe; und daß wir uns doch nahe seyn und einander verstehen können.

Ein aufregend quälerischer Schreibprozess ist es, der ihm zugleich so viel Befriedigung verschafft:

> Ich bin jetzt ziemlich in meinem Stück und weiß darum von der übrigen Welt wenig. Es ist von der Idee zur Erfüllung ein solcher Hiatus, daß man wie eine arme Seele im Fegfeuer leidet, bis man den Berg überstiegen hat. Mit dem, was fertig ist, bin ich ganz gut zufrieden, aber es ist noch so viel Arbeit übrig.

Noch Arbeit übrig, man liest es fast erleichtert. Ein Jahr vor seinem Tod äußert er sich über das Glück, das ihm die Arbeit gibt:

> Meine beste Freude ist meine Tätigkeit; sie macht mich glücklich in mir selbst und unabhängig nach außen, und kann ich nur mein fünfzigstes Jahr mit ungehinderten Geisteskräften erreichen, so hoffe ich so viel zu ersparen, daß meine Kinder unabhängig sind. Dieses Jahr mache ich mein Haus vollends schuldenfrei und hoffe noch übrig zu behalten.

Von diesen Wünschen hat sich leider keiner erfüllt. Er ist in Weimar mit 45 Jahren gestorben, das Haus war nicht ganz abgezahlt, die Familie weitgehend unversorgt. Charlotte Schiller erhielt nach seinem Tod noch Geldspenden aus mehreren Ländern für die Ausbildung der vier Kinder. Auch aus Russland von Katharina der Großen. Als aber Cotta wenig später die erste Schiller-Gesamtausgabe herausbrachte, konnten sowohl er als auch Schillers Familie sorgenfrei leben.

Und am Ende dieses von Arbeit und Schweiß durchsetzten Kapitels genießen wir Schillers anschauliche und kluge Beschreibung davon, wie er kreative Prozesse versteht, die so manche Definition von heute dürr und klapprig aussehen lässt. An Körner schreibt er am 1. Dezember 1788:

> Es scheint nicht gut und dem Schöpfungswerke der Seele nachtheilig zu seyn, wenn der Verstand die zuströmenden Ideen, gleichsam an den Thoren schon zu scharf mustert. Eine Idee kann, isoliert betrachtet, sehr unbeträchtlich und sehr abenteuerlich sein, aber vielleicht wird sie durch eine, die nach ihr kommt, wichtig; vielleicht kann sie in einer gewissen Verbindung mit anderen, die vielleicht ebenso abgeschmackt scheinen, ein sehr zweckmäßiges Glied abgeben: – alles dies kann der Verstand nicht beurtheilen, wenn er sie nicht so lange festhält, bis er sie in Verbindung mit diesen anderen angeschaut hat. Bei einem schöpferischen Kopfe hingegen, däucht mir, hat der Verstand seine Wache von den Thoren zurückgezogen, die Ideen stürzen pele-mele herein, und alsdann erst übersieht und mustert er den großen Haufen. – Ihr Herren Kritiker, und wie Ihr Euch sonst nennt, schämt oder fürchtet Euch vor dem augenblicklichen, vorübergehenden Wahnwitze, der sich bei allen eigenen Schöpfern findet, und dessen längere oder kürzere Dauer den denkenden Künstler von dem Träumer unterscheidet. Daher Eure Klagen über Unfruchtbarkeit, weil Ihr zu früh verwerft und zu strenge sondert.

Wer hätte das gedacht, dass Schiller ein Loblied auf den »Wahnwitz« als Helfer des »denkenden Künstlers« singen würde?

VII.
»Und mein Geschöpf musst Du sein«
Frauen bei Schiller

Machtfrau und Märtyrerin

»Maria Stuart«

Von der machtgierigen, exzentrischen Herrscherin bis zum blutjungen Mädchen, das zwar passiv in seinen vier Wänden bleibt, aber von hier aus die Männer in Atem und das Geschehen am Laufen hält – Frauen interessierten Schiller. Maria Stuart, auf die er schon vor 17 Jahren – 1783 in der Idylle von Bauerbach – ein Auge geworfen hatte, gehört eindeutig zu den »Machtfrauen«. Und erotisch ist sie noch dazu.

In »Maria Stuart« rivalisieren zwei Frauen auf Leben und Tod: die egozentrische Maria, Abenteurerin, umwerfende Schönheit und männermordende Herrscherin über das katholische Schottland – und die nüchtern kalkulierende, protestantisch-kühle Elisabeth von England. Das Stück spielt Ende des 16. Jahrhunderts. Glück in der Liebe, Pech in der Politik, so lässt sich Maria Stuarts Regierungszeit beschreiben. Eine Frau, die spontan und rückhaltlos ihre Interessen durchsetzt, aber gleich ins andere Extrem. Maria überschreitet Grenzen, lässt ihren Ehemann töten und heiratet dann den Mörder. Sie missbraucht ihre Macht, belädt sich mit Schuld, muss aus Schottland fliehen und sucht dann ausgerechnet Asyl bei Elisabeth. Die Engländerin ist ihre erbitterte Gegnerin: schon deswegen, weil Maria legitimen Anspruch auf den Thron erheben kann, auf dem Elisabeth sitzt.

Elisabeth will Maria möglichst elegant aus dem Weg räumen, durch Mord, Justizmord, egal – Hauptsache, die Rivalin ist erledigt und sie selbst hat ihr untadeliges Image gewahrt. Erst einmal wird Maria aufgrund fadenscheiniger

Beweise zum Tode verurteilt. Seit Monaten lebt sie schwer bewacht im Gefängnis, doch noch ist ihre Lage nicht aussichtslos und ihre erotische Anziehungskraft ungebrochen. Es gibt Männer, die für sie ihr Leben riskieren. Einer von ihnen arrangiert ein Zusammentreffen mit Elisabeth, die bislang jeden persönlichen Kontakt vermieden hat. Im Park von Fotheringhay genießt Maria seit langem wieder einmal frische Luft und einen Hauch von Freiheit. Hier treffen die beiden überrumpelten Herrscherinnen aufeinander:

MARIA *(welche diese Zeit über halb ohnmächtig auf die Amme gelehnt war, erhebt sich jetzt und ihr Auge begegnet dem gespannten Blick der Elisabeth. Sie schaudert zusammen und wirft sich wieder an der Amme Brust).*
O Gott, aus diesen Zügen spricht kein Herz!

ELISABETH. Wer ist die Lady?

(Ein allgemeines Schweigen)

LEICESTER. – Du bist zu Fotheringhay, Königin.

ELISABETH *(stellt sich überrascht und erstaunt, einen finstern Blick auf Leicester richtend)*. Wer hat mir das getan? Lord Leicester!

LEICESTER. Es ist geschehen, Königin – Und nun
Der Himmel deinen Schritt hieher gelenkt,
So laß die Großmut und das Mitleid siegen.

SHREWSBURY. Laß dich erbitten, königliche Frau,
Dein Aug auf die Unglückliche zu richten,
Die hier vergeht vor deinem Anblick.

(Maria rafft sich zusammen und will auf die Elisabeth zugehen, steht aber auf halbem Weg schaudernd still, ihre Gebärden drücken den heftigsten Kampf aus)

ELISABETH.   Wie, Mylords?
Wer war es denn, der eine Tiefgebeugte
Mir angekündigt? Eine Stolze find ich,
Vom Unglück keineswegs geschmeidigt.

MARIA.   Seis!
Ich will mich auch noch diesem unterwerfen.
Fahr hin, ohnmächtger Stolz der edeln Seele!
Ich will vergessen, wer ich bin, und was
Ich litt, ich will vor ihr mich niederwerfen,

Die mich in diese Schmach herunterstieß.
(Sie wendet sich gegen die Königin)
Der Himmel hat für Euch entschieden, Schwester!
Gekrönt vom Sieg ist Euer glücklich Haupt,
Die *Gottheit* bet ich an, die Euch erhöhte!
(Sie fällt vor ihr nieder)
Doch seid auch *Ihr* nun edelmütig, Schwester!
Laßt mich nicht schmachvoll liegen, Eure Hand
Streckt aus, reicht mir die königliche Rechte,
Mich zu erheben von dem tiefen Fall.
ELISABETH *(zurücktretend)*. Ihr seid an Eurem Platz, Lady Maria!

Das Gipfeltreffen, das Elisabeths Höflinge als Versöhnung geplant haben, läuft nicht reibungslos ab. Die Frauen finden sich unsympathisch. Elisabeth weist Maria zurück: »Ihr seid an Eurem Platz!« ist wie eine Ohrfeige für die Gefangene. Schiller gestaltet das Aufeinanderprallen der Gigantinnen, das es historisch nie gegeben hat, mit viel dramatischem Gespür. So macht er sie deutlich jünger – Elisabeth steht mit 30 Jahren anstatt mit 54 da und Maria ist 25- anstatt 45-jährig – und das aus gutem Grund: Es geht nämlich nicht nur um Politik, sondern auch um Männer. Die beiden konkurrieren auch als Frauen miteinander. Und da sieht es ziemlich schlecht für Elisabeth aus. Sie hat sexuell Verzicht geleistet, war auf ihren guten Ruf bedacht und auf das, was sie meint, ihrer Königinnenrolle schuldig zu sein. Sie beklagt den Zwiespalt zwischen Pflicht und Neigung, zwischen Regentinnen- und Frauenrolle und leidet unter dem »Joch«, dem sie sich hat beugen müssen. Jetzt ist sie mit dieser Femme fatale konfrontiert, die jünger und schöner ist als sie. Peinlich ist auch, dass Lord Leicester bei alldem daneben steht, der Doppelagent, in den Elisabeth verliebt ist, von dem Maria sich ihre Befreiung erhofft, vor dem keine von beiden ihr Gesicht verlieren will. Wie geht es weiter?

MARIA *(mit steigendem Affekt).*
Denkt an den Wechsel alles Menschlichen!
Es leben Götter, die den Hochmut rächen!
Verehret, fürchtet sie, die schrecklichen,
Die mich zu Euren Füßen niederstürzen –
Um dieser fremden Zeugen willen, ehrt
In mir Euch selbst, entweiht, schändet nicht
Das Blut der Tudor, das in meinen Adern
Wie in den Euren fließt – O Gott im Himmel!
Steht nicht da, schroff und unzugänglich, wie
Die Felsenklippe, die der Strandende
Vergeblich ringend zu erfassen strebt.
Mein Alles hängt, mein Leben, mein Geschick,
An meiner Worte, meiner Tränen Kraft,
Löst *mir* das Herz, daß ich das Eure rühre!
Wenn Ihr mich anschaut mit dem Eisesblick,
Schließt sich das Herz mir schaudernd zu, der Strom
Der Tränen stockt, und kaltes Grausen fesselt
Die Flehensworte mir im Busen an.
ELISABETH *(kalt und streng).*
Was habt Ihr mir zu sagen, Lady Stuart?
Ihr habt mich sprechen wollen. Ich vergesse
Die Königin, die schwerbeleidigte,
Die fromme Pflicht der Schwester zu erfüllen,
Und meines Anblicks Trost gewähr ich Euch.

Maria redet um ihr Leben. Sicher, sie hat den »Wechsel alles Menschlichen« kennen gelernt, hat Höhen und Tiefen erlebt. Aber ob es wohl klug ist, Elisabeth zu warnen, dass sie genauso im Staub liegen könnte? Maria ist nicht sonderlich geschickt darin, zu bitten – und nachzugeben ist nicht gerade Elisabeths Stärke. Außerdem wurde Elisabeth gerade an ihrem wunden Punkt getroffen: Das mit der »schroffen Felsenklippe« war zu viel, schließlich ist die Puritanerin selbst frustriert wegen ihrer Sprödigkeit, wegen Arbeit und Triebverzicht. Leicht gesagt, wenn man wie Maria zur Königin geboren wurde und sirenenhaften Charme besitzt.

Elisabeth war es nicht an der Wiege gesungen, Königin zu werden, als »Bastard« musste sie sich den Thron erobern und gegen Morddrohungen verteidigen. Maria dagegen hatte ihre Macht genutzt, um sich zu amüsieren. Kein Wunder, dass sie sich nicht verstehen. Maria probiert es noch einmal:

> Regiert in Frieden!
> Jedwedem Anspruch auf dies Reich entsag ich.
> Ach, meines Geistes Schwingen sind gelähmt,
> Nicht Größe lockt mich mehr – Ihr habts erreicht,
> Ich bin nur noch der Schatten der Maria.
> Gebrochen ist in langer Kerkerschmach
> Der edle Mut (. . .)
> – Jetzt macht ein Ende, Schwester. Sprecht es aus,
> Das Wort, um dessentwillen Ihr gekommen,
> Denn nimmer will ich glauben, daß Ihr kamt,
> Um Euer Opfer grausam zu verhöhnen.
> Sprecht dieses Wort aus. Sagt mir: »Ihr seid frei,
> Maria! Meine Macht habt Ihr gefühlt,
> Jetzt lernet meinen Edelmut verehren.«

Maria verzichtet auf alles – was ihr schon schwer genug fällt –, erniedrigt sich und schließt aber gleich an, dass es jetzt endlich genug sei, um den erlösenden Freispruch zu hören. Doch was antwortet die liebe »Schwester«?

> Bekennt Ihr endlich Euch für überwunden?
> Ists aus mit Euren Ränken? Ist kein Mörder
> Mehr unterweges? Will kein Abenteurer
> Für Euch die traurge Ritterschaft mehr wagen?
> – Ja, es ist aus, Lady Maria. Ihr verführt
> Mir keinen mehr. Die Welt hat andre Sorgen.
> Es lüstet keinen, Euer – vierter Mann
> Zu werden, denn Ihr tötet Eure Freier
> Wie Eure Männer!

Die damenhafte Elisabeth wird ordinär. Es ist zwar ein offenes Geheimnis, dass Maria mindestens einen ihrer Männer umgebracht hat, aber was gehen Elisabeth deren Liebesaffären sie an? Warum nimmt sie die Affären und Morde so persönlich? »Ihr verführt mir keinen mehr« – was meint Elisabeth hier mit »mir«? Gibt es nicht genug Männer im Inselreich?! Und woher nimmt sie die Sicherheit, dass es keinen Mann mehr nach ihr »gelüste«? Als ob sie neidisch auf Maria wäre! Jetzt bricht bei Maria das Temperament durch:

> MARIA *(auffahrend).* Schwester! Schwester!
> O Gott! Gott! Gib mir Mäßigung!
> ELISABETH *(sieht sie lange mit einem Blick stolzer Verachtung an).*
> Das also sind die Reizungen, Lord Leicester,
> Die ungestraft kein Mann erblickt, daneben
> Kein andres Weib sich wagen darf zu stellen!
> Fürwahr! *Der* Ruhm war wohlfeil zu erlangen,
> Es kostet nichts, die *allgemeine* Schönheit
> Zu sein, als die *gemeine* sein für *alle!*
> MARIA. Das ist zuviel!
> ELISABETH *(höhnisch lachend).* Jetzt zeigt Ihr Euer wahres
> Gesicht, bis jetzt wars nur die Larve.
> MARIA *(vor Zorn glühend, doch mit einer edeln Würde).*
> Ich habe menschlich, jugendlich gefehlt,
> Die Macht verführte mich, ich hab es nicht
> Verheimlicht und verborgen, falschen Schein
> Hab ich verschmäht, mit königlichem Freimut.
> Das Ärgste weiß die Welt von mir und ich
> Kann sagen, ich bin besser als mein Ruf.
> Weh Euch, wenn sie von Euren Taten einst
> Den Ehrenmantel zieht, womit Ihr gleißend
> Die wilde Glut verstohlner Lüste deckt.

Die Königinnen liegen sich in den Haaren. Ein Wort provoziert das andere: Hurerei kontra Scheinheiligkeit. Es geht nur noch um sexuelle Attraktivität und Aktivität. Was befremdlich klingt, berührt doch wesentliche Fragen: Wie viel

Privatleben darf eine Politikerin haben, wie viel Gefühl, wie viele Affären kann sie sich leisten? Was heutzutage für männliche Politiker schon schwierig ist, war es damals umso mehr für Frauen.

Die Königinnen- und die Frauenrolle sind kaum zu vereinbaren. Darin sind Maria und Elisabeth wirklich »Schwestern« in einer patriarchalischen Welt: Beide streben nach Macht und Größe statt nach Familie und privatem Glück. Beide sind aktiv und fordernd, Maria auch im sexuellen Bereich. Elisabeth besetzt das andere Extrem: Sie träumt davon, als »jungfräuliche Königin« zu sterben, und streikt schon bei einer politischen Heirat. Heiraten – das ist ihr suspekt, das bedeutet doch nur, dass sich die »eine Hälfte des Geschlechts der Menschen« die andere »unterwürfig macht« – und die Frauen sind dabei die Unterlegenen.

Maria und Elisabeth demonstrieren, dass das »Weib (...) nicht schwach« ist. Schwach sind hier die Männer. Ganz besonders diejenigen, die das Treffen der Königinnen eingefädelt haben. Mit Mortimer, dem Neffen ihres Bewachers, erwartet Maria später noch eine unliebsame Szene. Schon lange liebt er sie glühend und jetzt wird er tollkühn: »Du bist das schönste Weib auf dieser Erde!« – er duzt die hohe Gefangene einfach und macht sich dreist an sie heran:

MORTIMER *(mit irren Blicken, und im Ausdruck des stillen Wahnsinns).*
         Das Leben ist
Nur ein Moment, der Tod ist auch nur einer!
– Man schleife mich nach Tyburn, Glied für Glied
Zerreiße man mit glühnder Eisenzange,
(indem er heftig auf sie zugeht, mit ausgebreiteten Armen)
Wenn ich dich, Heißgeliebte, umfange –
MARIA *(zurücktretend).* Unsinniger, zurück –
MORTIMER.   An dieser Brust,
Auf diesem Liebe atmenden Munde –
MARIA. Um Gotteswillen, Sir! Laßt mich hineingehn!
MORTIMER. Der ist ein Rasender, der nicht das Glück

Festhält in unauflöslicher Umarmung,
Wenn es ein Gott in seine Hand gegeben.
Ich will dich retten, kost es tausend Leben,
Ich rette dich, ich will es, doch sowahr
Gott lebt! Ich schwörs, ich will dich auch besitzen.

Eine halbe Vergewaltigung auf der Bühne! Die Szene war in Schillers Zeit skandalträchtig, aufgeführt wurde sie sicherheitshalber von einem Schauspielerehepaar, um die Zuschauer nicht über Gebühr zu provozieren. Mortimer wird handgreiflich und Maria kann sich kaum vor ihm retten. Er bietet ihr zwar Hilfe an, fordert aber dafür dieselben Rechte wie Marias verflossene Liebhaber. Doch Maria lässt sich nicht erpressen. Mortimer hat sie gründlich missverstanden. Ihre Freiheit in Liebesdingen besteht ja gerade darin, selbst um Männer zu werben und nicht als Beute des Siegers ins Netz zu gehen. Außerdem hat sie sich in der Gefangenschaft verändert. Dramatische Charaktere machen im Verlauf des Geschehens eine Entwicklung durch.

Das Gespräch mit Elisabeth ist der Anfang vom Ende. Tempo kommt in die Handlung, als ein Attentat auf Elisabeth verübt wird, als man nach dem Schuldigen fahndet, als ein heimlicher Brief von Maria an Lord Leicester entdeckt wird … Maria, die sich nicht gerade als sympathisch eingeführt hat, gewinnt königliche Größe angesichts des bevorstehenden Todes. Je näher die Hinrichtung rückt, desto stärker wird sie. Ganz Grande Dame, zwischen Märtyrerin und schöner Sünderin, besticht sie jetzt mit schwarzem Schleier und silbernem Kruzifix, verteilt ihre letzte Habe unter die Diener, richtet ihre Freunde auf, sogar ihre Todfeindin Elisabeth lässt sie grüßen. Maria stirbt auf dem Schafott, gerade als die falschen Zeugenaussagen, die sie belastet haben, zurückgezogen werden.

Elisabeth siegt und verliert zugleich: Sie sichert ihren Machtanspruch, aber mit Flecken auf der weißen Weste.

Zeitgenössische Illustration: Maria Stuart auf ihrem letzten Gang.

Die treuesten Berater ziehen sich zurück, ihr »Buhle« Leicester verlässt sie. Elisabeth fühlt die Einsamkeit der Macht.

Wieder ein historischer Stoff! Den »Wallenstein« hatte Schiller kurz zuvor aufatmend beendet. »Maria Stuart« kostete ihn nur zwölf Monate und er konnte sie im Mai 1800 fertig auf den Tisch legen. »Wallenstein«, »Maria Stuart«, »Die Jungfrau von Orleans«, »Die Braut von Messina« und »Wilhelm Tell« sind seine berühmten klassischen Werke. Aber Herzog Karl August hatte manchmal etwas zu bemängeln. Er war ohnehin nicht immer hundertprozentig auf der Linie seines Hausautors. Auch über »Maria Stuart« war er »not amused«, wie heute die Queen sagen würde. Seine Kritik betraf vor allem die Streitszene. Zwei Regentinnen, die sich zanken wie gewöhnliche Weiber! Das sah er als empfindlichen Angriff auf seinen aristokratischen Stand.

Was ihn ärgerte, amüsierte einen anderen königlich: Bertolt Brecht. Er machte den »Streit der Fischweiber« daraus. Hier eine kleine Kostprobe:

Frau Scheit (...) Sie gehören nicht aufn Fischmarkt! Sie sind unredlich! Sie gönnen niemand ein Geschäft als sich selber! Sie haben mir einen Kunden nach dem andern weggeangelt mit Ihrem falschen Wesen und Ihrem süßlichen »Noch ein Buttchen, Madamm?« und wenn ichs Ihnen gesagt hab, haben Sie mir eine Beleidigungsklag angedroht, aber jetzt triffts Sie!

Frau Zwillich Ich steh in Gottes Hand, Frau Scheit. Sie werden sich nicht so versündigen wollen. –

Frau Scheit Wer sollt mich hindern? Sie haben zuerst von der Polizei geredet mit Ihren Beleidungsklagen! Wenn ich Sie loslaß und sag meinem Neffen, daß er die Klag zurückziehen soll, sitzen Sie morgen wieder hier, ich kenn Sie doch. Nicht Reu werden Sie zeigen, sondern einen Lippenstift werden Sie sich kaufen, damit der Kellner vom Roten Löwen Ihnen Ihren Schellfisch abnimmt! Das wird sein, wenn ich Gnad vor Recht ergehen laß.

Frau Zwillich Behaltens den Fischmarkt! Verkaufens allein Fisch in

Gottes Namen! Ich geb meinen Stand auf für ewig. Sie habens geschafft mit mir. Sie haben mich gebrochen. Ich bin nur ein Schatten von der Zwillichen, die ich gewesen bin. Jetzt machens ein End mit der Verfolgung und sagens ihr: Gehens in Frieden, ich hab Ihnen gezeigt, was eine Harke ist und jetzt zeig ich Ihnen, wie sich ein Christenmensch benimmt. Sagen Sie das und ich sag Dankschön und meins auch. Aber lassens mich nicht zu lang warten auf das Wörtchen. Wenn Sies nicht sagen und gehn zur Polizei – ich möcht nicht für alles in der Welt in Ihre Schuh stehen vor die Leut!

Frau Scheit Sehens endlich, daß ich Sie am Boden hab? Sind Ihnen Ihre Tricks ausgegangen? Ist der Polizist vom Marktplatz ein bissel abgekühlt? Habens keine Ritter mehr? Sie gehen ja mit jedem ins Kino, der Ihnen eine Bestellung vermittelt und wenn er zehnmal verheiratet ist!

Offensichtlich ist Frau Scheit die Elisabeth und Frau Zwillich die Maria. Brecht hat sich hier eine Parodie auf Schiller geleistet.

Auch Schiller hatte sich früher bei anderen bedient. Für »Maria Stuart« studierte er nicht nur alte Quellen, sondern ging auch mit Begeisterung ins Theater von Weimar. Vom Theater versprach Schiller sich viel, damals vor allem für sich selbst – nämlich »Anregung von außen«. Er war froh, wenn er nicht alle Funken aus der eigenen Fantasie schlagen musste. Da bot das Theater einiges, nicht nur auf der Bühne, sondern auch hinter den Kulissen: Es gab unzufriedene Schauspieler im Konkurrenzkampf und Schauspielerinnen, die um ihre Rolle buhlten – sicher ganz konkrete »Anregungen« für Maria und Elisabeth!

Schiller war während der Arbeit an »Maria Stuart« zum Weimarer geworden. Unterstützt wurde er dabei vom dortigen Herzog, Karl August von Sachsen-Weimar und Eisenach. Der fand an Schiller natürlich nicht nur etwas zu kritisieren. Er hatte Interesse an dem berühmten Dichter und lud ihn ein. Und Schiller kam so, wie schon Goethe und andere deutsche Geistesgrößen in das kleine Fürstentum gekommen waren. Eine Weile pendelte Schiller noch zwischen beiden Städten und trennte sich dann von seinem Garten- und ehemaligen Traumhaus in Jena. Er kaufte in Weimar ein geräumiges Gebäude, von dem aus er in wenigen Minuten ins Theater gelangte. Hier schrieb er seine letzten Werke im obersten Stockwerk: in den hellen Mansardenzimmern an der damals ruhigen Esplanade, der heutigen Schillerstraße.

Das alte Weimarische Hoftheater.

»Die Jungfrau von Orleans«

Schillers neue Tragödie, »Die Jungfrau von Orleans«, machte Herzog Karl August wieder einige Sorgen. In seinem Theater spielte Karoline Jagemann die jungen Heldinnen, und mit ihr hatte er ein Verhältnis. Seine Geliebte in der Rolle einer »reinen« Jungfrau? Da hätten die Zuschauer etwas zum Lachen gehabt! Eine Figur, die außerdem stramme Soldatin ist und den Männern zeigt, wo es langgeht? Da hätte es bissige Kommentare nur so gehagelt! Darüber hinaus war vom französischen Schriftsteller François Marie Voltaire 1762, also fast 40 Jahre zuvor, eine satirische Fassung desselben Stoffs erschienen, und es war davon auszugehen, dass sich das Publikum an diese anstößige »La Pucelle d'Orléans«, wie sie bei Voltaire hieß, nur allzu gut erinnerte.

Für die Uraufführung von Schillers Drama wich man auf das Theater in Leipzig aus. Im September 1801 kam es auf die Bühne. Wenn Voltaire die »Pucelle d'Orléans« und ihre angebliche Keuschheit verspottet hatte, so hob Schiller sie wieder aufs Podest. Er hatte sein Stück mit viel Sympathie für die Hauptfigur geschrieben – es »floss« ihm nur so aus der Feder. Die Geschichte handelt von einem lothringischen Bauernmädchen, das eine beispiellose Karriere macht, weil es einer Vision folgt – womit Schiller sich ja selbst am besten auskannte.

»Die Jungfrau von Orleans« handelt von Selbstbestimmung, von Erfolg und Scheitern, vom Erwachsenwerden, vom Frau- und vom Anderssein. Dieses schlichte junge Bauernmädchen ist ungewöhnlich: Es verlässt Familie und Heimatort, um ein Heer zu führen, es wird genauso als Heilige verehrt wie als Hexe verfolgt. Bei Schiller endet sie glimpflich im Gefecht – die historische Jeanne d'Arc auf dem Scheiterhaufen.

Es ist Anfang des 15. Jahrhunderts, die Zeit des Hundertjährigen Kriegs: Frankreich kämpft verzweifelt gegen die englische Übermacht. Johanna, so heißt die berühmte »Jungfrau«, führt die Soldaten von Sieg zu Sieg – gegen alle Versuchungen, sich ordentlich zu verheiraten und in ihre Mädchenrolle zurückzuschlüpfen. Energisch hält sie an ihrer Vision fest und befolgt, was die himmlische Stimme von ihr verlangt hat:

> »Geh hin! Du sollst auf Erden für mich zeugen.
>
> In rauhes Erz sollst du die Glieder schnüren,
> Mit Stahl bedecken deine zarte Brust,
> Nicht Männerliebe darf dein Herz berühren
> Mit sündgen Flammen eitler Erdenlust,
> Nie wird der Brautkranz deine Locke zieren,
> Dir blüht kein lieblich Kind an deiner Brust,
> Doch werd ich dich mit kriegerischen Ehren,
> Vor allen Erdenfrauen dich verklären.

Denn wenn im Kampf die Mutigsten verzagen,
Wenn Frankreichs letztes Schicksal nun sich naht,
Dann wirst du meine Oriflamme tragen
Und wie die rasche Schnitterin die Saat,
Den stolzen Überwinder niederschlagen,
Umwälzen wirst du seines Glückes Rad,
Errettung bringen Frankreichs Heldensöhnen,
Und Reims befrein und deinen König krönen!«

Johanna hat das Herz einer Löwin, und das braucht sie auch bei ihrer »mission impossible«. Probleme, wohin sie nur geht – Probleme natürlich auch durch ihr selbstbewusstes Auftreten. Warum erzählt sie auch überall, dass sie von Gott auserwählt sei?! Und dazu noch auserwählt, wahre Heldentaten zu vollbringen: ein Land zu retten, den Feind zu vernichten, einen König zu krönen. Das ist ja übergeschnappt, komplett größenwahnsinnig – Johanna nimmt sich vor, was hochkarätige, erfahrene Männer über Jahrzehnte nicht geschafft haben! Der König, die Ritter, der Klerus sind wie vor den Kopf geschlagen – und profitieren erst einmal von ihrer Stärke.

Johanna ist aber nicht nur der Übermensch, die Amazone und Prophetin mit besonders heißem Draht zu Gott. Sie ist ein ernsthaftes Mädchen, das sich politisch engagiert. Mehr, als ihrem Vater lieb ist. Eine Mutter gibt es wieder nicht in diesem Drama, und Schiller lässt es beginnen mit einer Szene auf dem Land, wo der Vater mit seinen drei Töchtern wohnt. Er ärgert sich über die Jüngste, Johanna, die so ganz aus der Art schlägt: Anstatt sich mit Gleichaltrigen zu amüsieren oder sich einen braven Verlobten zu angeln, zieht sie in die Einsamkeit der Natur und hält »geheime Zwiesprach mit der Luft des Berges«. Die väterlichen Strafpredigten stoßen auf taube Ohren. Aufmerksam wird Johanna erst, als sie durch Zufall zu einem Helm kommt:

JOHANNA *(rasch und begierig darnach greifend).*
　　Gebt mir den Helm!
BERTRAND.　　　　　　Was frommt Euch dies Geräte?
　　Das ist kein Schmuck für ein jungfräulich Haupt.
JOHANNA *(entreißt ihm den Helm).*
　　Mein ist der Helm und mir gehört er zu.

Das ist die Geburtsstunde der »gepanzerten« Jungfrau, die
mit himmlischer Rückendeckung ihr Land befreit, die in
göttlichem Auftrag in einem fast heiligen Krieg tötet. Ein
Krieg, der so brutal ist, dass man von »Schlacht« nicht mehr
reden kann, sondern nur noch von »Schlachten«. Das klingt
problematisch für unsere Ohren, so promilitärisch, bei aller
Sympathie für Johanna, die sich ja sonst ganz vernünftig
überlegt, ob sie die politischen Zustände dulden oder sich
wehren soll, die sich fragt, ob es gerecht ist, was da gerade
mit Frankreich passiert.

Aber ihre Lösung ist eine kriegerische – und äußerst
blutige. Eine Tochter der Revolution zeigt Schiller da, den
berüchtigten Typ Frau, der in der Französischen Revolution zur Waffe griff und gleichberechtigt mit den Männern in
die Straßenkämpfe zog. Das war ungewöhnlich für die Zeitgenossen und musste erst einmal verkraftet werden. Schiller
stellt die modernen Amazonen noch an anderer Stelle dar,
in seinem berühmten »Lied von der Glocke«: »Da werden
Weiber zu Hyänen/Und treiben mit Entsetzen Scherz/
Noch zuckend, mit des Panthers Zähnen,/Zerreißen sie
des Feindes Herz.«

Doch bei seiner Johanna ist es etwas anderes. Von
Mordlust und »Scherz« kann nicht die Rede sein, es geht
um andere politische Ziele, und Pflicht ist Pflicht. Johanna darf keine Milde zeigen, selbst wenn sie es eigentlich
wollte. Das hat ihr der Himmel auferlegt. Ihr Tötungsauf-
trag trifft auch den »blühend« jungen Montgomery, der sie
um Gnade bittet, der ihr schmeichelt, der ihr weibliches

Herz anruft. Umsonst. »Nicht mein Geschlecht beschwöre!«, so Johanna, »Nenne mich nicht Weib.«

> JOHANNA. Stirb, Freund! Warum so zaghaft zittern vor dem Tod,
> Dem unentfliehbaren Geschick? – Sieh *mich* an! Sieh!
> Ich bin nur eine Jungfrau, eine Schäferin
> Geboren, nicht des Schwerts gewohnt ist diese Hand,
> Die den unschuldig frommen Hirtenstab geführt.
> Doch weggerissen von der heimatlichen Flur,
> Vom Vaters Busen, von der Schwestern lieber Brust
> Muß ich *hier,* ich *muß* – mich treibt die Götterstimme, nicht
> Eignes Gelüsten, – *euch* zu bitterm Harm, *mir* nicht
> Zur Freude, ein Gespenst des Schreckens würgend gehn,
> Den Tod verbreiten und sein Opfer sein zuletzt!
> Denn nicht den Tag der frohen Heimkehr werd ich sehn,
> Noch vielen von den Euren werd ich tödlich sein,
> Noch viele Witwen machen, aber endlich werd
> Ich selbst umkommen und erfüllen mein Geschick.

Johanna ist tief deprimiert. Sie hat nichts mehr von der selbstbestimmten, aggressiven Kriegerin, die mit blitzenden Augen den Helm aufsetzt, hier ist sie eher ein Opfer, ein Werkzeug ihrer »Götterstimmen«. Ein Burn-out vielleicht, ausgelöst durch zu viele Tote und zu viel persönliche Schuld. Die größte Krise steht ihr noch bevor, als sie auf Lionel, wieder einen jungen Engländer, trifft:

> LIONEL. Verfluchte, rüste dich zum Kampf – Nicht beide
> Verlassen wir lebendig diesen Platz.
> Du hast die Besten meines Volks getötet,
> Der edle Talbot hat die große Seele
> In meinen Busen ausgehaucht. – Ich räche
> Den Tapfern oder teile sein Geschick.
> Und daß du wissest, wer dir Ruhm verleiht,
> Er sterbe oder siege – Ich bin Lionel,
> Der letzte von den Fürsten unsers Heers,
> Und unbezwungen noch ist dieser Arm.

(Er dringt auf sie ein, nach einem kurzen Gefecht schlägt sie ihm das Schwert aus der Hand)
Treuloses Glück! *(Er ringt mit ihr)*
JOHANNA *(ergreift ihn von hinten zu am Helmbusch und reißt ihm den Helm gewaltsam herunter, daß sein Gesicht entblößt wird, zugleich zückt sie das Schwert mit der Rechten).*
Erleide, was du suchtest,
Die heilge Jungfrau opfert dich durch mich!
(In diesem Augenblick sieht sie ihm ins Gesicht, sein Anblick ergreift sie, sie bleibt unbeweglich stehen und läßt dann langsam den Arm sinken)
LIONEL. Was zauderst du und hemmst den Todesstreich?
Nimm mir das Leben auch, du nahmst den Ruhm,
Ich bin in deiner Hand, ich will nicht Schonung.
(Sie gibt ihm ein Zeichen mit der Hand, sich zu entfernen)
Entfliehen soll ich? *Dir* soll ich mein Leben
Verdanken? – Eher sterben!
JOHANNA *(mit abgewandtem Gesicht).* Rette dich!
Ich will nichts davon wissen, daß dein Leben
In meine Macht gegeben war.
LIONEL. Ich hasse dich und dein Geschenk – Ich will
Nicht Schonung – Töte deinen Feind, der dich
Verabscheut, der dich töten wollte.
JOHANNA. Töte mich
– Und fliehe!

Bei Johanna ist es Liebe auf den ersten Blick – in ihrer Position als gottgesandte Kämpferin, die sich niemals irdischer Liebe hingeben darf, eine höchst dramatische Wendung. Ausgerechnet ist es auch noch einer der englischen Feinde, der ihr Herz besiegt! Und auch Lionel erwischt es bald:

LIONEL. Mich jammert deine Jugend, deine Schönheit!
Dein Anblick dringt mir an das Herz. Ich möchte
Dich gerne retten – Sage mir, wie kann ichs!
Komm! Komm! Entsage dieser gräßlichen
Verbindung – Wirf sie von dir, diese Waffen!
JOHANNA. Ich bin unwürdig, sie zu führen!

LIONEL. Wirf

    Sie von dir, schnell, und folge mir!

JOHANNA *(mit Entsetzen).* Dir folgen!

LIONEL. Du kannst gerettet werden. Folge mir!

    Ich will dich retten, aber säume nicht.

    Mich faßt ein ungeheurer Schmerz um dich,

    Und ein unnennbar Sehnen, dich zu retten –

    (Bemächtigt sich ihres Armes)

JOHANNA. Der Bastard naht! Sie sinds! Sie suchen mich!

    Wenn sie dich finden –

LIONEL. Ich beschütze dich!

JOHANNA. Ich sterbe, wenn du fällst von ihren Händen!

Die gottgeweihte Jungfrau bricht ihr Gelübde. Es reicht schon, dass ihr Herz dahinschmilzt. Mit Lionel durchbrennen will sie nicht, töten will sie auch nicht mehr. Sie ist hin und her gerissen und passt weder in die neue Frauen- noch in die alte Heiligen- und Heldinnenrolle.

Wer bin ich? Was will ich sein? Zweifel plagen Johanna und Schuldgefühle. Als ihr eigener Vater sie auf einmal der Hexerei beschuldigt, fehlt ihr die Kraft, sich zu wehren. Von den Franzosen wird sie verbannt. Die Engländer nehmen

Zeitgenössische Illustration zu »Die Jungfrau von Orleans«. Johanna erkennt, dass sie ihren bereits besiegten Gegner (Lionel) liebt und ihn nicht töten kann.

sie gefangen – ein deprimiertes, widerstandsloses Mädchen, das seine überirdischen Kräfte verloren hat. Sie trifft ihren geliebten Lionel wieder, und er bestürmt sie, bei ihm zu bleiben. Eigentlich könnte es jetzt ein Happyend geben wie im Märchen. Der Krieg ist fast aus – wenn auch nicht so, wie die Franzosen es sich wünschten – und die beiden wären ein schönes Paar.

Aber Johanna ist eben doch etwas ganz Besonderes. Sie widersteht der Versuchung. Ein durchschnittliches Eheglück ist ihre Sache nicht. Und so war es wohl auch vom Himmel geplant: Diese Prüfung hat sie bestanden, und die Belohnung erfolgt sogleich – Johannas überirdische Kräfte regen sich wieder. Also doch ein Märchen! Mit bloßen Händen zerreißt »die Jungfrau« ihre Eisenketten, stürzt sich in den Kampf und verhilft den Franzosen zum endgültigen Sieg.

»Nur ein toter Star ist ein richtiger Star«, nach diesem Motto werden auch heute spannende Geschichten geschrieben. Bei Schiller ist Johanna zum Schluss tödlich verwundet und darf zurück in den Schoß der reuigen Franzosen. Eigentlich haben sie das gar nicht verdient, könnte man meinen. Der König, seine Geliebte, die Herzöge sind auf einmal gebeugt vor Gram und Schmerz. Dann kommt der feierliche Schluss. Eine Ikone der Freiheit ist Johanna längst. Jetzt wird sie noch himmlisch verklärt, Schiller entwirft eine romantische Szenerie, in der Johanna bei rosigem Himmelslicht entrückt die letzten Worte spricht und dann auf ihrer Fahne stirbt. »Alle stehen lange in sprachloser Rührung«, so die letzte Regieanweisung Schillers. »Auf einen leisen Wink des Königs werden alle Fahnen sanft auf sie niedergelassen, daß sie ganz davon bedeckt wird.«

Stellenweise ein bisschen viel nationales Pathos für den heutigen Geschmack! Dabei ist das Stück ganz aus der Sicht des frühen 19. Jahrhunderts geschrieben: »Frankreich« im heutigen Sinne gab es im Hundertjährigen Krieg noch gar nicht. Damals gab es zwei rivalisierende französische Regierungen – die unter Karl VII. und die unter dem Herzog von Burgund – und dazu noch das von den Engländern kontrollierte Gebiet. Trotzdem wurde Jeanne d'Arc im Laufe der Zeit zur Nationalheldin ganz Frankreichs und zur Titelheldin bis ins 20. Jahrhundert: Von George Bernhard Shaw bis zu Jean Anouilh haben ihr viele Autoren Werke gewidmet.

Schillers Frankreichkarte für die Arbeit an der »Jungfrau von Orleans«.

Schillers Zeitgenossen liebten das Stück. Sie liebten Johanna, sie liebten religiöse und romantische Stoffe, und die »Jungfrau von Orleans« hieß schon im Untertitel »Eine romantische Tragödie«. Schiller schwamm auf dieser Modewelle und auf einer Welle der Begeisterung. Nach einer Leipziger Aufführung – so erzählt Schillers stolze Mutter – sei ihr Sohn »gleich mit Pauken und Trompeten empfangen worden, und nach dem ersten Act rief alles zusammen: ›Es lebe Friedrich Schiller!‹ und er mußte hervortreten und sich bedanken. Als er aus der Comödie ging, nahmen Alle die Hüte vor ihm ab und riefen ›Vivat, es lebe Schiller, der große Mann!‹. Das ist freilich eine Ehre, die nur einem Prinzen gemacht wird«.

»Kind des Hauses« und Hausfrau

»Kabale und Liebe«

Es wurde Schiller immer wieder vorgeworfen, dass er keine Frauen aus Fleisch und Blut auf die Bühne gebracht habe, sondern nur blasse, idealisierte weibliche Wesen oder übermenschliche Heroinen: angeblich deswegen, weil er selbst zu wenige Frauen gekannt, zu wenige Beziehungen zu Frauen gehabt habe.

Vielleicht war Schiller kein Frauenheld – aber Beziehungen hatte er genug. Und als Heldinnen brauchte er auffallende Charaktere, Figuren, die »aus der Rolle fallen«. Ein ungewöhnliches Mädchen ist auch Luise, die weibliche Hauptfigur aus dem Drama »Luise Millerin« oder »Kabale und Liebe«, wie das Stück von 1784 dann hieß. Diesmal ist die Heldin keine Revoluzzerin, keine Tyrannin oder Kriegerin, sondern ein süßes Mädchen aus dem Kleinbürgertum. Ein »Kind des Hauses«, wie es im römischen Recht hieß, ein Mädchen in Gewahrsam des Vaters, der auf den passenden Moment wartet, sie solide zu verheiraten und dann aus der Hand zu geben. »Emanzipation« – so kann man das auch nennen. Dieser eigentlich juristische Begriff bedeutete, dass ein Kind aus der Verfügungsgewalt des Vaters und aus dessen Hand – »manus« im Lateinischen – entlassen wird.

Luise Miller lernt die Liebe kennen. Dummerweise beim Falschen, bei einem jungen Baron, der ursprünglich ins Haus der Eltern kam, um Musikunterricht zu nehmen. Den Mädchen blieb damals oft nichts anderes übrig, als sich in den Klavierlehrer oder einen hereingeschneiten Besucher zu verlieben, denn sonst bekamen sie junge Männer nicht zu Gesicht. Bei Luise ist das genauso. Schön ist sie, anmutig, sanft, gehorsam und unerfahren. Ihr »junges friedsames Herz« hat bis vor kurzem neben Klavier, Kirchgang und Limonadezubereiten nichts gekannt. Und trotzdem stimmt das Rollenbild nicht. Sie liebt einen Adligen und verstößt damit gegen die soziale Rangordnung: ein Konflikt um Liebes- und Standesgrenzen, der in der Literatur dieser Zeit immer wieder auftaucht und meistens tragisch endet – wie in Gotthold Ephraim Lessings Drama »Emilia Galotti« von 1772. Er hat mit diesem Trauerspiel in Deutschland geradezu Schule gemacht.

Luise Miller und Ferdinand von Walter lieben sich, obwohl sie vom Stand nicht zusammenpassen. Damals hatten Adlige zwar Affären mit bürgerlichen Mädchen, aber beim Heiraten kalkulierten sie nüchtern. Höchstens ein wirklich bankrotter Adliger hätte eine reiche »Bürgercanaille« geheiratet – hätte das Geld eingesteckt und das Mädchen möglicherweise keines Blickes mehr gewürdigt. Luise ist arm. Liebesheirat, freie Wahl des Partners – das war kühn in der damaligen Zeit, auch in bürgerlichen Familien. Die beiden Jugendlichen, die sich in diesem Stück zusammentun, sind ein ganz modernes Paar. Ihre Liebe ist eine Kampfansage an ihre Eltern!

Luise liebt ihren Vater und ihren Freund. Sie ist zerrissen und gefährdet, auch wenn sie gerade aus der Kirche kommt und eigentlich ganz anderes im Kopf haben sollte:

LUISE *(legt das Buch nieder, geht zu Millern und drückt ihm die Hand).* Guten Morgen, lieber Vater.

MILLER *(warm).* Brav, meine Luise – Freut mich, daß du so fleißig an deinen Schöpfer denkst. Bleib immer so, und sein Arm wird dich halten.

LUISE. O ich bin eine schwere Sünderin, Vater – War er da, Mutter?

FRAU. Wer, mein Kind?

LUISE. Ah! ich vergaß, daß es noch außer ihm Menschen gibt – Mein Kopf ist so wüste – Er war nicht da? Walter?

MILLER *(traurig und ernsthaft).* Ich dachte, meine Luise hätte den Namen in der Kirche gelassen?

LUISE *(nachdem sie ihn eine Zeitlang starr angesehen).* Ich versteh Ihn, Vater – fühle das Messer, das Er in mein Gewissen stößt; aber es kommt zu spät. – Ich hab keine Andacht mehr, Vater – der Himmel und Ferdinand reißen an meiner blutenden Seele, und ich fürchte – ich fürchte – *(Nach einer Pause)* Doch nein, guter Vater. Wenn wir ihn über dem Gemälde vernachlässigen, findet sich ja der Künstler am feinsten gelobt. – Wenn meine Freude über sein Meisterstück mich ihn selbst übersehen macht, Vater, muß das Gott nicht ergötzen?

MILLER *(wirft sich unmutig in den Stuhl).* Da haben wirs! Das ist die Frucht von dem gottlosen Lesen.

LUISE *(tritt unruhig an ein Fenster).* Wo er wohl jetzt ist? – Die vornehmen Fräulein, die ihn sehen – ihn hören – – ich bin ein schlechtes vergessenes Mädchen. *(Erschrickt an dem Wort und stürzt ihrem Vater zu)* Doch nein! nein! verzeih Er mir. Ich beweine mein Schicksal nicht. Ich will ja nur wenig – – an ihn denken – das kostet ja nichts. Dies bißchen Leben – dürft ich es hinhauchen in ein leises schmeichelndes Lüftchen, sein Gesicht abzukühlen! – Dies Blümchen Jugend – wär es ein Veilchen, und *er* träte drauf, und es dürfte bescheiden unter ihm sterben! – Damit genügte mir, Vater. Wenn die Mücke in ihren Strahlen sich sonnt – kann sie das strafen, die stolze majestätische Sonne?

MILLER *(beugt sich gerührt an die Lehne des Stuhls und bedeckt das Gesicht).* Höre, Luise – das bissel Bodensatz meiner Jahre, ich gäb es hin, hättest du den Major nie gesehen.

LUISE *(erschrocken).* Was sagt Er da? Was? – Nein! Er meint es anders, der gute Vater. Er wird nicht wissen, daß Ferdinand mein ist, mir geschaffen, mir zur Freude vom Vater der Liebenden. *(Sie steht nachdenkend)* Als ich ihn das erstemal sah − *(rascher)* und mir das Blut in die Wangen stieg, froher jagten alle Pulse, jede Wallung sprach, jeder Atem lispelte: *er* ists, und mein Herz den Immermangelnden erkannte, bekräftigte, *er* ists, und wie das widerklang durch die ganze mitfreuende Welt. Damals − o damals ging in meiner Seele der erste Morgen auf. Tausend junge Gefühle schossen aus meinem Herzen, wie die Blumen aus dem Erdreich, wenns Frühling wird. Ich sah keine Welt mehr, und doch besinn ich mich, daß sie niemals so schön war. Ich wußte von keinem Gott mehr, und doch hatt ich ihn nie so geliebt.

Luise stellt Ferdinand auf ein Podest. Sie ist zunächst auffallend unterwürfig, verschmachtet vor ihm. Vielleicht ahnt sie auch schon, dass sie an dieser Liebe zugrunde gehen wird. Einige von Schillers passiven Frauengestalten haben diesen prophetischen Durchblick. Sie sehen alles voraus − und finden doch keinen Weg, sich zu wehren. So war es schon bei Amalia, Karl Moors Braut in den »Räubern«. Aber es soll auch erwähnt werden, dass es in »Kabale und Liebe« einen beeindruckenden Gegenentwurf zum Typ des hilflos-unschuldig in die Opferrolle hineingeratenden Mädchens gibt: Lady Milford. Sie ist bezeichnenderweise ohne Familie, sie ist adelig, reich, unabhängig und schafft es, sich durch Flucht vom Hof und den würdelosen Liebesbeziehungen zu befreien.

Bei Luise ist das nicht im Entferntesten möglich. Sie ist gleichsam mit allen Fasern in die Liebesbeziehung und in die Familiensituation hineingewebt. Liebe hat bei ihr allerhöchsten Wert, ist geradezu Religionsersatz! Ihre Heilserwartung richtet sich an den jungen Baron − was den Vater höchst bedenklich stimmt. Er ist überhaupt besorgt darüber, wie sie jetzt denkt und spricht. Das hat sie vom Lesen, von Ferdinand und den Büchern, die er ihr schenkt, von den schönen Briefen, die er ihr schreibt. Diese Lektüre, die Höflichkeit und der Sprachreichtum sind neue Bildungserlebnisse für die kleinbürgerliche Familie. »Lesesucht«, so hatte man das früher genannt, und davor wurden besonders junge Mädchen gewarnt, die sich lieber im Haushalt nützlich machen sollten. Romane waren ganz in Verruf, sie erhitzten die Gemüter mit ihren Liebesgeschichten. »Teufelsgezeug«, so schimpft Miller über Luises Lektüre, Teufelszeug, das sie zum »Herumschwänzen in der Schlaraffenwelt« verführe.

Welche Bücher gibt Ferdinand ihr? Liest Luise etwa einen empfindsamen englischen Roman in der Art Samuel Richardsons? Darin könnte sie ihre eigene Liebesaffäre spiegeln: Adliger verführt unschuldige Bürgerstochter oder, wenn es gut endet: Adliger will unschuldige Bürgerstochter verführen, aber die widersteht. Wenn sie Glück hätte, würde ihr Leben unter dem Motto »Tugend wird belohnt« verlaufen. Luise ist hin und her gerissen zwischen Hoffnung und »Entsagung«, einem Schlüsselbegriff in dieser Zeit:

Auch will ich ihn ja jetzt nicht, mein Vater. Dieser karge Tautropfe Zeit – schon ein Traum von Ferdinand trinkt ihn wollüstig auf. Ich entsag ihm für dieses Leben. Dann, Mutter – dann, wenn die Schranken des Unterschieds einstürzen – wenn von uns abspringen all die verhaßten Hülsen des Standes – Menschen nur Menschen sind – Ich bringe nichts mit mir als meine Unschuld, aber der Vater hat ja so oft gesagt, daß der Schmuck und die prächtigen Titel wohlfeil werden, wenn Gott kommt, und die Herzen im Preise steigen. Ich werde dann reich sein. Dort rechnet man Tränen für Triumphe, und schöne Gedanken für Ahnen an. Ich werde dann vornehm sein, Mutter – Was hätte er dann noch für seinem Mädchen voraus?

Luise projiziert ihr Glück in ferne, paradiesische Zustände, die nicht mehr von dieser Welt sind. Gleichberechtigung ist nur im Jenseits vorstellbar. Im Hier und Jetzt gibt sie ihrer Liebe keine Chance, da ist sie ganz realistisch.

Wie sieht das bei Ferdinand aus? Er lebt in einer Traumwelt. Er ist verwöhnt, bislang nie an Grenzen gestoßen, und wenn es Probleme gibt, wirft er dem Geschädigten einen

Beutel Geld zu. Eigentlich passen die beiden nicht zusammen und Luise will das Verhältnis beenden. Ferdinand, der zwar ein Außenseiter bei Hof ist, der den Dünkel des Adels kritisiert, der unter den Verbrechen seines ehrgeizigen Vaters leidet und sich so bürgerlich und menschenfreundlich gibt – ist bei näherem Hinsehen doch ein ziemlich eingebildeter aristokratischer Egoist. Er setzt seine Interessen durch, nur anders als sein machtgieriger Vater. Er hängt viel mehr an seiner adligen Herkunft, als ihm bewusst ist, und Luise durchschaut das bald. Jetzt haben sie den ersten Krach.

> Luise *(faßt seine Hand, indem sie den Kopf schüttelt).* Du willst mich einschläfern, Ferdinand – willst meine Augen von diesem Abgrund hinweglocken, in den ich ganz gewiß stürzen muß. Ich seh in die Zukunft – die Stimme des Ruhms – deine Entwürfe – dein Vater – mein Nichts. *(Erschrickt und läßt plötzlich seine Hand fahren)* Ferdinand! ein Dolch über dir und mir! – Man trennt uns!
>
> Ferdinand. Trennt uns! *(Er springt auf)* Woher bringst du diese Ahndung, Luise? Trennt uns? – Wer kann den Bund zwoer Herzen lösen, oder die Töne eines Akkords auseinanderreißen? – Ich bin ein Edelmann – Laß doch sehen, ob mein Adelbrief älter ist als der Riß zum unendlichen Weltall? oder mein Wappen gültiger als die Handschrift des Himmels in Luisens Augen: Dieses Weib ist für diesen Mann? – Ich bin des Präsidenten Sohn. Eben darum. Wer, als die Liebe, kann mir die Flüche versüßen, die mir der Landeswucher meines Vaters vermachen wird?
>
> Luise. O, wie sehr fürcht ich ihn – Diesen Vater!
>
> Ferdinand. Ich fürchte nichts – nichts – als die Grenzen deiner Liebe. Laß auch Hindernisse wie Gebürge zwischen uns treten, ich will sie für Treppen nehmen und drüber hin in Luisens Arme fliegen. Die Stürme des widrigen Schicksals sollen meine Empfindung emporblasen, *Gefahren* werden meine Luise nur reizender machen.
>
> (...)
>
> Luise. Ich hatte diese Träume *vergessen* und war glücklich – Jetzt! Jetzt! Von *heut* an – der Friede meines Lebens ist aus – Wilde Wünsche

– ich weiß es – werden in meinem Busen rasen. – Geh – Gott vergebe dirs – Du hast den Feuerbrand in mein junges friedsames Herz geworfen, und er wird nimmer, nimmer gelöscht werden.

Ferdinand schlägt hohe pathetische Töne an. Er fühlt sich stark genug, die gesamte Ständeordnung zu zerschlagen: »Durchreißen will ich alle diese eisernen Ketten des Vorurteils – Frei wie ein Mann will ich wählen, daß diese Insektenseelen am Riesenwerk meiner Liebe hinaufschwindeln.« Das erinnert an die kraftgenialische Sprache Moors und steht geradezu im Gegensatz zu Luises Standortbestimmung vom kleinen Veilchen, das sich dankbar zertreten lässt!

Zeitgenössische Illustration von Daniel Chodowiecki.

Ist Ferdinands Liebeserklärung zu trauen? Kann man überhaupt auf Versprechen bauen, kann man im Gespräch überzeugen, kann man durch Worte seinem Leben eine entscheidende Wendung geben? Solche Fragen haben Schiller beschäftigt. In seinen Dramen zeigt er immer wieder Figuren, die lügen und sich selbst betrügen, er stellt Paare dar – wie hier in »Kabale und Liebe« –, die einer offenen Aussprache aus dem Weg gehen. Zweifel an der Wirkungsmacht der Worte haben wir auch schon kennen gelernt bei »Maria Stuart«: in der Szene, in welcher Maria mit flammender

Rede um ihr Leben kämpft und Elisabeth nicht überzeugen kann. Ihr glänzendes Plädoyer für sich selbst treibt sie nur tiefer ins Unglück. Skepsis ist in jedem Fall auch bei Ferdinands Worten angebracht. Der junge Liebhaber hält nämlich nicht, was er so enthusiastisch verspricht. Er ist ein realitätsblinder, rücksichtslos Liebender, der das Leben von Luise und ihren Eltern riskiert.

Unglück bricht nun auch über Luise und Ferdinand herein, »Kabalen« – also »Intrigen« – überrollen das Liebespaar. Wieder spielt ein böser Brief dabei eine entscheidende Rolle, wieder fehlt die entscheidende Aussprache, die alles hätte klären können. Warum reden die beiden nicht miteinander? Luise stirbt als »Kind des Hauses«. Sie kann sich nicht entscheiden zwischen Ferdinand und ihrem Vater, zwischen dem Aufbegehren gegen die Standesgrenzen und kleinbürgerlichen Werten. Sie hält an den Stärken und »Tugenden« fest, mit denen sich das Bürgertum gegen den Adel abgrenzt:

FERDINAND. (...) Ich gehe, mache meine Kostbarkeiten zu Geld, erhebe Summen auf meinen Vater. Es ist erlaubt, einen Räuber zu plündern, und sind seine Schätze nicht Blutgeld des Vaterlands? – Schlag *ein* Uhr um Mitternacht wird ein Wagen hier anfahren. Ihr werft euch hinein. Wir fliehen.

LUISE. Und der Fluch deines Vaters uns nach? – ein Fluch, Unbesonnener, den auch Mörder nie ohne Erhörung aussprechen, den die Rache des Himmels auch dem Dieb auf dem Rade hält, der uns Flüchtlinge, unbarmherzig wie ein Gespenst, von Meer zu Meer jagen würde? – Nein, mein Geliebter! Wenn nur ein Frevel dich mir erhalten kann, so hab ich noch Stärke, dich zu verlieren.

FERDINAND *(steht still und murmelt düster).* Wirklich?

LUISE. *Verlieren!* – O ohne Grenzen entsetzlich ist der Gedanke – Gräßlich genug, den unsterblichen Geist zu durchbohren, und die glühende Wange der Freude zu bleichen – Ferdinand! dich zu verlieren! – Doch! Man verliert ja nur, was man besessen hat, und dein Herz gehört deinem Stande – Mein Anspruch war Kirchenraub, und schaudernd geb ich ihn auf.

FERDINAND *(das Gesicht verzerrt und an der Unterlippe nagend).* Gibst du
ihn auf.

LUISE. Nein! Sieh mich an, lieber Walter. Nicht so bitter die Zähne
geknirscht. Komm! Laß mich jetzt deinen sterbenden Mut durch
mein Beispiel beleben. Laß *mich* die Heldin dieses Augenblicks
sein – einem Vater den entflohenen Sohn wiederschenken – einem
Bündnis entsagen, das die Fugen der Bürgerwelt auseinandertreiben,
und die allgemeine ewige Ordnung zugrund stürzen würde – *Ich*
bin die Verbrecherin – mit frechen, törichten Wünschen hat sich
mein Busen getragen – mein Unglück ist meine *Strafe,* so laß mir
doch jetzt die süße, schmeichelnde Täuschung, daß es mein *Opfer*
war – Wirst du mir diese Wollust mißgönnen?

FERDINAND *(hat in der Zerstreuung und Wut eine Violine ergriffen und auf
derselben zu spielen versucht – Jetzt zerreißt er die Saiten, zerschmettert das
Instrument auf dem Boden und bricht in ein lautes Gelächter aus).*

Bei Luise liegen Schwäche und Stärke nah beieinander. Sie
will die gesellschaftliche Ordnung nicht sprengen. Die »allgemeine Ordnung« ist die Ordnung der Väter, ist die Ordnung Gottes. Ein Gott, der die Welt so eingerichtet hat, wie
sie ist. Für sie wäre es ein Frevel, eine gotteslästerliche Sün-
de, etwas gewaltsam zu ändern. Als Verbrecherin, als Diebin
fühlt sie sich mit ihren größenwahnsinnigen Wünschen. Sie
steigt aus, will keine Komplizin mehr sein. Ihre Revolte war
nur kurz und spielte sich nur im Kopf ab. Mutig und
willensstark ist sie im »Entsagen«: Sie ist keine aktive Grenz-
gängerin, sondern eine Heldin des Verzichts.

Da, wo Luise verzichtet und Grenzen wahrt, wo sie
kleinbürgerliche Tugenden verkörpert, ist Ferdinand maß-
los. Da, wo sie passiv ist, handelt er – und zerstört alles.
Ferdinand führt sich auf als Herr über Leben und Tod: »Das
Mädchen ist mein! Ich einst ihr Gott, jetzt ihr Teufel!« Er
ist nicht viel besser als die anderen selbstsüchtigen, kräftig
schwarz gezeichneten Adligen, die in dieser Tragödie auftreten. Luise wird Opfer seines Besitzdenkens. Die Sprache
auf der Requisitenebene ist eindeutig: So aggressiv, wie er

die Violine zerschmettert, so aggressiv vernichtet er das Mädchen. Luise stirbt wenig später an seinem Gift.

Es ist eine eigentümliche Übereinstimmung in Schillers ersten Dramen, dass Männer ihre Frauen töten: Karl Moor, Fiesko, Ferdinand. Und Philipp im »Don Karlos« droht es zumindest an. Übrigens sind sie alle Adlige! In allen diesen Beziehungen denken die Frauen kritisch, gehen vorsichtig eigene Schritte und werden dann von patriarchalischer Gewalt eingeholt. Merkwürdig ist auch, dass die Frauen immer zum Verzeihen bereit sind.

»Kabale und Liebe« wurde im Frühjahr 1784 uraufgeführt. Biographischer Hintergrund dafür war eine Liebesgeschichte, die auf Kosten eines Mannes ausging. Da war sie die Adlige und verschmähte ihn, den armen Bürgerlichen: »Sie« war Charlotte von Wolzogen und »der arme Bürgerliche« Friedrich Schiller selbst. Er war noch jung damals, 23 Jahre alt und bis über beide Ohren verliebt in das Mädchen, das von der Zuneigung des interessanten Autors geschmeichelt war.

Schiller schwärmte von ihr in den höchsten Tönen: »Noch ganz, wie aus den Händen des Schöpfers, unschuldig, die schönste weichste empfindsamste Seele, und noch kein Hauch des allgemeinen Verderbnißes am lauteren Spiegel ihre Gemüts ...« – Ein ziemlich gewagter Flirt für den Hungerleider und frierenden Poeten, der sich an Götterfunken und seinen Dramenstoffen wärmte! Charlotte war nämlich nicht nur adlig, sondern auch noch die Tochter seiner Gönnerin. Und diese Gönnerin hatte er dringend nötig: Auf der Flucht, ohne Geld und ohne konkrete berufliche Perspektive fand er auf ihrem thüringischen Gut Unterschlupf. Henriette von Wolzogen, so hieß die mutige Frau, gewährte Schiller Asyl, als er auf der Flucht vor dem württembergischen Herzog Karl Eugen war, obwohl sie selbst Söhne in der Karlsschule hatte. Ein halbes Jahr hielt sie den flüchtigen Dichter auf ihrem Gut in Bauerbach versteckt und mit Geld über Wasser.

Obwohl Schiller die Beziehung zur Gönnerin damit strapazierte, obwohl er auch sie ganz gern mochte – er hätte die 17-jährige Charlotte liebend gern geheiratet! Über Monate ging ihm das Mädchen nicht aus dem Kopf. Er probierte es mehrfach, er versuchte auch seinen adligen Konkurrenten schlecht zu machen. In seinen Briefen an Henriette tastet er sich behutsam vor, denn das gesellschaftliche Gefälle war ihm wohl bewusst: Er war abhängig, er war arm, er musste zwei Winter ohne Mantel durchfrieren. Ganz vorsichtig, fast seufzend lässt er in seinem Brief anklingen: ». . . könnte ich Sie beim Wort nehmen und Ihr Sohn werden. Reich würde freilich Ihre Lotte nie – aber gewiß glücklich.«

Das wollte die Mutter, das wollte vielleicht auch Charlotte selbst gar nicht erst erproben. Die Leidenschaft des schreibenden Überfliegers war sicher gern gesehen. Aber was Heirat betraf, da hielten sie ihn doch lieber auf Abstand. Der unbequeme Autor war empfindlich getroffen, als seine Werbung ins Leere stieß. Schiller sollte später noch eine andere Charlotte bekommen – und Charlotte von Wolzogen heiratete einen ihrer adligen Verehrer, auf die Schiller so eifersüchtig war.

»Würde der Frauen« und »Das Lied von der Glocke«

Frisch verliebt seinem Mädchen Gedichte zu schreiben – das war so etwas wie das tägliche Brot der Dichter. Auch der junge Schiller hat seiner »Laura« sehnsuchtsvolle Worte gewidmet. Mit denen ist er nicht berühmt geworden. Dafür mit den Lobliedern, die er auf reifere Frauen anstimmte.

Als einer der ganz wenigen Dichter sang er nämlich auch auf verheiratete Hausfrauen und kinderreiche Mütter Lobeshymnen. Das war ganz neu. Damit hat er sich viel Feind und viel Ehr gemacht. »Nichts an Dir war scheel und niedrig,/Teurer Schiller, edler Friedrich«, so spottete der Theaterkritiker Alfred Kerr 1909 über den Autor. Keine Frauengeschichten, keine erotischen Gedichte – Vorbild für die unverdorbene Jugend, der sauberste Lehrer der Nation. So sahen die konservativen Leser ihren Schiller. Und der hat ihren Geschmack auch fleißig bedient: Mit seinen klassischen Gedichten »Macht des Weibes«, »Tugend des Weibes«, »Würde der Frauen« und wie sie alle heißen.

Die Gedichte »Würde der Frauen« und »Das Lied von der Glocke« sind 1795 und 1799 entstanden, in Schillers klassischer Zeit. Schiller war verheiratet und etabliert, lebte in Jena und hatte Goethe von seiner Schreibblockade geheilt. Die Sturm-und-Drang-Phase war endgültig vorbei und frühere Eskapaden waren nur noch unliebsame Erinnerungen. Grenzen setzen, Haus bauen, Geld für die wachsende Familie beiseite legen – das waren jetzt Lebensziele.

Worum geht es in einer Beziehung? Was unterscheidet Mann und Frau? Was bringt sie zusammen? Das könnte auch jemanden in der Pubertät interessieren. Schiller ist um die vierzig und hatte zu diesem Zeitpunkt schon einiges hinter sich. Nichts davon taucht in den Gedichten auf – er stellt seine Gefühle nicht zur Schau. Eher tritt er schulmeisterlich auf und doziert über den fundamentalen Unterschied der Geschlechter, über ihre Aufgaben und Pflichten.

Wer sich die »Würde der Frauen« anschaut, ist erst einmal überrascht. Hier tun sich wahre Abgründe auf – zwischen Frau und Mann:

Ehret die Frauen! Sie flechten und weben
Himmlische Rosen ins irdische Leben,
Flechten der Liebe beglückendes Band,
Und in der Grazie züchtigem Schleier
Nähren sie wachsam das ewige Feuer
Schöner Gefühle mit heiliger Hand.

Ewig aus der Wahrheit Schranken
Schweift des Mannes wilde Kraft,
Unstet treiben die Gedanken
Auf dem Meer der Leidenschaft.
Gierig greift er in die Ferne,
Nimmer wird sein Herz gestillt,
Rastlos durch entlegne Sterne
Jagt er seines Traumes Bild.

Aber mit zauberisch fesselndem Blicke
Winken die Frauen den Flüchtling zurücke,
Warnend zurück in der Gegenwart Spur.
In der Mutter bescheidener Hütte
Sind sie geblieben mit schamhafter Sitte,
Treue Töchter der frommen Natur.

Feindlich ist des Mannes Streben,
Mit zermalmender Gewalt
Geht der wilde durch das Leben,
Ohne Rast und Aufenthalt.
Was er schuf, zerstört er wieder,
Nimmer ruht der Wünsche Streit,
Nimmer, wie das Haupt der Hyder
Ewig fällt und sich erneut.

Aber, zufrieden mit stillerem Ruhme,
Brechen die Frauen des Augenblicks Blume,
Nähren sie sorgsam mit liebendem Fleiß,
Freier in ihrem gebundenen Wirken,
Reicher als er in des Wissens Bezirken
Und in der Dichtung unendlichem Kreis.

So fängt sie an, Schillers genauso berühmte wie simple
Geschlechterpsychologie. Man kann sie fast nur im Dialog,
mit zwei Stimmen, lesen: Welten prallen aufeinander. Mann
und Frau sind zwei völlig fremde Wesen.

Aufgebaut ist das Gedicht nach strengem Schema, wie
These und Antithese, wie Strophe und Gegenstrophe. Gute
Eigenschaften hat hier nur die Frau – obwohl es langweilig

bei ihr ausschaut. Für die Frau stehen Gefühle, Liebesfähigkeit, Verträglichkeit, Häuslichkeit, Bescheidenheit, Zufriedenheit, Kultur und Pflege. Die Frau hätte ein glückliches Leben – wenn es nur nicht immer Probleme mit dem Mann gäbe: Denn der ist wild, gewalttätig, kriegerisch, zerstörend, nie zufrieden, immer auf der Suche nach etwas Neuem, ehrgeizig und rastlos. Der Gegensatz wird noch betont durch das wechselnde Versmaß: die Frauenstrophen elegant und flüssig im Daktylus, die Männerstrophen im lebhaften Trochäus.

Hätte die Frau nicht die viel gerühmte soziale Kompetenz, so kämen die beiden nicht zusammen. Oder sie blieben es nicht. Mit »zauberisch fesselndem Blicke« hält sie den nervösen Umtriebigen sozusagen an der langen Leine. Mit sanftem Druck wird der männliche Flüchtling erzogen und in die richtige »Spur« gebracht. Die »Würde der Frauen«, so fasst es der Schillerkenner Helmut Fuhrmann zusammen, besteht darin, die Unwürdigkeit der Männer zu ertragen. Ob das noch würdevoll ist?

Schiller presst Frauen und Männer in Rollenklischees, die auch um 1800 schon umstritten waren, die manchem als spießig und konservativ galten. Für die jungen Romantiker war das Gedicht eine Provokation. Besonders für die Brüder Schlegel, die zu Schillers Pech auch in Jena saßen und ihm zunehmend Ärger bereiteten. Friedrich Schlegel spottete in einer öffentlichen Kritik, dass die »Würde der Frauen« bestenfalls dadurch gewänne, dass man »das Ganze strophenweise rückwärts liest«.

Kein Wunder: Man braucht nur einen kurzen Blick in Schlegels »Lucinde« zu werfen. In diesem ebenfalls 1799 erschienenen Romanfragment spricht der Autor von Seelen- und Sinnenabenteuern und schildert, wie es Männer und Frauen gleichermaßen drängt, »den quälenden Stachel der Sehnsucht zu brechen und die süße Gluth in Hingebung zu kühlen«. Zwischen Schillers »Würde der Frauen« und der »Lucinde« liegen Welten. Es muss allerdings hinzugefügt werden, dass Friedrich Schlegels freizügige »Lucinde« die damalige Öffentlichkeit schockierte.

Schiller war aus dem Alter heraus, in dem er sein Publikum dermaßen provozierte. Die Spitzen richteten sich jetzt gegen ihn, den etablierten Schriftsteller. Nicht nur von Friedrich Schlegel kamen sie, auch von dessen Bruder August Wilhelm. Ihm ließ die »Würde der Frauen« keine Ruhe, bis er eine adäquate Antwort gefunden hatte:

Ehret die Frauen! Sie stricken die Strümpfe,
Wollig und warm, zu durchwaten die Sümpfe,
Flicken zerrißene Pantalons aus;
Kochen dem Manne die kräftigen Suppen,
Putzen den Kindern die niedlichen Puppen,
Halten mit mäßigem Wochengeld Haus.
   Doch der Mann, der tölpelhafte
   Findt' am Zarten nicht Geschmack.
   Zum gegohrnen Gerstensafte
   Raucht er immerfort Taback;
   Brummt, wie Bären an der Kette,
   Knufft die Kinder spat und fruh;
   Und dem Weibchen, nachts im Bette,
   Kehrt er gleich den Rücken zu …

Es dauerte nicht mehr lang, da kehrte Schiller den Schlegels den Rücken zu. Er verließ Jena – die Stadt, in der er sich anfangs so wohl und jetzt wie »in eine Wüste versetzt« fühlte. Sein nächstes Ziel war Weimar. Schiller hatte dort schon eine Wohnung bezogen, als er sein »Lied von der Glocke« herausbrachte.

Auch das »Lied von der Glocke« stellt Mann und Frau einander gegenüber. Schiller nimmt sich Zeit dafür. Es ist ein seitenlanger Gesang auf hurtige Handwerker, die in saurer Arbeit eine Glocke gießen. Jetzt, in der Endphase, können sie das Ergebnis kaum erwarten. Wird ihre Arbeit von Erfolg gekrönt? »Von der Stirne heiß / Rinnen muß der Schweiß, / Soll das Werk den Meister loben, / Doch der Segen kommt von oben.« Einige Hürden sind noch zu nehmen, bis die Leser erfahren, dass alles nach Wunsch verläuft. Es ist gelungen, das mühselige Gemeinschaftswerk, die Glocke ist fertig: »Sie bewegt sich, schwebt, / Freude dieser Stadt bedeute, / *Friede* sei ihr erst Geläute.«

»Das Lied von der Glocke« zerfällt in zwei Teile, die locker miteinander verbunden sind. Das war auch ein zentraler Vorwurf der Kritik. Die Arbeit an der Glocke ist die Haupthandlung. Dann gibt es noch einen anderen Strang mit Strophen, in denen von Liebe, Ehe und Kinderkriegen erzählt wird, in denen über Krieg und Frieden, über Freiheit, Ordnung und Chaos und den Sinn des Lebens nachgedacht wird. Liebe ist hier entzaubert – man erinnere sich an Luises und Ferdinands Schwärmereien! – und einfach eine natürliche Anziehungskraft:

Vom Mädchen reißt sich stolz der Knabe,
Er stürmt ins Leben wild hinaus,
Durchmißt die Welt am Wanderstabe.
Fremd kehrt er heim ins Vaterhaus,
Und herrlich, in der Jugend Prangen,
Wie ein Gebild aus Himmelshöhn,
Mit züchtigen, verschämten Wangen
Sieht er die Jungfrau vor sich stehn.
Da faßt ein namenloses Sehnen
Des Jünglings Herz, er irrt allein,
Aus seinen Augen brechen Tränen,
Er flieht der Brüder wilden Reihn.
Errötend folgt er ihren Spuren
Und ist von ihrem Gruß beglückt,
Das Schönste sucht er auf den Fluren,
Womit er seine Liebe schmückt.

Der Ton ist schlicht, denn es ist ein »Lied«, wie der Titel schon sagt, und schlicht ist auch die Botschaft: Jüngling trifft Jungfrau und beide landen im Hafen der Ehe.

Schillers »Glocke« verbindet leichte, liedhafte Elemente mit gedanklicher Auseinandersetzung. »Gedankenlyrik«, so nennt man das gegenüber der »Erlebnislyrik«, die von unmittelbaren Erlebnissen und Stimmungen spricht. Gedankenlyrik ist typisch für den grüblerischen Schiller, der tagaus, tagein an seinem Schreibtisch saß und mehr oder weniger freiwillig ein »Gefängnisleben in seinen vier Wänden« führte. Sein Zimmer konnte er ja schon aus Krankheitsgründen oft nicht verlassen. Also spielt sich bei ihm alles im Kopf ab. In seinem Lied überlegt er sich: Wie hält die bürgerliche Ordnung? Schnell kommt er auf die Familie als »Keimzelle« der Gesellschaft zu sprechen:

> Der Mann muß hinaus
> Ins feindliche Leben,
> Muß wirken und streben
> Und pflanzen und schaffen,
> Erlisten, erraffen,
> Muß wetten und wagen,
> Das Glück zu erjagen.
> Da strömet herbei die unendliche Gabe,
> Es füllt sich der Speicher mit köstlicher Habe,
> Die Räume wachsen, es dehnt sich das Haus.
> Und drinnen waltet
> Die züchtige Hausfrau,
> Die Mutter der Kinder,
> Und herrschet weise
> Im häuslichen Kreise,
> Und lehret die Mädchen
> Und wehret den Knaben,
> Und reget ohn Ende
> Die fleißigen Hände,
> Und mehrt den Gewinn
> Mit ordnendem Sinn.

Und füllet mit Schätzen die duftenden Laden,
Und dreht um die schnurrende Spindel den Faden,
Und sammelt im reinlich geglätteten Schrein
Die schimmernde Wolle, den schneeigten Lein,
Und füget zum Guten den Glanz und den Schimmer,
Und ruhet nimmer.

Ist das noch der Schiller, den wir von »Maria Stuart« kennen? Der Schiller, der seine Frauengestalten individualisiert und ihren Charakter auslotet, ihnen mutige und vorsichtige Züge verleiht, sie aufs Podest stellt und wieder demontiert, der Figuren schafft, die sich entwickeln und verändern?! Schwer vorstellbar. In seinen Dramen, das haben Schillerleser immer wieder festgestellt, zeichnet er viel komplexere und modernere Frauengestalten – aktivere, bewusstere, kritischere. In seiner Lyrik hat Schiller ein anderes Frauenbild: ein erzkonservatives.

Im »Lied von der Glocke« serviert er eine überraschend simple Geschlechterdifferenzierung. Sie macht Schiller für zwei Jahrhunderte zum Anwalt patriarchalischer Gesinnung und konservativer Ehen. Immerhin ergänzen sich Mann und Frau positiv, das unterscheidet die »Glocke« von der fast männerfeindlichen »Würde der Frauen«. Aber auch hier ist die Frau wieder festgelegt auf Kinder, Wäsche und Haus. Das »dehnt« und vergrößert sich zu ihrem Glück: Der Partner schafft fleißig den wachsenden Lebensstandard, den sie verwaltet und versüßt. Dem Mann ist ein weiterer Horizont vergönnt: Er darf hinausstürzen ins »feindliche Leben« – kennt aber bei näherem Betrachten auch nichts Schöneres als seinen Blick fest auf Haus und Habe zu richten. Eine schlichte Welt wird hier heraufbeschworen, ein ruhiges Glück, das jedem nahe liegt, der es mit handwerklich-hausfraulicher Genügsamkeit zu greifen sucht: Arbeit und Rollenteilung machen froh.

Alles in Ordnung? Oder gerade nicht?! Unter der Oberfläche brodelt es:

Und der Vater mit frohem Blick
Von des Hauses weitschauendem Giebel
Überzählet sein blühend Glück,
Siehet der Pfosten ragende Bäume
Und der Scheunen gefüllte Räume
Und die Speicher, vom Segen gebogen,
Und des Kornes bewegte Wogen,
Rühmt sich mit stolzem Mund:
Fest, wie der Erde Grund,
Gegen des Unglücks Macht
Steht mir des Hauses Pracht!
Doch mit des Geschickes Mächten
Ist kein ewger Bund zu flechten,
Und das Unglück schreitet schnell.

Das selbstzufriedene Familienoberhaupt wird eines Besseren belehrt. Die Macht des Schicksals ist unberechenbar. Verlustängste machen sich breit. An Unglück fehlt es nicht im »Lied von der Glocke«, das sich als biedere Lebenshilfe tarnt. Das Chaos lauert überall: Da bricht wütend Feuer aus und vernichtet alles, da stirbt die Gattin und Mutter und hinterlässt die Familie »liebeleer«, da wird an Verbrechen und tobenden Krieg erinnert, da wird von schrecklicher Gewalt gesprochen. Bürger ziehen hemmungslos mordend durch die Straßen:

Freiheit und Gleichheit! hört man schallen,
Der ruhge Bürger greift zur Wehr,
Die Straßen füllen sich, die Hallen,
Und Würgerbanden ziehn umher,
Da werden Weiber zu Hyänen
Und treiben mit Entsetzen Scherz,
Noch zuckend, mit des Panthers Zähnen,
Zerreißen sie des Feindes Herz.
Nichts Heiliges ist mehr, es lösen
Sich alle Bande frommer Scheu,
Der Gute räumt den Platz dem Bösen,

Und alle Laster walten frei.
Gefährlich ists, den Leu zu wecken,
Verderblich ist des Tigers Zahn,
Jedoch der schrecklichste der Schrecken,
Das ist der Mensch in seinem Wahn.

Hinter diesen Bildern steht das Erlebnis der Französischen Revolution. Sie lag damals zwar schon zehn Jahre zurück, war für Schiller aber immer noch Reibungspunkt und Trauma. Die Revolutionäre, ob männlich oder weiblich, kommen hier schlecht weg. Oft zitiert wird der Vers mit den menschlichen »Hyänen«. Alptraumartig, diese Fantasie über kämpfende Frauen! Mit der Französischen Revolution und ihren gesellschaftlichen Umwälzungen lag in der Luft, dass auch Frauen ihre Rolle überdachten und sich emanzipieren wollten. Schiller zeigt hier davon nur die Schreckensbilder. Vielleicht fürchtete er sich überhaupt vor emanzipierten Frauen?

Es gab sie in seinem Umkreis auch aus Fleisch und Blut. So hatte er in seinem neuen Wohnsitz Weimar das zweifelhafte Vergnügen, mit Madame de Staël zusammenzustoßen: eine genauso prominente wie für ihn anstrengende Intellektuelle, die aus Frankreich kam, über Deutschland schrieb und 1803 die Weimarer Geistesgrößen unter die Lupe nahm. Schnell wurde Schiller sie satt. Mit Goethe lästerte er, man müsse sich »ganz in ein Gehörorgan verwandeln um ihr folgen zu können«. Höchst erleichtert waren beide, als sie endlich abgereist war – und Schiller hatte das Gefühl, sich wie nach einer Krankheit schütteln zu müssen. Allerdings hat er das wohl diplomatisch überspielt. Denn Madame de Staël, die ziemlich gefährlich war – wer wusste schon, was sie hinterher schreiben würde? –, gab Schiller die besten Noten, bescheinigte ihm »Achtung vor den Frauen« und fühlte sich freundschaftlich zu ihm hingezogen.

Gut, dass sie seine wahre Meinung nicht kannte. Vielleicht hatte sie auch seine Gedichte über Frauen nie richtig gelesen!? Das »Lied von der Glocke« jedenfalls idealisiert einen gänzlich anderen Typ als diese schriftstellernde Frau von Welt. Es glorifiziert aber auch einen ganz bestimmten Männertyp, dem der Autor selbst am allerwenigsten entsprach, denn so ein gedankenlos-fröhlicher Anpacker ist er nie gewesen, und es verherrlicht idyllische gesellschaftliche Zustände. Sein Gedicht scheint warnend zu sagen: Bloß keine Gewalt, keine gewaltsamen Änderungen, bloß kein Chaos! Dagegen erscheint die konservative, patriarchalische, sogar »heilige« Ordnung wie ein vergleichsweise freundliches Bollwerk. – Was hat Schiller zu diesem Bild veranlasst? Was hat ihn so beunruhigt?

Zwei Jahre vor der »Glocke«, im Jahre 1797, war Goethes Epos »Hermann und Dorothea« erschienen. Es ist in intensivem Austausch mit Schiller entstanden und ähnelt Schillers Gedicht, was die Darstellung bürgerlicher Tugenden betrifft – »Huldigung ans Spießbürgertum«, so nannte es ein Kritiker.

Auch Schiller hat sich bei fortschrittlichen Lesern lächerlich gemacht. »Der Dichter weiß ins Glockengießen / Das Loos der Menschheit einzuschließen«, so hetzte wieder sein Erzfeind August Wilhelm Schlegel. Die jungen Romantiker in Jena behaupteten, fast vom Stuhl gefallen zu sein vor Lachen, als sie das Gedicht in die Finger bekommen hatten.

Nichtsdestoweniger hatte das »Lied von der Glocke« wesentlich mehr Liebhaber als Gegner. Es gab ja genügend Leser, die mindestens so konservativ dachten wie hier Schiller mit seiner ängstlichen Seite. Sie machten das nicht enden wollende Gedicht zu ihrem Glaubensbekenntnis. Länge hin oder her – noch im 20. Jahrhundert mussten Schüler es auswendig lernen. Ende der 60er-Jahre kam es dann zu einem »kulturrevolutionären« Skandal, und diesmal fielen die konservativen Leser vom Stuhl: Der Dichter Hans Magnus Enzensberger sagte der »Glocke« den Kampf an. In seiner Auswahl von Schillers Gedichten fehlte das »Prachtstück«.

»Wären wir beide nur gesund . . .«
Schiller wird Ehemann

Schiller hatte einige Flirts und Affären – mit flotten Schauspielerinnen und braven Töchtern, mit mütterlichen Gönnerinnen und einmal mit zwei Schwestern zugleich. Im April 1783 schrieb er einem Freund: »Der ewige innere Hang, in das Nebengeschöpf überzugehen oder dasselbe *in sich hineinzuschlingen, es anzureißen*, ist Liebe.« Liebe als Leidenschaft: gewalttätig und kannibalisch. Die Frau ist »Nebengeschöpf« und Beute.

Die Liebe macht ihre eigenen Gesetze, so forderte Schiller vollmundig. Der Liebende tritt »aus allen übrigen Gerichtsbarkeiten heraus, und steht bloß unter den Gesetzen der Liebe«. Schiller probierte manches aus, »Glückseligkeiten naschen« nannte er das.

Der Anfang wurde ihm besonders schwer gemacht. In der Militär-Pflanzschule lebte er wie ein Mönch. Als er die Schule im Alter von 21 Jahren verließ, war er Frauen gegenüber schüchtern. Aber verliebt hat er sich oft: in Stuttgart, als junger Arzt, in die dreißigjährige Zimmerwirtin Luise Vischer – und ein bisschen auch in ihre Nichte. Die Freunde waren leicht schockiert, als sie hörten, dass für die »Oden an Laura« seine Wirtin Modell gestanden habe. Mit der Traumfrau in den Gedichten hatte sie wenig gemeinsam, aber sie spielte »sehr gut Klavier und verstand es, ein vortreffliches Glas Punsch zu machen«, so Schiller selbst. Auf Klavierklänge sprang er sein Leben lang an – die gehörten spätestens seit damals zu seinem Frauenbild und inspirierten ihn zum Schreiben. Heiße Verse waren das – Schiller reimte »Blut« mit »Glut« und »Nektarquellen« mit »Wollustwellen« und verschmachtete in ehrfürchtiger Sehnsucht.

Er schrieb aber auch Härteres. Aus der Zeit der ersten Dichtversuche, so um 1778, stammt der »Venuswagen«. Es klingt ein bisschen nach alten Narrensatiren, derb Erotisches, was er zu Papier – und wohl meistens an den Mann – bringt:

> Ja so heule – Metze, kein Erbarmen!
>> Streift ihr keck das seidne Hemdchen auf.
> Auf den Rücken mit den runden Armen!
>> Frisch! und patschpatsch! mit der Geißel drauf.

Einen ähnlich munteren Siegerton schlägt Schiller in einem parodistischen Jugend-Gedicht an. In »Kastraten und Männer« spielt er den Macho:

> Ich bin ein Mann! – Wer ist es mehr?
>> Wers sagen kann, der springe
> Frei unter Gottes Sonn einher
>> Und hüpfe hoch und singe!
>
> Zu Gottes schönem Ebenbild
>> Kann ich den *Stempel* zeigen,
> Zum Born woraus der Himmel quillt,
>> Darf ich hinunter steigen.
>
> Und wohl mir, daß ichs darf und kann!
>> Gehts Mädchen mir vorüber,
> Rufts laut in mir: du bist ein Mann!
>> Und küsse sie so lieber.

Wo er auftaucht, kreischen Mädchen um Gnade, werden Fürstinnen schwach und Kaisertöchter schnöde absolviert. Alles unter dem Motto: »Ich bin ein Mann! Wer ist es mehr?« Mit diesem schlagenden Argument kann nichts mehr schief gehen. Aber das ist natürlich nur eine Rolle, ein lyrisches Ich, das da spricht, und außerdem war »Kastraten und Männer« eine Persiflage. Schiller wollte das Gedicht »Männerkeuschheit« von Gottfried August Bürger verspotten. Vielleicht versuchte er sich auch einfach einmal darin, was er »schlüpfrigen Witz« nannte.

In der Realität war er aber nicht der zupackende »Womanizer«. Da gab es zwei Schauspielerinnen in Mannheim, die ihm im Winter 1783 »zuweilen eine angenehme Stunde« machten. Es hieß sogar, er hätte eine von ihnen geheiratet. Aber leider war die Leidenschaft einseitig. Katharina Baumann war zwar eine hingebungsvolle »Amalia« und »Luise Miller« in seinen Dramen, ließ den Autor allerdings schon abblitzen, als er ihr ein Porträt von sich schenken wollte. Schiller war damals ziemlich verlegen.

Zum Glück ging ihm bald sein Ruf als Dichter und Revolutionär voraus. Der »magische Nebel«, der »gewönlich Schriftsteller einhüllt«, raubte Bewunderinnen den Atem. Charlotte von Kalb fühlte sich vom jungen Genie aus tiefstem Herzen verstanden. Eigentlich war sie verheiratet, aber mit einem wesentlich älteren – und dazu noch todlangweiligen – Offizier, der sich mehr für seine Männerrunden als für ihre tief schürfenden Gedanken interessierte. Im Mai 1784 lernte Schiller die 23-Jährige kennen. Bald ging er in ihrem Haus ein und aus. Ihr Mann wusste das. Monatelang rettete Schiller sie vor Frust und Depressionen – und einmal fachkundig mit erster Hilfe: Da hatte Charlotte zwei Tage vorher ihren Sohn bekommen, erlitt einen Schock und Schiller half, dass sie wieder auf die Beine kam. Gut, dass er Mediziner war! Doch Charlotte war anstrengend, bestimmte über seine Zeit und bald nervte sie ihn einfach. Schiller verließ Mannheim letztlich ihretwegen – so hieß es jedenfalls. Später trafen sie sich wieder. Im Jahre 1787 lud sie ihn nach Weimar und führte ihn dort in die Hofgesellschaft ein. Charlotte war Schiller in Umgangsformen überlegen und er, der Kleinbürgersohn und kraftgenialische Autor, hatte einen Feinschliff dringend nötig.

Geheiratet hätte er liebend gern eine andere: Margaretha Schwan. Das war übrigens nur ein Jahr nachdem er sich um Charlotte von Wolzogen – das engelsgleiche Vorbild für die

Luise Miller, man erinnere sich nur an seine Schwärmerei-
en! – bemüht hatte. Das war vorbei und Schiller verliebte
sich gleich in die nächste höhere Tochter. Im April 1785
näherte er sich dem Vater der 18-jährigen Margaretha:

> Nur meine Entfernung von Ihnen gibt mir den Mut, den Wunsch
> meines Herzens zu gestehen. Oft genug, da ich noch so glüklich war
> um Sie zu seyn, oft genug trat diß Geständniß auf meine Zunge, aber
> immer verließ mich meine Herzhaftigkeit, es heraus zu sagen. Bester
> Freund, Ihre Güte, Ihre Theilnahme, Ihr vortrefliches Herz haben
> eine Hoffnung in mir begünstigt, die ich durch nichts, als Ihre Nach-
> sicht und Freundschaft zu rechtfertigen weiß. Mein freier zwangloser
> Zutritt in Ihr Hauß gab mir Gelegenheit Ihre liebenswürdige Tochter
> ganz kennen zu lernen, und die freimütige gütige Behandlung, deren
> Sie beide mich würdigten, verführte mein Herz zu dem kühnen
> Wunsch, Ihr Sohn seyn zu dörfen (...) Ich seze nichts mehr hinzu,
> bester Freund, als die Versicherung, daß vielleicht hundert andre Ihrer
> guten Tochter ein glänzenderes Schiksal verschaffen können, als ich in
> diesem Augenblik ihr versprechen kann, aber ich läugne, daß eines
> andern *Herz* Ihrer würdiger seyn wird.

Wie so oft traute Schiller sich nicht, das Mädchen direkt
anzusprechen – Schreiben war ihm lieber. Obwohl er vorher regelmäßig in ihrem Haus war und abends ihr und ihrer
kleinen Schwester Louisa vorgelesen hatte. Erst aus sicherer
Entfernung, als er in der Gegend bei Leipzig war, rückte er
mit der Sprache heraus. Und Margaretha war in Mannheim!

Das gesellschaftliche Gefälle war fast so groß wie die
räumliche Distanz. Mit Margaretha hatte Schiller sich dieses
Mal zwar keine Blaublütige ausgesucht, aber eine verwöhn-
te Verlegerstochter. Ihr Vater war Christian Schwan: ein
Witwer, der seine Töchter wohl versorgt unter die Haube
bringen wollte. Schwan, ein erfolg- und einflussreicher
Mann, führte in Mannheim ein gastfreies Haus, in das sich
Künstler gern einladen ließen. Mit Margaretha hat es dann

auch nicht geklappt, Schiller hing beruflich wieder in der Luft und hatte schon von daher bei ihr wenig Chancen. Vater Schwan kommentierte trocken: »Ich gab derselben diesen Brief zu lesen und sagte Schillern, er möchte sich gerade an meine Tochter wenden. Warum aus der Sache nichts geworden, ist mir ein Rätsel geblieben. Glücklich wäre Schiller mit meiner Tochter nicht gewesen.«

Glücklich sollte Schiller später noch werden. Aber erst einmal erlebte er mit, wie sich sein Freund Körner verheiratete. Das war 1785, Schiller wohnte jetzt in der prächtigen Residenzstadt Dresden und das ganz bequem. Dank Körners Hilfe war er sogar zum ersten Mal finanziell abgesichert. Aber mit Huber, Körner und den Schwestern Stock hatte er lauter Liebespaare um sich und fühlte sich so richtig als Single. Insgeheim schwärmte er für die witzige Dora Stock, doch die war acht Jahre lang an ihren Dauerverlobten Huber vergeben. Im Juni 1786 heiratete dann noch Schillers Lieblingsschwester Christophine in Stuttgart. Überall Liebesgetuschel und Zärtlichkeiten – frustrierend für den allein stehenden Schiller, der ohnehin immer wieder in Depressionen fiel! »Schüttle Dich zusammen, zum Henker!«, schrieb ihm Huber einmal, »lulle Dich zurück in die Tage Deiner Kraft. Aber eigentlich sollte der Staat Pensionen für arme Verliebte ausetzen ...«

Das frisch verheiratete Ehepaar Körner lud Schiller schon einen Monat nach der Hochzeit ein, mit ihnen zusammen unter ein Dach zu ziehen: Eigentlich merkwürdig, aber damals scheint das Freundschaftsgefühl alles andere überwogen zu haben. Schiller ging ohne viel Umstände darauf ein, genoss die ersten Tage, das gemeinsame Frühstück auf weißem Damast und unter dem alten Nussbaum. Zur Hochzeit am 7. Juli 1785 hatte er ihnen gedichtet:

Glücklich macht die Gattin nur,
Die für dich nur lebet
Und mit herzlicher Natur
Liebend an dir klebet;
Die, um deiner wert zu sein,
Für die Welt erblindet
Und in deinem Arm allein
Ihren Himmel findet,

Jauchzet, wenn du fröhlich bist,
Trauert, wenn du klagest,
Lächelt, wenn du freundlich siehst,
Zittert, wenn du wagest;
Die in schöner Sympathie
Dein Gefühl erreichet
Und in Seelenharmonie
Deiner Minna gleichet.

In gut 20 Strophen gibt hier der unfreiwillige Junggeselle Rezepte fürs reine Eheglück. Minna Körner war wohl so eine weibliche »Perle«, eine Frau, die ganz in ihrer Rolle als Gattin und glänzender Gastgeberin aufging. Außerdem scheint Schiller seine geheimen Wunschvorstellungen in sie hineinzuprojizieren: Ein Fleisch gewordenes Echo, ein selbstlos am Mann klebendes Wesen – das ist die Krönung einer Ehefrau. Und das ist auch die Krönung männlichen Eheglücks.

Auf einem Faschingsball im Februar 1787 traf er die schöne Henriette von Arnim. Wie Minna, die vielleicht etwas prüde war, übellaunig bemerkte, machte er bei dieser Gelegenheit »von der Maskenfreiheit sehr ungenierten Gebrauch« und wich die ganze Ballnacht nicht von Henriettes Seite. Seine Freunde verdarben ihm den Spaß. Vielleicht hatten sie auch mehr Menschenkenntnis, als sie ihn vor der exzentrischen Henriette warnten. Schiller aber war hingerissen und machte sich wieder ernste Hoffnungen. Er ließ sich von ihren Launen tyrannisieren und wurde schrecklich eifersüchtig, weil Henriette auch mit anderen Männern flirtete. Wahrscheinlich hatte sie es regelrecht darauf angelegt, ihn zu provozieren. Unter der Regie ihrer Mutter spielte sie den dichtenden Prominenten gegen den reichen Grafen Waldstein-Wartenberg aus. Als Heiratskandidat kam Schiller gegen die Konkurrenten ohnehin nicht an. Zum Glück riss er sich dann von Henriette los und stürzte sich in Arbeit. Über dem »Don Karlos« gewann er Abstand zu dem schwierigen Mädchen. Monate später schrieb er Körner souverän:

> Es ist sonderbar, ich verehre ich liebe die herzliche empfindende Natur und eine Kokette, jede Kokette, kann mich feßeln. Jede hat eine unfehlbare Macht auf mich durch meine Eitelkeit und Sinnlichkeit, entzünden kann mich keine, aber beunruhigen genug.

Mit der feinen Unterscheidung zwischen »entzünden« und »beunruhigen« beruhigte er vielleicht sich selbst – und flog trotzdem immer wieder auf seine »Koketten«. Wo aber blieb eigentlich die tugendhafte Hausfrau, für die Schiller in so vielen Gedichten in höchsten Tönen schwärmte? Sein Brief an Körner aus dem Jahr 1788 zeigt, wie dringend er Hilfe brauchte:

> ... denn noch einmal, mein Lieber, dabei bleibt es, daß ich heirate. Könntest Du in meiner Seele so lesen wie ich selbst, Du würdest keine Minute darüber unentschieden sein. Alle meine Triebe zu Leben und Tätigkeit sind in mir abgenützt; diesen einzigen habe ich noch nicht versucht. Ich führe eine elende Existenz, elend durch den inneren Zustand meines Wesens. Ich muß ein Geschöpf um mich haben, das *mir* gehört, das ich glücklich machen *kann* und *muß*, an dessen Dasein mein eigenes sich erfrischen kann. Du weißt nicht, wie verwüstet mein Gemüt, wie verfinstert mein Kopf ist – und alles dieses nicht durch äußeres Schicksal, denn ich befinde mich hier von *der* Seite wirklich gut, sondern durch inneres Abarbeiten meiner Empfindungen, Wenn ich nicht Hoffnung in mein Dasein verflechte, Hoffnung, die fast ganz aus mir verschwunden ist, wenn ich die

abgelaufenen Räder meines Denkens und Empfindens nicht von neuem aufwinden kann, so ist es um mich geschehen. (. . .) Ich bedarf eines Mediums, durch das ich die anderen Freuden genieße. (. . .) Ich sehne mich nach einer bürgerlichen und häuslichen Existenz, und das ist das einzige, was ich jetzt noch hoffe. Glaube nicht, daß ich gewählt habe. Was ich dir von der Wieland geschrieben, war, wie gesagt, nicht mehr als ein hingeworfener Gedanke. (. . .) Übrigens bin ich noch ganz frei, und das ganze Weibergeschlecht steht mir offen; aber ich wünschte, bestimmt zu sein.

Schiller am Ende – und der einzige Lichtblick ist eine Frau. Bei genauer Betrachtung allerdings ist er nur selbstsüchtig, er sieht sie als »Medium« und Nestbauerin. Dabei verspricht er sich viel, eigentlich alles von ihr: ein neues Leben. Zwischen den unerreichbaren Polen »Seelenharmonie« und »bürgerliche Existenz« liegt sein Glück. Schiller, der auf Riesenprojekte und unerschöpfliche Kräfte setzte, fiel immer wieder in ein Loch. Er selbst nannte es ein Leben zwischen »Spannung und Ermattung, Opiumsschlummer und Champagnerrausch«. Eine »bürgerliche Existenz« war da nicht drin. Berüchtigt war er besonders in jungen Jahren wegen seines unbürgerlichen Lebenswandels: ein unfrisierter, schlecht gekleideter Mann, der sich in seiner verräucherten Bude mit Kaffee und Rotwein aufrecht hielt, der seine Krankheiten mit Rosskuren bekämpfte, ein Langschläfer, der erst mittags aus dem Bett stieg.

Da half nur eine Ehe. Mit der »Wieland«, die er Körner gegenüber fast abfällig erwähnt, ist er nicht weit gekommen. Ein fruchtloser Versuch im alten Muster: wieder die Tochter eines angesehenen Mannes, nämlich des Schriftstellers Christoph Martin Wieland. Er war ein Landsmann Schillers, also auch ein Schwabe, der schon länger in Weimar lebte. Schiller, der übrigens sein Leben lang schwäbisch sprach und frisch nach Weimar kam, suchte jetzt begeistert in Wielands Familie Anschluss. Sie schmiedeten Pläne für gemeinsame Arbeitsprojekte – Schillers »Thalia« und Wielands »Merkur« sollten zu einer gemeinsamen Zeitschrift werden – und weitere Bündnisse wie die Ehe mit einem von Wielands 14 Kindern wurden so nebenher erwogen.

Die Hochzeit kam nicht zustande, der Enthusiasmus für Wieland verflog, aber da war Schiller schon nah am Ziel. Seit 1788 schrieb er ihr einen Brief nach dem anderen und im Februar 1790 heiratete er die Frau fürs Leben: Charlotte von Lengefeld. Schiller war damals 30 Jahre alt, ein berühmter Dichter und in Jena Professor für Geschichte. Herzog Karl August gewährte zur Eheschließung jährlich 200 Taler, von der Schwiegermutter, »chère mère«, kamen pro Jahr weitere 200 Taler hinzu, und außerdem wurde Schiller zum Hofrat ernannt. Er konnte jetzt zufrieden sein.

Da war einiges in Ordnung gekommen – nur etwas anderes stimmte nicht: Er hatte ein Dreiecksverhältnis. Schiller war ganz einfach in zwei Schwestern verliebt: in Charlotte und Caroline, in die stille jüngere und die temperamentvolle ältere, die außerdem verheiratet war. Beide waren kunstinteressiert, beide gebildete Leserinnen, mit denen er über seine Arbeiten sprechen konnte. Ein Vierteljahr lang wohnte Schiller in ihrer Nähe und machte fast jeden Nachmittag einen Spaziergang zu ihrem Haus. Das lag im dörflichen Rudolstadt und sie bewohnten es mit ihrer verwitweten Mutter. Mit Freundschaft fing es an. Schiller genoss es sichtlich und mittlerweile ziemlich selbstsicher, wie ihn die Schwestern verehrten. Der ernste Schiller schrieb ihnen im seltsam geziert empfindsamen Ton, der gerade Mode war. Aber er probierte ja gern etwas Neues aus:

Meine Seele ist jetzt gar oft mit den Szenen der Zukunft beschäftigt (...) Ich erwache mit dem Bewußtsein, daß ich euch finde, und mit dem Bewußtsein, daß ich euch morgen wieder finde, schlummre ich ein. Der Genuß wird nur durch die Hoffnung unterbrochen und die süße Hoffnung nur durch die Erfüllung, und getragen von diesem himmlischen Paar, verfliegt unser goldenes Leben!

Der Dreierbund war eigentlich alles andere als idyllisch. Caroline, die sich von ihrem Mann trennen wollte, begann – man weiß es natürlich nicht so genau – wahrscheinlich ein Verhältnis mit Schiller. Und gleichzeitig flirtete er mit Charlotte. Stress pur für alle Beteiligten, und die Freunde waren wieder in heller Aufregung! Sie beobachteten lauernd, wen er leidenschaftlicher küsste, und gaben dem »uninteressanten Lolochen« wenig Chancen. Die kleine Charlotte, immer im Schatten der klugen Schwester, quälte sich stumm. Bis Caroline die Anspannung nicht länger aushielt. Sie versicherte dem Dichter, dass Charlotte ihn liebe und er keine Abfuhr befürchten müsste. Entzückt schrieb Schiller an Charlotte und drängte plötzlich auf Tempo:

> Ist es wahr, meine teuerste Lotte, darf ich hoffen, daß Caroline in Ihrer Seele gelesen und aus Ihrem Herzen mir beantwortet hat, was ich mir nicht getraute, zu gestehen? O wie schwer ist mir dieses Geheimnis geworden, das ich, solange wir uns kennen, zu bewahren gehabt habe! Oft, als wir noch beisammen lebten, nahm ich meinen ganzen Mut zusammen, und kam zu Ihnen mit dem Vorsatz, es Ihnen zu entdecken – aber dieser Mut verließ mich immer. (...) Vergessen Sie jetzt alles, was Ihrem Herzen Zwang auflegen könnte, und lassen Sie nur Ihre Empfindungen reden. Bestätigen *Sie*, was Caroline mich hoffen ließ. Sagen *Sie* mir, daß Sie *mein* sein wollen, und daß meine Glückseligkeit Ihnen kein Opfer koste! O versichern Sie mir dieses, und nur mit einem einzigen Wort. Nahe waren sich unsere Herzen schon längst. Lassen Sie auch noch das einzige Fremde hinwegfallen, was sich bisher zwischen uns stellte, und nichts, nichts soll die freie Meinung unserer Seelen stören. Säumen Sie nicht, meine Unruhe auf immer und ewig zu verbannen. Ich gebe alle Freuden meines Lebens in Ihre Hand.

Charlotte antwortete schlicht: »Der Gedanke zu Ihrem Glück beitragen zu können steht hell und glänzend vor meiner Seele.« Die beiden verlobten sich heimlich. Caroline litt höllisch unter ihrem Verzicht und schrieb später eine Schillerbiographie, in der sie verräterische Briefstellen umschrieb. Da, wo Schiller an seine »liebste Caroline« geschrieben hatte, setzte sie einfach »theure Lotte« ein. Es war nämlich wie verhext, selbst nach seiner Verlobung sah es manchmal so aus, als ob Schiller sich immer noch nicht zwischen den beiden entscheiden konnte:

> O meine Teure Caroline! meine teure Lotte! Wie so anders ist jetzt alles um mich her, seitdem mir auf jedem Schritt meines Lebens nur Euer Bild begegnet. Wie eine Glorie schwebt Eure Liebe um mich, wie ein schöner Duft hat sie mir die ganze Nacht überkleidet.

Schiller mit Haupt- und Nebenfrau: Glücklich im »Besitz« beider Frauen, so sagte er selbst. Keine wollte er aufgeben und sogar mit beiden zusammen in eine Wohnung ziehen. So weit kam es dann doch nicht. Schiller und Charlotte heirateten 1790 in einer Dorfkirche und feierten in ganz bescheidenem Rahmen – wenn man das überhaupt Feier nennen konnte: »Niemand war bei der Trauung zugegen als meine Mutter und Caroline. Den Abend brachten wir still und ruhig miteinander in Gesprächen zu beim Thee« – so schrieb Charlotte in ihr Tagebuch.

Es dauerte nicht lange, bis aus Schiller ein zufriedener Ehemann wurde: Der sein »Lottchen« kaum noch von der Seite ließ, der seine Frau rührend pflegte, wenn sie krank war, der ihr das neue Haus in Weimar nach der neuesten Mode tapezieren ließ, der die »hellen, ruhigen Tage«, die »harmonische Gleichheit« seines neuen Daseins genoss:

> Es lebt sich doch ganz anders an der Seite einer lieben Frau als so verlassen und allein – auch im Sommer. Jetzt erst genieße ich die schöne Natur ganz und mich in ihr. Es kleidet sich wieder um mich herum in dichterischen Gestalten, und oft regts sich wieder in meiner Brust.

Als Ehemann war Schiller wieder optimistisch. Er lebte mit Charlotte glückliche 15 Jahre zusammen und hatte seine Auffassung von Liebe und Frauen gründlich geändert:

Schiller um 1780. Ölbild, Jakob Friedrich Weckherlin zugeschrieben.

Charlotte Schiller. Ölgemälde von Lu-
dovike Simanowiz.

Wenn man zurückdenkt an seine Jünglingsgelüste, an den
Mann, der einem »Nebengeschöpf« auflauert – das war jetzt
vorbei. Ganz anders, nämlich als Partnerin, sieht er seine
Frau, ganz anders ihre Beziehung. Schiller scheut keinen
Vergleich, um ihr Glück zu beschreiben: »Wären wir beide
nur gesund, wir bräuchten nichts weiter, um zu leben wie
die Götter.«

VIII.
»EIN MENSCH,
DER SO VON SEINEM KÖRPER ABHÄNGT, WIE ICH«

SCHILLER, EXPERTE IM KRANKSEIN

Beerdigung dritter Klasse

Natürlich soll an dieser Stelle auch von Schillers Krankheiten die Rede sein. Krankheit ist eine zentrale Erfahrung in seinem Leben. Er hat sie am eigenen Leib über die Maßen erlebt und, wie damals häufig der Fall, in der Familie und im Freundeskreis. Als Student der Medizin und als Arzt war der kranke Körper Erkenntnisgegenstand für ihn. In seinen Briefen macht er ihn oft zum Thema, nicht aber in den Dramen und Gedichten. Siechtum und Hinfälligkeit gehörten nicht zum ästhetischen Programm des späten 18. Jahrhunderts. Eine Anleitung, wie Krankheit und Schmerz am besten zu ertragen seien, ist in seinen philosophischen Schriften enthalten.

Den 12ten May, des Nachts 1 Uhr, wurde der in seinem 46. Lebensjahr verstorbene Hochwohlgeb. Herr, Herr D. Carl Friedrich von Schiller, F. S. Meiningischer Hofrath, mit der ganzen Schule, erster Classe, in das Landschafts-Cassen Leichengewölbe beigesetzt und Nachmittags 3 Uhr des Vollendeten Todesfeyer mit einer Trauerrede von Sr. Hochwürd. Magnificenz, dem Herrn General-Superintendent Vogt, in der St. Jacobskirche begangen und von Fürstl. Capelle vor und nach der Rede eine Trauermusik aus Mozarts Requiem aufgeführt.

Diese Nachricht von Schillers Tod und Begräbnis aus dem Weimarer Wochenblatt vom 15. Mai 1805 hat schon damals Zeitgenossen verblüfft und Nachfahren die Sprache verschlagen: ein »Gemeinschaftsgrab« die letzte Ruhestätte des großen Dichters? Nichts anderes war das »Landschaftskassengewölbe«. Eine riesige Gruft für die Gebeine mittelloser Beamter und Adeliger. Des Dichters Leichnam ohne Charlotte und die Kinder, ohne Goethe und die vielen Freunde, ohne die unzähligen Verehrer, kurz: ohne Trauergemeinde nachts durch die leeren Straßen Weimars getragen und wortlos versenkt? Jahre später, als König Ludwig I. von Bayern dem Lieblingsdichter seine Reverenz erweisen wollte, fischte man eilig die längsten Gebeine heraus – Schiller hatte immer alle überragt – und bestattete sie erst 1827 würdevoll in der von Goethe bestellten Fürstengruft auf dem Neuen Friedhof in Weimar.

Trotzdem folgte dieser zweiten Bestattung ein jahrhundertelanges Nachspiel. Längere Zeit hatte Schiller zum Beispiel zwei Schädel. Der ihm ursprünglich zugeschriebene stellte sich als kleiner heraus als die zweifelsfrei echte Totenmaske. Also holte man einen passenderen aus der Gruft. Die besten Anatomen und Kraniologen (»Schädelkundler«) haben sich immer wieder bis ins 20. Jahrhundert über die Echtheit des Schiller'schen Schädels beraten. Heute allerdings könnte eine fachkundige DNA-Analyse schnell herausfinden, ob Schillers Schädel wirklich seiner ist oder der eines Weimarer Mitbürgers aus dem Gemeinschaftsgrab.

Zwei Beerdigungen, zwei Schädel, schon zu Lebzeiten zweimal für tot erklärt – spektakuläre Ungewissheit um den toten Schiller. Wurde er am Ende gar ermordet? Dieses Gerücht hat sich hartnäckig bis ins letzte Jahrhundert gehalten. Wenn einer so schnell unter die Erde geschafft wird, ist er – nahe liegend – keines natürlichen Todes gestorben. Selbst Goethe wurde verdächtigt. Hatte er nicht allen Grund, auf den viel erfolgreicheren und beliebteren Kollegen neidisch zu sein? Barer Unsinn, wie Schiller-Experten eindeutig zu belegen meinen. Eines natürlichen Todes ist er gestorben, wenn dieses Krankheitsbild noch natürlich genannt werden kann. Und liest man den Befund der Obduktion, die Herzog Karl August nach Schillers Tod anordnete, fragt man sich, wie ein schwer kranker Mann in seinen letzten zehn Jahren noch so viele Werke schreiben konnte. Elf Punkte enthält der Sektionsbefund:

1. Die rechte Lunge mit der Pleura (dem Rippenfell) von hinten nach vorne und selbst mit dem Herzbeutel ligamentartig so verwachsen, dass es kaum mit dem Messer gut zu trennen war.
2. Die Lunge war faul und brandig, breiartig und ganz desorganisiert.
3. Die linke Lunge besser, marmoriert mit Eiterpunkten.
4. Das Herz stellte einen leeren Beutel vor und hatte sehr viel Runzeln, war häutig, ohne Muskelsubstanz. Diesen häutigen Sack konnte man in kleine Stücken verflocken.
5. . . .

Noch weitere sieben Punkte folgen auf der Liste des körperlichen Verfalls. Unter 11. heißt es: »Urinblase und Magen waren allein natürlich.« Nur diese beiden Organe waren gesund.

»Daß ich jeden Lebensgenuß mit wochenlangem Leiden büßen muß«

Vor allem die Medizingeschichte hat sich für Schillers Krankheiten und seinen Tod interessiert. Woran litt er nach dem heutigen Stand der Medizin? Woran ist er gestorben? »Akute Lungenentzündung und Herzversagen«, lautet eine zeitgemäße Diagnose. Viele Biographen betonen, dass der Dichter von Kind an anfällig, von schwacher Konstitution gewesen sei. Alle Infekte, die in der Luft lagen, habe er aufgeschnappt. Erkältungen, Fieberanfälle, Bauchkrämpfe und Zahnschmerzen waren lebenslange Übel. Von regelmäßigen Zahnarztterminen und Zahnseide war natürlich noch nicht die Rede.

Über seine Krankheiten während der Zeit an der Karlsschule gibt das gut erhaltene Krankenjournal verlässlich Auskunft. 1774, es ist sein zweites Jahr an der Militärakademie, liegt er sieben Mal im Krankenzimmer, immer wegen Erkältungskrankheiten, hartnäckigem Husten, Fieber und Grippe. »Vier Wochen lang keinen Besuch von Schnupfen gehabt. Das ist ordentlich ein Wunder«, schreibt er in einem Brief. Sein Hausarzt würde heute vermutlich eine Nasenneben- und Stirnhöhlenentzündung diagnostizieren. Diese, in ihrer chronischen Form, könnte die wiederkehrenden bronchialen Infekte erklären. Zeitgenossen erinnern sich auch gut an seine Zahnschmerzen, wie die »Schwellung seines Gesichts ihn fast bis zur Unkenntlichkeit entstellt« und er die Gäste mit einem Tuch um den Kopf empfängt. Schonung hat er sich nie gegönnt, extremer Schlafmangel, manisches Arbeiten, starker Kaffee und Tabak haben ihr Übriges getan. Längere Zeiten von Wohlbefinden scheint er kaum gekannt zu haben.

Zwei Krankheitsjahre fallen besonders ins Auge: 1783 und 1791. Am 1. September 1783 erfüllt sich für den Dichter der »Räuber« ein Traum. Er ist Theaterdichter mit einem einjährigen Vertrag am Stadttheater Mannheim. Zu miserablen Bedingungen zwar, aber ein Vertrag! Schiller war überglücklich. Und ein paar Tage später krank.

Dass es Malaria war, steht fest. »Wechselfieber« oder »kaltes Fieber« hieß die Krankheit damals. Zwar grassierte Malaria in der Gegend der sumpfigen Rheinebene um Mannheim seit längerem, aber musste es ausgerechnet ihn und ihn gerade jetzt treffen? Ein Glück immerhin, dass es schon Chinarinde gab. Aber die Überdosen, mit denen sich der verzweifelte Dichter kurierte, schädigten ihn lebenslänglich. Vermutlich sind die nachfolgenden Fieberattacken, die ihn immer wieder aus heiterem Himmel befallen, Malariaanfälle. Infolge dieser schweren Krankheit schafft Schiller das dritte Werk nicht, das er dem Intendanten Dalberg zugesagt hatte. Der verlängert den Vertrag nicht. Schiller sitzt auf der Straße und muss in den folgenden Jahren von der Hand in den Mund und wieder auf Pump leben.

Sieben Jahre später, 1791, beginnt wieder ein schweres Krankheitsjahr: Schiller, frisch verheiratet mit Charlotte von Lengefeld, führt ein geselliges Leben und arbeitet zugleich bis zur Erschöpfung. Für die Vorlesungen an der Universität Jena im Fach Geschichte muss er sich völlig neu einarbeiten, zugleich schreibt er an der »Geschichte des Dreißigjährigen Krieges«. Am 3. Januar 1791 trifft ihn während eines Konzerts ein plötzliches »Katarrhfieber« und er muss mit der Sänfte nach Hause gebracht werden. »Pneumonie«, also Lungenentzündung, begleitet von »trockener Rippenfellentzündung«, lautet die Diagnose. Am 8. Mai desselben Jahres, also gut ein Jahr nach der Eheschließung, erleidet Schiller den schwersten Anfall.

»Fieberfrost«, »fürchterliche Atemnot«, »Ohnmacht« werden mit starken Dosen Opium, »Kampfer mit Moschus, Clystiere und Blasenpflaster« und dem üblichen Aderlass behandelt. Seine Schwägerin liest nicht aus der Bibel, sondern aus Kants »Kritik der Urteilskraft« die Stellen vor, die von Unsterblichkeit handeln. Eine Zeitung meldet seinen Tod. Seine Verehrer in Dänemark halten ein Requiem ab. Die Berichte an seinen Verleger Göschen und Freund Körner zwei Wochen nach den Anfällen lassen ahnen, wie sehr sich Schiller unter Kontrolle hatte.

Heute vor vierzehn Tagen überfiel mich ein fürchterlicher krampfhafter Zufall mit Erstickungen, so daß ich nicht anders glaubte, als ob mein Letztes wäre. (...) am darauffolgenden Abend erneuerte sich der Anfall noch weit fürchterlicher als die vorigen Mal, so daß ich von allen den Meinigen schon Abschied nahm und jeden Augenblick hinzusinken glaubte. (. . .) Überhaupt hat dieser schreckhafte Anfall mir innerlich sehr gut getan. Ich habe dabei mehr als einmal dem Tod ins Gesicht gesehen, und mein Mut ist dadurch gestärkt worden. Den Dienstag besonders glaubte ich nicht zu überleben; jeden Augenblick fürchtete ich der schrecklichen Mühe des Atemholens zu unterliegen; die Stimme hatte mich schon verlassen, und zitternd konnte ich bloß schreiben, was ich gern noch sagen wollte. Darunter waren auch einige Worte an Dich, die ich jetzt als ein Denkmal dieses traurigen Augenblicks aufbewahre. Mein Geist war heiter . . .

Wieder versucht Schiller auch der bittersten Erfahrung noch einen Sinn abzugewinnen. Von beiden Krankheitsattacken bleiben eine damals nicht erkennbare eitrige Rippenfellentzündung und eine chronische Bauchfellentzündung zurück, die die häufigen Bauchkrämpfe verursacht hat. Es folgen »14 Jahre Sterben«, wie ein Biograph die letzten Lebensjahre Schillers nennt. Das ist aber nur die eine Seite. In dieser Zeit schreibt Schiller seine großen Dramen »Wallenstein«, »Maria Stuart«, »Die Jungfrau von Orleans«, »Die Braut von Messina«, »Wilhelm Tell« und beginnt den »Demetrius«. Die klassischen Werke sind also »buchstäblich am Rande des Grabes« entstanden! Zugleich studiert er die Schriften Kants, die Familie wächst auf vier Kinder an; er arbeitet mit Goethe am Theater in Weimar, er verfasst eine Reihe von ästhetischen und theoretischen Schriften, reitet häufig aus und nimmt am gesellschaftlichen Leben in Weimar teil (auch mal im »Schlafrock«). Einmal in dieser Zeit kehrt er für neun Monate in die Heimat nach Württemberg zurück und lernt dort seinen zukünftigen Verleger und Freund J. G. Cotta kennen. Er befreundet sich mit Goethe, schafft mit ihm zusammen in enger Zusammenarbeit das Projekt der Weimarer Klassik und kauft für seine Familie ein standesgemäßes Haus in Weimar. Im selben Jahr, 1802, wird er in den Adelsstand erhoben. Er ist auf dem Höhepunkt seines Lebens angekommen. Plagten ihn dabei meistens Schmerzen? Musste er so viel arbeiten, um sie zu vergessen? Vielleicht, so drängt sich auch die Frage auf, bezahlte der »arme« Dichter für Erfolg, Beliebtheit, relativen Wohlstand und gesellschaftliche Anerkennung mit Krankheit? So jedenfalls scheint er es erlebt zu haben: »Gewöhnlich muss ich einen Tag der glücklichen Stimmung mit fünf oder sechs Tagen des Drucks und des Leidens büßen«, heißt es an Körner. Oder: »Leider ist meine Gesundheit so hinfällig, dass ich jeden freien Lebensgenuss gleich mit wochenlangem Leiden büßen muß.«

In seinen Balladen von 1797 wählt er wiederholt das Thema Neid. Goethe, der zusammen mit ihm schreibt, setzt auf ganz andere Inhalte. Fürchtete Schiller, wenn auch unbewusst, die Götter könnten neidisch werden? In einer der kenntnisreichsten Schiller-Biographien heißt es: »Es ist die Tragödie dieses Lebens, daß es in dem Moment, da künstlerischer Erfolg, bürgerliche Reputation und private Erfüllung zusammentreten, den Bedrohungen einer fast tödlichen Krise ausgesetzt wird.«

Genauso richtig dürfte aber auch sein, dass es gerade Grenzsituationen dieser Art waren, die bei Schiller Energieschübe und Schaffensdrang auslösten.

»Leidliche Gesundheit bis zum fünfzigsten Jahr«

Umso erstaunlicher ist es, dass in seinen Werken praktisch keine kranken Personen auftauchen. Natürlich sterben seine Helden reihenweise, sie erbleichen, verblassen, erröten, vergiften sich und andere, erschlagen sich gegenseitig. Seine frühen Dramen zeigen eine geradezu »eruptive Körpersprache«. Auch die Regieanweisungen verlangen viel Körpereinsatz, aber ein Siechtum, wie der Autor es am eigenen Leib erfährt, kommt weder beim »Stürmer und Dränger« noch beim klassischen Schiller vor.

Dafür ist der kranke Körper in den Briefen häufiger Grund zur Klage. In Briefen an Goethe seltener, da dem das Thema zuwider ist. Goethes erste Einladung zu sich nach Weimar – Schiller lebt zu der Zeit im nahe gelegenen Jena – nimmt er so an: »Ich bitte lediglich um die leidige Freiheit, bei Ihnen krank sein zu dürfen«, da er wegen der nächtlichen Krämpfe tagsüber ausschlafen müsse. 1796 lässt Goethe für Schiller eine eigene Loge im Weimarer Theater einbauen. Aber immer wieder heißt es an Körner, Göschen, Cotta, Humboldt etc., dass sein Kopf »wüste«, »verwüstet« oder »zerstört« sei. In den letzten zehn Jahren nehmen die Klagen über Fieber, Schlaflosigkeit, Verstopfung und Krämpfe zu. Er ahnt, wie es um ihn steht. Im Februar 1792 schreibt er:

> Es scheint, meine Natur wird noch eine Zeit lang gegen ihren innerlichen Feind zu kämpfen haben, ehe sie ihn völlig besiegt oder unterliegt (...) ich mache mich in den nächsten Jahren auf etliche Stürme gefasst.

Sein Ziel ist es, fünfzig zu werden, wie er hoffnungsvoll vierzehn Tage vor seinem Tod im letzten Brief an Körner schreibt:

> Die bessere Jahreszeit läßt sich endlich auch bei uns fühlen und bringt wieder Mut und Stimmung; aber ich werde Mühe haben, die harten Stöße, seit neun Monaten, zu verwinden, und ich fürchte, daß doch davon etwas zurückbleibt; die Natur hilft sich zwischen vierzig und fünfzig nicht mehr als im dreißigsten Jahr. Indessen will ich mich ganz zufrieden geben, wenn mir nur Leben und leidliche Gesundheit bis zum fünfzigsten Jahr aushält.

»Das genaue Band zwischen Körper und Seele«
Schillers medizinische Schriften

Als die Karlsschule 1776 eine medizinische Fakultät einrichtet, weiß Schiller, dass »die Medizin mit der Dichtkunst viel näher verwandt« ist als die »trockene positive Jurisprudenz«, und wechselt das Fach. Begeistert lernt er die neuen Fächer Physiologie, Anatomie und vor allem Psychologie kennen. Es sind die Anfänge der modernen Psychologie, und leidenschaftlich wird diskutiert, wie Körper und Psyche – »Leib und Seele« – zusammenhängen. Der Schweizer Arzt und Philosoph Albrecht von Haller hatte den Menschen ein »unselig Mittelding von Engeln und von Vieh« genannt und so den Diskurs bestimmt. Schillers dritte Dissertation heißt: »Versuch über den Zusammenhang der tierischen Natur des Menschen mit seiner geistigen«. Wie sehr das Medizinstudium die Literatur, der Mediziner den Dichter beeinflusst haben, zeigt ein Blick in seine medizinischen Schriften aus dieser Zeit, seine Krankenberichte, Untersuchungs- und Obduktionsprotokolle und die drei Dissertationen. Schiller leistet im Krankenzimmer der Akademie eine Art praktisches Ausbildungsjahr. Sieben Protokolle und ein Obduktionsbericht sind erhalten. Er betreut den schwer kranken Kommilitonen J. Ch. Hiller, der 17-jährig an Tuberkulose stirbt. Bei der Obduktion assistiert er und führt Protokoll. Deshalb sind nicht wenige Biographen überzeugt, dass er sich dabei angesteckt und in Wahrheit sein ganzes Leben an Tuberkulose gelitten habe und schließlich auch daran gestorben sei. Ein weiterer »Patient« Schillers war der psychisch kranke Kommilitone J. F. Grammont, der der Zeit gemäß als »melancholisch« und »hypochondrisch« diagnostiziert wird. Der junge Schiller beweist in den therapeutischen Gesprächen ungewöhnliches Einfühlungsvermögen. Im ersten Bericht an den Herzog schreibt er:

Das genaue Band zwischen Körper und Seele macht es unendlich schwer, die erste Quelle des Übels ausfindig zu machen, ob es zuerst im Körper oder in der Seele zu suchen ist.

Und im zweiten Bericht:

Abends war er [Grammont] ziemlich aufgeräumt, und gewiß ist diese Aufheiterung seines Geistes das größte Mittel zur Beförderung seiner Gesundheit, so wie sich die zunehmende Besserung seines Körpers rückwärts der Seele mitteilt«

Dieses »Band zwischen Körper und Seele« hat den Medizinstudenten so interessiert, dass er es zum Thema seiner Dissertation machte.

Die Arbeit »Versuch über den Zusammenhang der Thierischen Natur des Menschen mit seiner geistigen« war bereits der dritte Versuch, das Studium abzuschließen. Schiller muss damals ein sehr selbstbewusster Jugendlicher gewesen sein, der die Welt aus den Angeln heben und alles infrage stellen wollte. Er schießt dabei – zumindest in den Augen der Gutachter – weit über das Ziel hinaus. Anerkannte medizinische Autoritäten erklärt er kurzerhand für inkompetent und gesicherte Forschungsergebnisse im Handstreich für überholt. Das ließen sich die Gutachter nicht bieten. Die ersten beiden Arbeiten lehnten sie ab. Die erste mit dem anspruchsvollen Titel »Philosophie der Physiologie«, weil der Verfasser »gegen die würdigsten Männer hart« war und in einem zu forschen Ton Alternativen vorschlug (»gefährlicher Hang zum besser Wissen«). Schillers Art, die Forschungsergebnisse der anerkannten Autoritäten seiner Zeit kritisch zu würdigen, würde auch heute als unsachlich beurteilt werden. Über den französischen Mediziner Bonnet zum Beispiel äußert er sich so:

Mit unverzeihlichem Leichtsinn hüpft der französische Gaukler über die schwersten Punkte dahin, legt Dinge zum Grund, die er niemals beweisen kann, zieht Folgen daraus, die kein Mensch, ausgenommen ein Franzose, wagen kann. Seine Theorie mag seinem Vaterland gefallen, der schwerfällige Deutsche entrüstet sich, wenn er den Goldstaub weggeblasen, und unten nichts als Luft sieht.

Oder über den renommierten Arzt und Dichter Albrecht von Haller, den Begründer der modernen Physiologie, dessen Lehren an der Akademie unterrichtet wurden, schreibt er: »Aber wie Haller so auf der Oberfläche schweben konnte, das begreif ich nicht.«

Schillers Doktorvater J. F. von Consbruch beendet sein ablehnendes Urteil so: »Und überhaupt hätte ich mir in einer Schrift, wo es auf deutliche und bestimmte Ausdrücke ankommt, eine weniger blühende Schreibart gewünscht.« Heute hätte man vielleicht über diese Doppelbegabung gestaunt. Der Herzog aber verordnete ein weiteres Jahr an der Akademie. Die zweite Doktorarbeit, in lateinischer Sprache, mit dem Titel »Über den Unterschied zwischen den entzündlichen und den faulen Fiebern« widmet Schiller seinen »hochverehrten Lehrern«. Auch das nützt nichts. Die Arbeit wird abgelehnt, da für oberflächlich befunden. Diese so genannte »Fieberdissertation« ist deshalb interessant, weil Schiller hier das Sterben am »entzündlichen Fieber« genau so beschreibt, wie sein eigenes nach Angaben der Familie verlaufen ist. In der zweiten Dissertation heißt es:

Wenn die Krankheitserscheinungen an den lebenswichtigen Vorgängen jedoch fortdauern und sich zum Schlimmeren wenden, wenn Schüttelkrämpfe auftreten, die Fieberträume fortbestehen, die Kraft des Lebens unterdrückt wird, der Puls ganz klein und aussetzend wird, tiefe Schnarchgeräusche zu hören sind, die Hände und Füße kalt, die Ohren spitz und kalt, die Lippen blau und blutleer werden und die Nase spitzig, mit einem Wort, wenn das von Hippokrates beschriebene Totenantlitz sich zeigt, ahnt man, daß der Tod in der Nähe ist.

Nun scheidet sich die Entzündung in eine tödliche Brustfellerkrankung ab, die von Blut und Schleim verstopfte Lunge, unfähig diese Säfte auszuscheiden, wird den Menschen durch den Erstickungstod oder den Tod an Brand umbringen. Merkwürdigerweise habe ich unter diesen verzweifelten Umständen überaus häufig die Kranken gegen das übliche Maß heiter gesehen, so daß ein die ungünstige Aussicht nicht voraussehender Arzt einen völligen Schaden des Vertrauens erleiden könnte; denn dadurch, daß die Nerven gleichsam schon abgestorben sind, die durch die dauernde Entzündung aufs schwerste in Mitleidenschaft gezogen sind, weicht die Schmerzempfindung von der Seele und die Hoffnung auf ein wiederkehrendes Wohlbefinden täuscht die tödliche Gleichgültigkeit. Daher rührt eine derartig auffallende Heiterkeit, deren Gründe nicht erforschbar sind, und beim gleichzeitigen Auftreten der ungünstigen Zeichen, von denen schon die Rede war, wird dies das sicherste Zeichen für die hereinbrechende Todesstunde sein.

Er fühle sich »immer besser, immer heiterer«, sagte er zu Charlotte, kurz bevor er am 9. Mai 1805 starb.

Den dritten Versuch akzeptiert die Prüfungskommission endlich und gibt ihn zur Veröffentlichung frei. Sie macht Schiller, der, wenn er schon nicht Pfarrer werden durfte, Dichter werden wollte, schließlich zum Mediziner. Was er offiziell an den Herzog schrieb, könnte kaum in einem größeren Gegensatz zu Schillers »Räubern« stehen, die er zur gleichen Zeit heimlich abschließt. Hier das Vorwort zur dritten Dissertation von 1780:

Durchlauchtigster Herzog! Gnädiger Herzog und Herr!
    Ich sehe heute mit ausnehmendem Vergnügen den Wunsch erfüllet, Euer Herzoglichen Durchlaucht für die höchste Gnade und mehr als väterliche Führung, die ich schon acht Jahre in dieser ruhmvollen Stiftung zu geniessen das Glück habe, öffentlich auf das kindlichste danken zu dürfen. Die weisesten und vortrefflichsten Anstalten, welche Höchstdieselbe zur Aufklärung unseres Verstandes, und zu Verfeinerung unserer Empfindungen getroffen haben; die würdigen und einsichtsvollen Lehrer, welche Höchstdieselbe mit dem durchdrin-

genden Auge eines Menschenkenners aus der gemeinen Klasse der Gelehrten herausgeforscht, und zu den glücklichen Werkzeugen des grossen unsterblichen Bildungsplans angeordnet haben; der unvergeßliche mündliche Unterricht eines Fürsten, der Seine Grösse darein setzt, ein Lehrer unter Seinen Schülern – ein Vater unter Seinen Söhnen zu wandeln; – Der Zusammenfluß aller dieser glücklichen Fügungen, in denen ich die Wege einer höhern Vorsicht bewundere, haben den Grund zu dem Glück meines ganzen Lebens gelegt, und nur dann wird es mir fehlen, wenn meine eigenen Bestrebungen sich mit den Absichten des besten Fürsten durchkreuzen . . .

Und das ist erst ein gutes Drittel der Lobrede auf Karl Eugen. Letzteres, die Absichten des Fürsten zu durchkreuzen, sollte schneller eintreten, als Schiller zu diesem Zeitpunkt ahnen konnte. Der Fürst möchte ihn nur als Arzt und nicht als Dichter in seine Dienste stellen. Also Verbot für den Arzt, »außer dem medizinischen Fache irgendetwas drucken zu lassen (. . .) bei Strafe der Festung«. Das bedeutete absolutes Schreibverbot.

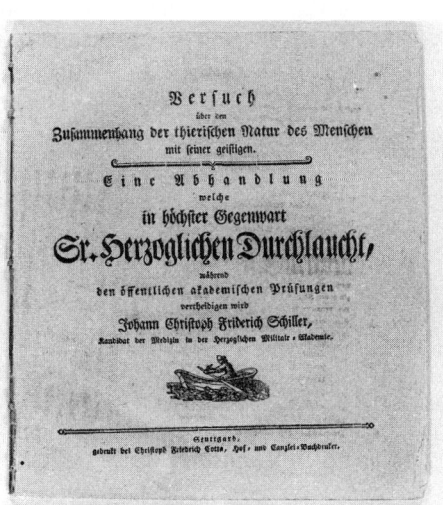

Schillers medizinische Abschlussarbeit.

»Körperliche Phänomene verraten
die Bewegungen des Geistes«

Gerade die Thesen der dritten Dissertation sind den Figuren der Dramen wie auf den Leib geschrieben. Schon an den Überschriften der einzelnen Paragraphen ist dies abzulesen: »Tierische Empfindungen begleiten die geistigen«, »Geistiger Schmerz untergräbt das Wohl der Maschine« (es war damals üblich, den Körper »Maschine« zu nennen) oder »Die Stimmungen des Geistes folgen den Stimmungen des Körpers«, »Körperliche Phänomene verraten die Bewegungen des Geistes«. Besonders in den frühen Dramen ist es nur die Körpersprache, der man vertrauen kann. Unter Paragraph 22 führt der Medizinstudent aus:

Körperliche Phänomene verraten die Bewegungen des Geistes

Physiognomik der Empfindungen.

Eben diese innige Korrespondenz der beiden Naturen stützt auch die ganze Lehre der Physiognomik. Durch eben diesen Nervenzusammenhang, welcher, wie wir hören, bei der Mitteilung der Empfindungen zu Grunde liegt, werden die geheimsten Rührungen der Seele auf der Außenseite des Körpers geoffenbart und die Leidenschaft dringt selbst durch den Schleier des Heuchlers. Jeder Affekt hat seine spezifischen Äußerungen, und sozusagen seinen eigentümlichen Dialekt, an dem man ihn erkennt. Und zwar ist dies ein bewundernswürdiges Gesetz der Weisheit, daß jeder Edle und Wohlwollende den Körper *verschönert*, den der Niederträchtige und Gehässige in *viehische* Formen zerreißt. Je mehr sich der Geist vom Ebenbild der Gottheit entfernt, desto näher scheint auch die äußere Bildung dem Viehe zu kommen, und immer demjenigen am nächsten, das diesen Haupthang mit ihm gemein hat. So ladet das sanfte Außenbild des Menschenfreundes den Hilfsbedürftigen ein, wenn der trotzige Blick des Zornigen jeden zurückscheucht. Dies ist der unentbehrlichste Leitfaden im gesellschaftlichen Leben. Es ist merkwürdig, wie viel Ähnlichkeit die körperlichen Erscheinungen mit den Affekten haben, Heldenmut und Unerschrockenheit strömen Leben und Kraft durch Adern und Muskeln, Funken sprühen aus den

Augen, die Brust steigt, alle Glieder rüsten sich gleichsam zum Streit, der Mensch hat das Ansehen des Rosses. Schrecken und Furcht erlöschen das Feuer der Augen, die Glieder sinken kraftlos und schwer, das Mark scheint in den Knochen erfroren zu sein, das Blut fällt dem Herzen zur Last, allgemeine Ohnmacht lähmt die Instrumente des Lebens. (. . .)

Durch was für eine Mechanik, möchte ich nun fragen, geschieht es, daß gerade diese Bewegungen auf diese Empfindungen erfolgen, gerade diese Organe bei diesen Affekten interessiert werden? Ist dies nicht ebensoviel, als wollt ich wissen, warum gerade eine solche Verletzung der Bandhaut die untere Kinnlade erstarren mache?

Wird der Affekt, der diese Bewegungen der Maschine sympathetisch erweckte, öfters erneuert, wird diese Empfindungsart der Seele habituell, so werden es auch diese Bewegungen dem Körper. Wird der zur Fertigkeit gewordene Affekt *dauernder Charakter*, so werden auch diese konsensuellen Züge der Maschine tiefer eingegraben, sie bleiben, wenn ich das Wort von dem Pathologen entlehnen darf, *deuteropathisch* zurück, und werden endlich organisch. So formiert sich endlich die fest perennierende Physiognomie des Menschen, daß es beinahe leichter ist, die Seele nachher noch umzuändern als die Bildung. In diesem Verstande also kann man sagen, die Seele bildet den Körper, ohne ein Stahlianer zu sein, und die ersten Jugendjahre bestimmen vielleicht die Gesichtszüge des Menschen durch sein ganzes Leben, so wie sie überhaupt die Grundlage seines moralischen Charakters sind. Eine untätige und schwache Seele, die niemals in Leidenschaften überwallt, hat gar keine Physiognomie, wenn nicht eben der Mangel derselben die Physiognomie der Simpel ist. Die Grundzüge, die die Natur ihnen anerschuf und die Nutrition vollendete, dauern unangetastet fort. Das Gesicht ist glatt, denn keine Seele hat darauf gespielt.

Die »innige Korrespondenz« von Körper und Seele, wenn Empfindungen »gleichsam an Grundfesten des Körpers« nagen, wenn »thierische Triebe« durchbrechen oder die »geheimsten Rührungen der Seele auf der Aussenseite des Körpers« erscheinen, das ist der medizinische Stoff der Dramen. In den »Räubern« also – dem »Gemälde einer verirrten großen Seele« – wird der ganze Körper der Menschen zum Schauplatz des dramatischen Konflikts. Aber auch die tägliche Praxis mit den Patienten liefert die Vorlage für die lebendige Ausstattung seiner Figuren. Er kannte sich aus mit Schockzuständen, Angst- und Wahnvorstellungen. Die Brüder Karl und Franz Moor zum Beispiel sind die leibhaftigen Verkörperungen des »entzündlichen und des fauligen Fiebers«, des Untersuchungsgegenstandes der zweiten Dissertation. Als beispielsweise Franz Moor den hinterhältigen Plan entwickelt, seinen Vater umzubringen, indem er ihn einer tödlichen Überdosis Schock, Schmerz und Verzweiflung aussetzt.

Das Erkenntnisziel, das Schiller in der Einleitung zur Doktorarbeit formuliert, könnte also auch über dem Projekt seiner frühen Dramen stehen: »Gegenwärtiger Versuch [wird sich] damit beschäftigen, den ... Beitrag des Körpers zu den Aktionen der Seele, den Einfluss des thierischen Empfindungssystemes auf das Geistige in ein helleres Licht zu setzen.«

Das einzig erhaltene Rezept des Arztes Schiller.

Es ist auch kein Wunder, dass der Arzt dem Dichter zuarbeitet, zumal die frühen Werke ja zeitlich dicht zur beruflichen Praxis entstehen. Als Arzt war Schiller übrigens wegen seiner Rosskuren und radikalen Heilmittel gefürchtet, die fast so schlimm wie die Krankheiten selbst gewesen sein sollen. Ein Rezept, das »Brechwasser-Rezept«, mit seiner Unterschrift ist noch erhalten.

Verblüffenderweise trifft man in dieser Dissertation auch schon auf den späten Schiller, der, nach der Lektüre der Werke Kants und den eigenen schweren Krankheiten, dem Körper am liebsten alle Bedeutung abgesprochen hätte. Unter »Einschränkung des Vorigen« führt er aus, unter welchen Umständen sich Kranke »voll Mut über die Leiden des Körpers erheben«:

> Philosophie und noch weit mehr ein mutiger und durch die Religion erhobener Sinn sind fähig, den Einfluß der tierischen Sensationen, die das Gemüt des Kranken bestürmen, durchaus zu schwächen und die Seele gleichsam aus aller Kohärens mit der Materie zu reißen.

In seinen ästhetischen Schriften »Über Anmut und Würde« und »Vom Erhabenen«, die von seiner Beschäftigung mit Kants Schriften beeinflusst sind, entwickelt er eine Art Anleitung zum Umgang mit Schmerz und Krankheit, um dem Körper nicht ohnmächtig ausgeliefert zu sein. Jetzt ist ein starker Wille Herr im Haus, der die Launen des Körpers so fest im Griff hat, dass sie den Flug in das Reich der Ideen und Ideale nicht behindern:

> Groß kann man sich im *Glück,* erhaben nur im Unglück zeigen.
> Praktisch erhaben ist also jedweder Gegenstand, der uns zwar unsre Ohnmacht als Naturwesen zu bemerken gibt – zugleich aber ein Widerstehungsvermögen von ganz andrer Art in uns aufdeckt, welches zwar von unsrer physischen Existenz die Gefahr *nicht* entfernt, aber (welches unendlich mehr ist) unsre physische Existenz selbst von

unsrer Persönlichkeit absondert. Es ist also keine *materiale* und bloß einen einzelnen Fall betreffende, sondern eine *idealische* und über alle möglichen Fälle sich erstreckende Sicherheit, deren wir uns bei Vorstellung des Erhabenen bewußt werden. Dieses gründet sich also ganz und gar nicht auf Überwindung oder Aufhebung einer uns drohenden Gefahr, sondern auf Wegräumung der letzten Bedingung, unter der es allein Gefahr für uns geben kann, indem es uns den sinnlichen Teil unsers Wesens, der allein der Gefahr unterworfen ist, als ein auswärtiges Naturding betrachten lehrt, das unsre wahre Person, unser moralisches Selbst, gar nichts angeht.

Den Körper also so behandeln, als gäbe es ihn überhaupt nicht. Aus der Sicht des schwer kranken Schiller durchaus verständlich. Ein Schiller-Forscher schreibt: »Der philosophische Anthropologe bestimmt angesichts seiner leiblichen Zerrüttung das Verhältnis von Geist und Körper neu.« Dabei verschwendet sich der »philosophische Arzt« und Dichter ganz am Körper seiner Texte, um darüber den eigenen zu vergessen. Auch die Figuren seiner klassischen Dramen bewegen sich vorrangig im Reich der Ideen und Ideale, was ohne Körper naturgemäß leichter geht. Nicht aus Fleisch und Blut seien diese Figuren, ist dem klassischen Schiller noch häufig angekreidet worden.

Die Tatsache, dass Schiller in den »Ästhetischen Briefen« gleichsam eine Harmonieästhetik und zur selben Zeit eine »Dissonanzästhetik« entwickelt hat, ist also weniger rätselhaft, wenn seine körperlichen Gebrechen mitgedacht werden. Wie er diese Grenzerfahrungen theoretisch reflektiert und dichterisch umgesetzt hat, macht ihn zu einem der ersten modernen Schriftsteller. Im 20. Jahrhundert hat der Maler Paul Klee die »Zerrissenheit« des modernen Menschen und zugleich Schillers »Herzensthema«, die Beziehung zwischen Körper und Bewusstsein, in ein sprachlich wunderschönes Bild gefasst: »Die ideelle Fähigkeit des Menschen, Irdisches und Überirdisches beliebig zu durchmessen, ist im Gegensatz zu seiner physischen Ohnmacht der Ursprung der menschlichen Tragik ... halb Beflügelter, halb Gefangener.« Treffender ist Schillers Dichterleben nicht zu charakterisieren.

Die Beziehung zwischen Körper und Bewusstsein ist heute wieder eines der spannendsten Themen, an dem Neurowissenschaftler intensiv arbeiten. Es geht ihnen im Grunde immer noch um dasselbe Thema wie zu Schillers Zeiten, nur in weiterentwickelter Form. So besteht die Aufgabe jetzt darin, zu bestimmen, wie zum einen die Gene und Moleküle Bewusstsein und Gefühle formen, und zum anderen, wie Erfahrungen als Muster neuronaler Netzwerke gespeichert werden. Und wie das Gehirn Bewusstsein hervorbringt, ist immer noch ungeklärt.

Schiller, dessen Krankheiten heute vermutlich schnell mit einem Antibiotika-Mix kuriert wären, können wir uns bestens als Wissenschaftler auf dem Gebiet der Neurowissenschaften vorstellen. Wahrscheinlich würde er mit brennendem Interesse der Frage nachgehen, inwieweit unsere Entscheidungen noch »frei« genannt werden können oder ob der Mensch eine unfreie neuronale Maschine ist. Und dies würde ihn sowohl als Wissenschaftler als auch als Dichter interessieren!

IX.
»Der König beschliesst seines
Sohnes Verderben«
Väter und Söhne

Tote Kinder, überlebende Väter

»Kabale und Liebe«

»Vater« – das war früher nicht nur ein gefühlsbesetzter Begriff. Vor allem waren Väter mächtig: Das fing mit Gottvater an, dann kamen der Landesvater und der Familienvater. Die Väter regierten, die Kinder waren Respekt und Gehorsam schuldig. In vornehmen Familien siezten Kinder ihre Väter. Unvorstellbar in heutiger Zeit, wo viele Kinder ihre Eltern beim Vornamen nennen! Nehmen wir zum Beispiel Karl Moor – wie spricht er von seinem Vater? Merkwürdig überhöht: Die Locken des Alten sind ihm »heilig«, sein Anwesen ist ein »Tempel«, der ganze Greis »göttlich«.

Trotzdem war Karl ein rasanter Nestflüchter. Und um Nestflucht geht es bei Schillers Vater-Sohn-Konflikten – um das Erwachsenwerden. Söhne werden groß und verlassen das Haus.

Schiller hatte seine Eltern schon lange verlassen, als er sich im schneereichen Winter 1782 in Bauerbach einquartierte. Wir erinnern uns: Da lebte er auf dem Gut der Henriette von Wolzogen inkognito unter dem Namen »Dr. Ritter«. Das Schreibmaterial besorgte Freund Reinwald auf eigene Kosten: Tinte, Federn, Papier – alles in guter Qualität, worauf der sonst so anspruchslose Schiller großen Wert legte. Bei allem Komfort – Schiller führte ein Eremitendasein. Für einen Mann, der Gespräche und Freundschaft zum Leben brauchte, war es deprimierend. Zum Glück ging es in seiner Fantasie bunt zu, und er schrieb sein Drama »Kabale und Liebe«.

Als »Bürgerliches Trauerspiel« hat Schiller es bezeichnet.

Das war eine Gattung, von der sich das Publikum einiges erwartete. Vorbild war Lessings »Emilia Galotti«, in der eine moralische, bürgerliche Familie durch einen lasterhaften Adligen ins Unglück gestürzt wird. Höfische Lebensformen, Intrigen, Kalkül, Egoismus, sexuelle Gier werden bürgerlichen Tugenden gegenübergestellt. Das Bürgerliche Trauerspiel war ein Erfolgsgenre der Zeit. Schiller hoffte, nach seiner Enttäuschung mit dem »Fiesko« diesmal ein Stück zu präsentieren, das »für das Publikum genießbarer ist«.

Eigentlich war der Begriff »Bürgerliches Trauerspiel« ein Widerspruch in sich. Tragödien waren hohen Standespersonen vorbehalten. In seinen klassischen Stücken »Maria Stuart« und »Die Braut von Messina« hat Schiller sich an diese alte poetische Regel gehalten. Bürgerliche hatten als Hauptpersonen in der Tragödie nichts zu suchen. Komödien, banale Haus- und Straßenszenen und die Niederungen des Alltags waren ihr Revier. »Ständeklausel« hieß die Regel und die ließen sich die immer selbstbewussteren bürgerlichen Dichter nicht mehr gefallen. In der Aufklärung hatte man begonnen, die Standesprivilegien kritisch zu beleuchten, und es wurde auch der neue Dramentyp aus der Wiege gehoben: das »Bürgerliche Trauerspiel«. Ein Akt der Emanzipation; der Bürger war endlich tragödienfähig!

Und hier sind wir genau beim Thema. »Kabale und Liebe« ist ein Drama um ständische Vorurteile, und Schiller stellt sogar Kleinbürger ins Rampenlicht: Luise Miller und ihre Eltern. Miller präsentiert sich gleich zu Beginn als selbstbewusster Bürger mit handfesten Prinzipien:

> Ich werde sprechen zu Seiner Exzellenz: Dero Herr Sohn haben ein Aug auf meine Tochter; meine Tochter ist zu schlecht zu Dero Herrn Sohnes Frau, aber zu Dero Herrn Sohnes Hure ist meine Tochter zu kostbar, und damit basta!

Der Hausvater sieht die Lage realistisch, genauso wie seine Tochter: Aus einer Luise Miller wird keine Frau von Walter. Die Beziehung zwischen Vater Miller und Luise ist auffallend eng. Sie ist so, wie der Zuschauer es von der Herzensgemeinschaft bürgerlicher Familien erwartet. Die Millers wären eine heile Familie – wäre da nicht der bedrohliche Einbruch völlig irrationaler Liebe. Wäre da nicht die ehrgeizige Mutter, die Flausen im Kopf hat und auf ein Happyend – und weitere Geschenke des jungen Barons hofft. Schiller liefert hier keine simple Schwarz-Weiß-Zeichnung, in der die Adligen schlecht und die Bürgerlichen gut dastehen. Luises etwas törichte Mutter will aufsteigen in der sozialen Rangordnung. Nach Schillers Regieanweisung präsentiert sie sich gleich in der ersten Szene Kaffee trinkend – ein Signal für den damaligen Zuschauer: Kaffeetrinken war ein aristokratischer Genuss, den sich nicht jeder leisten konnte. Vater Miller ist anders, er will seine Tochter nicht gegen Geld an einen Adligen verkuppeln. »Stell den vermaledeiten Kaffe ein« – so herrscht er seine Frau kurz darauf an.

Wie stehen die von Walters zueinander? Bei Schiller schrumpfen die Familien zur Kernfamilie, und selbst die ist unvollständig: Bei Ferdinand von Walter fehlt wieder die Mutter. Ferdinand hat seine Liebe zur bürgerlichen Luise verheimlicht, der Vater erfährt von ihr nur über Umwege und unterschätzt sie in zynischer Weise:

> ... daß mein Sohn Gefühl für das Frauenzimmer hat, macht mir Hoffnung, daß ihn die Damen nicht hassen werden. Er kann bei Hof etwas durchsetzen. Das Mädchen ist *schön*, sagt Er, das gefällt mir an meinem Sohn, daß er *Geschmack* hat. Spiegelt er der Närrin solide Absichten vor? Noch besser – so seh ich, daß er *Witz* genug hat, in seinen Beutel zu lügen. Er kann *Präsident* werden. Setzt er es noch dazu durch? Herrlich! das zeigt mir an, daß er *Glück* hat. – Schließt sich die Farce mit einem gesunden Enkel – Unvergleichlich! so trink ich auf die guten Aspekten meines Stammbaums eine Bouteille Malaga mehr, und bezahle die Skortationsstrafe für seine Dirne.

Für Präsident von Walter ist die Beziehung zwischen Ferdinand und dem Mädchen eine »Farce«, eine amüsante Komödie, in der sein Sohn Heiratsabsichten vortäuscht und nur sexuellen Spaß will. Auf den baldigen Enkel trinkt er eine gute Flasche Wein, die Hurenstrafe ist das Vergnügen allemal wert. Wer so raffiniert ein Mädchen herumkriegt – denkt er sich –, hat die besten Chancen, auf dem höfischen Parkett Karriere zu machen. Darin kennt er sich selbst nur allzu gut aus, denn um Präsident zu werden, ist er buchstäblich über Leichen gegangen. – Vorbild für diese Figur war möglicherweise ein bekannter württembergischer Minister, der seinen Vorgänger mit einer gezielten Intrige beiseite geräumt hatte. Kein Wunder, dass Schiller immer wieder in die Situation kam, seine Stücke umschreiben und politisch entschärfen zu müssen, wenn er solche deutlichen Fährten legte!

Zeitgenössische Illustration von Daniel Chodowiecki.

Miller und Präsident von Walter haben höchst unterschiedliche Beziehungen zu ihren Kindern: Der adlige Vater findet keinen gemeinsamen Nenner mit seinem Sohn. Er weiß nicht, was Ferdinand sich wünscht, was in ihm vorgeht, und er plant, ihn zur Absicherung seiner Karriere mit Lady Milford, der Geliebten des Fürsten, zu verheiraten. Es stört ihn empfindlich, dass Ferdinand auf seiner Liebe zum Bürgersmädchen besteht, und er inspiziert wütend Wohnort und Freundin seines Sohnes:

PRÄSIDENT. (...) Wie lang kennt Sie den Sohn des Präsidenten?

LUISE. Diesem habe ich nie nachgefragt. Ferdinand von Walter besucht mich seit dem November.

FERDINAND. Betet sie an.

PRÄSIDENT. Erhielt Sie Versicherungen?

FERDINAND. Vor wenigen Augenblicken die feierlichste im Angesicht Gottes.

PRÄSIDENT *(zornig zu seinem Sohn)*. Zur Beichte *deiner* Torheit wird man dir schon das Zeichen geben. *(Zu Luisen)* Ich warte auf Antwort.

LUISE. Er schwur mir Liebe.

FERDINAND. Und wird sie halten.

PRÄSIDENT. Muß ich befehlen, daß du schweigst? – Nahm *Sie* den Schwur an?

LUISE *(zärtlich)*. Ich erwiderte ihn.

FERDINAND *(mit fester Stimme)*. Der Bund ist geschlossen.

PRÄSIDENT. Ich werde das Echo hinauswerfen lassen. *(Boshaft zu Luisen)* Aber er bezahlte Sie doch jederzeit bar?

LUISE *(aufmerksam)*. Diese Frage verstehe ich nicht ganz.

PRÄSIDENT *(mit beißendem Lachen)*. Nicht? Nun! ich meine nur – Jedes Handwerk hat, wie man sagt, seinen goldenen Boden – auch *Sie*, hoff ich, wird Ihre Gunst nicht verschenkt haben – oder wars Ihr vielleicht mit dem bloßen *Verschluß* gedient? Wie?

FERDINAND *(fährt wie rasend auf)*. Hölle! was war das?

LUISE *(zum Major mit Würde und Unwillen)*. Herr von Walter, jetzt sind Sie frei.

FERDINAND. Vater! *Ehrfurcht* befiehlt die Tugend auch im Bettlerkleid.

PRÄSIDENT *(lacht lauter)*. Eine lustige Zumutung! Der Vater soll die *Hure* des Sohns respektieren.

LUISE *(stürzt nieder)*. O Himmel und Erde!

FERDINAND *(mit Luisen zu gleicher Zeit, indem er den Degen nach dem Präsidenten zückt, den er aber schnell wieder sinken läßt)*. Vater! Sie hatten einmal ein Leben an mich zu fordern – Es ist bezahlt. *(Den Degen einsteckend)* Der Schuldbrief der kindlichen Pflicht liegt zerrissen da –

Als der Baron Luise als Hure beschimpft, reagiert sie wie viele Frauen in der damaligen Literatur – sie stürzt zu Boden. Ohnmächtig wahrscheinlich, denn Ohnmachten waren verbreitet und beliebt als Ausdruck weiblicher Schwäche. Diese hatte einen ganz handfesten Grund: Wer ohne Rücksicht auf die Organe zur Wespentaille geschnürt war – und das waren die jungen Mädchen, die auf sich hielten –, den warf natürlich schnell etwas um. Mit Ohnmachten war also immer zu rechnen und Luise erfüllt genau diese Erwartung. Ferdinand zieht nach männlich-höfischem Verhaltenskodex den Degen. Ein Duell in einer Ehrensache war ja nicht ungewöhnlich, aber ein Duell mit dem Vater sicher schockierend. Das ist einer der Höhepunkte in Ferdinands Rebellion gegen seinen Vater. Jetzt schäumt der Präsident vor Wut:

Vater ins Zuchthaus – an den Pranger Mutter und Metze von Tochter! – Die Gerechtigkeit soll meiner Wut ihre Arme borgen. Für diesen Schimpf muß ich schreckliche Genugtuung haben – Ein solches Gesindel sollte meine Plane zerschlagen, und ungestraft Vater und Sohn aneinander hetzen?

Der Präsident missbraucht seine Macht, um sich an den Millers zu rächen und um seine Interessen durchzusetzen, die die weitere Zukunft seines Sohnes betreffen. Machtmissbrauch der Vatergestalten wird bei Schiller immer wieder thematisiert, in »Kabale und Liebe« auf mehreren Ebenen. Der Fürst in diesem Drama, also der »Landesvater«, der allerdings nie auf der Bühne erscheint, macht sich in höchstem Maße schuldig: Um Brillanten für seine Geliebte zu bezahlen, verkauft er 7000 seiner »Landeskinder« als Soldaten nach Amerika. Auch das ist von Schiller nicht frei erfunden: Deutsche Fürsten haben tatsächlich ihre leeren Kassen aufgebessert, indem sie junge Männer ihres Landes an Krieg führende Nationen verkauften oder »vermieteten«. Herzog Karl Eugen mischte wieder in solchen Geschäften mit und hat während des Siebenjährigen Krieges 12 000 Männer an Frankreich verkauft.

Wie geht es weiter in »Kabale und Liebe«? Präsident von Walter setzt nicht alle seine Drohungen durch. Ferdinand zieht seinen letzten Trumpf aus dem Ärmel: Er droht dem Vater, ihn bei Hof als Mörder zu entlarven. Hier kommt es zum totalen Vertrauensbruch zwischen den beiden. Die Liebe zu Luise sprengt die Vater-Sohn-Bindung. Auch für den Präsidenten ein schwerer Schlag! Bei allen schlechten und typisch »höfischen« Charaktereigenschaften trägt er auch menschliche Züge: Seinen Aufstieg bei Hof hat er nicht nur für sich, sondern auch für Ferdinand erzwungen, weil er in seinem Sinne das Beste für den einzigen Sohn wollte. Der Präsident endet als unglücklicher »zerschmetterter Vater«.

Sprengstoff auch in Millers guter Stube: Luise will sich umbringen und unterlässt es nur ihrem Vater zuliebe. Der übt starken Druck auf sie aus:

> Du siehst, mein Haar fängt an, grau zu werden. Die Zeit meldet sich allgemach bei mir, wo uns Vätern die Kapitale zustatten kommen, die wir im Herzen unsrer Kinder anlegten – Wirst du mich darum betrügen, Luise?

Vaterliebe als Vermögensanlage: Die Tochter soll die Liebe vergüten, die er als »Kapital« in sie investiert hat. Sein »graues« Alter fordert Pflege und Fürsorge, und dafür ist das Mädchen zuständig.

Ferdinand fällt auf eine groß angelegte Intrige seines Vaters herein. Er verdächtigt Luise fälschlich, sich mit einem anderen eingelassen zu haben. Das passiert gerade ihm, der sich noch zu Beginn des Dramas damit brüstete, jeden Gedanken auf ihrem Gesicht lesen und durch ihre »Seele wie durch das klare Wasser« schauen zu können! Dann vergiftet er sie und sich selbst, überzeugt sich zu spät von Luises Unschuld und nutzt seine letzten Sekunden, um einen Teil seiner Schuld auf den Vater abzuwälzen:

> In wenig Worten, Vater – sie fangen an, mir kostbar zu werden – Ich bin bübisch um mein Leben bestohlen, bestohlen durch *Sie.* Wie ich mit Gott stehe, zittre ich – doch ein Bösewicht bin ich niemals gewesen. Mein ewiges Los falle, wie es will – auf *Sie* fall es nicht – Aber ich hab einen Mord begangen *(mit furchtbar erhobener Stimme)* einen Mord, den *du* mir nicht zumuten wirst, *allein* vor den Richter der Welt hinzuschleppen, feierlich wälz ich dir hier die größte, gräßlichste Hälfte zu, wie du damit zurechtkommen magst, siehe du selber! *(Zu Luisen ihn hinführend)* Hier, Barbar! weide dich an der entsetzlichen Frucht deines Witzes, auf dieses Gesicht ist mit Verzerrungen dein Name geschrieben, und die Würgengel werden ihn lesen …

Eine private Affäre, die auch eine politische ist, wird jetzt öffentlich. Darum wird Millers Stube jetzt auch so voll mit den Dienern des Präsidenten und dem so genannten »Volk«, das auf einmal hereindringt. Die jungen Liebenden sind zwar tot, aber ihr Tod bleibt nicht ungesühnt. Es gibt hier keine Adelsprivilegien und keine korrupte Macht mehr: Der Präsident muss sich dem Mord am Vorgänger stellen und mit Gerichtsdienern abgehen. Es gibt auch keinen formellen Respekt mehr vor dem Vater: Ferdinand wechselt in seinen Abschiedsworten vom »Sie« zum »Du«. Immerhin verzeiht er ihm noch, als er im Sterben liegt.

In »Kabale und Liebe« gibt es keine ideale Familie. Die Institution »Familie« erscheint in äußerst düsterem Licht. Dass es auf der höfisch-adeligen Seite nicht klappt, erstaunt nicht weiter. Der Hof galt ja als Bühne der Gefühlskalten und Intriganten mit Prunk, Verschwendung und erotischer Ausschweifung. Hier war kein Platz für Gefühle wie die Liebe zwischen Eltern und Kindern. Umso mehr bei den Bürgerlichen: Auf solche Werte bauten sie ihre Gegenwelt zum höfischen Adel. Gegen ihn grenzten sie sich mit »Tugenden« ab. In einer guten bürgerlichen Familie sollte sich eine Generation auf die andere stützen, hier sollte so etwas wie ein Generationenvertrag Eltern, Kinder und Kindeskinder aneinander schmieden.

Aber auch in der Bürgersfamilie gibt es nicht nur Sonnenschein: Millers Haus ist nicht das liebevolle Nest mit Vater, Mutter, Kind – mit Sparsamkeit, Arbeitseifer und gottgefälligem Triebverzicht. Mann und Frau kriegen sich ständig in die Haare. Die Frau ist kein tüchtiges, bescheidenes Hausmütterchen, das auf seine Tochter aufpasst. Sie drückt eher ein Auge zu, wenn der reiche Verehrer ins Haus kommt. Auch Vater Miller hat eigennützige Pläne: Er will zwar keinen Adligen, aber doch einen wohlgeratenen Schwiegersohn, der ihm Kunden ins Haus lockt. Und seine Liebe zur Tochter ist so Besitz ergreifend, dass sie davon erdrückt wird.

»Kabale und Liebe« ist ein bürgerliches Trauerspiel, das zwar Kritik am Hof übt und das tragische Ende durch den Standeskonflikt beider Liebenden herbeiführt. Aber auch im Mittelstand werden Mängel bloßgelegt. Wenn man an Lessings »Emilia Galotti« denkt – da stoßen beide Stände noch ganz anders zusammen: Der alles unterdrückende Adel hat eine moralische bürgerliche Familie auf dem Gewissen. Schiller gibt den Figuren beider Stände mehr Schattierungen. Und was die Väter betrifft: Ob Präsident oder Musikus – beide machen absolute Anrechte auf ihre Kinder geltend, allerdings auf völlig unterschiedliche Art! Beide Kinder versuchen auszubrechen und enden dabei tödlich.

»Lieber Schiller«, so urteilte Charlotte von Kalb über den »Don Karlos«, »das ist das allerschlechteste was sie noch gemacht haben.« Als sie ihm das sagte, hatte Schiller ihr gerade aus dem ersten Akt vorgelesen. Schiller warf wütend die Blätter auf den Tisch und rannte davon.

Charlotte von Kalb nahm ihr Urteil wieder zurück, als sie den ersten Akt selbst gelesen hatte: Denn nicht das Drama war schlecht, sondern Schillers Vortragsstil. Der allerdings war berüchtigt. Wenn Charlotte ihn als »stürmisch« und »heftig« beschrieb, so war das noch diplomatisch ausgedrückt. Mit seiner Vortragsweise hatte Schiller sich schon so manche Chance verdorben. Er sprach übertrieben laut und pathetisch und dazu noch mit schwäbischem Dialekt. Zumindest in dieser Hinsicht warb er nicht gut für seine eigenen Werke.

Beim Treffen mit Charlotte von Kalb im Herbst 1784 hatte Schiller gerade einen Teil des ersten Aktes fertig. Es dauerte noch lange, bis er das Drama ganz zu Ende brachte. Der Schnellschreiber Schiller, der zwei bis drei Dramen pro Jahr plante, Balladen serienmäßig schrieb und forderte, man müsse seine Muse »kommandieren« können, fiel immer wieder in ein Arbeitstief. Dann hing er richtig durch, saß in seinem Zimmer wie Hunderte andere auch, die keine berühmten Schriftsteller sind und etwas zu Papier bringen müssen: deprimiert, lustlos und vor allem einfallslos. Beim »Don Karlos« ist das immer wieder passiert. Das Drama beschäftigte ihn fünf Jahre bis zur Uraufführung 1787.

In der Auseinandersetzung mit diesem Stück wurde Schiller zum »klassischen« Dichter. Begonnen hatte er das Werk in Prosa – zuletzt stand es da im Blankvers. So nennt man den reimlosen Vers im fünfhebigen Jambus, den schon Shakespeare in seinen Dramen verwendet hatte. Als man im 18. Jahrhundert Shakespeare wieder neu entdeckte und vol-

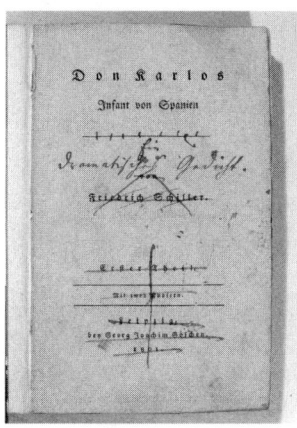

Druckvorlage für die »Theater«-Ausgabe von 1805.

ler Begeisterung als großes Genie anerkannte, wurden in Deutschland die klassischen Dramen im Blankvers geschrieben. Der »Don Karlos« leitet mit seiner Verwendung dieses Versmaßes schon zu Schillers nachfolgenden historischen Dramen über, zu »Wallenstein« und »Maria Stuart«. Inhaltlich steht er noch den rebellischen Jugenddramen nahe, ähnlich wie in den »Räubern«, dem »Fiesko« und »Kabale und Liebe« wird hier Tyrannen der Kampf angesagt.

Worum geht es überhaupt? Um Freundschaft, davon haben wir schon gehört. Und um Familienbeziehungen, aber ganz anders als in »Kabale und Liebe«: diesmal in einem »fürstlichen Hauße« und im fernen Spanien des 16. Jahrhunderts. Es ist die düstere Welt der Inquisition, der Verfolgung von Ungläubigen und Ketzern, des religiösen Eifers und der Blutgerichte. Davon hört man zunächst nur am Rande. Kirchen- und Kriegsgeschäfte ruhen, der Hofstaat macht Ferien. Jetzt sind die »schönen Tage in Aranjuez (...) zu Ende« und die Probleme immer noch da: Philipp II., König von Spanien, hatte seinem Sohn die Braut weggeschnappt und selbst geheiratet. Eifersucht untergräbt ihre Beziehung, der Vater lässt Sohn und Ehefrau bespitzeln. Macht und

Staatsräson decken die menschlichen Konflikte zu, aber unter der Oberfläche brodelt es. Vater und Sohn sind Rivalen auf Leben und Tod: Da denkt man gleich an Ödipus, den tragischen Helden aus der griechischen Mythologie, der zum Mörder seines Vaters und zum Ehemann seiner Mutter wurde. Sigmund Freud hat nach ihm den »Ödipuskomplex« benannt. Auch Don Karlos begehrt die Stiefmutter:

> KARLOS. Sie waren mein – im Angesicht der Welt
> (...) und Philipp, Philipp hat mir Sie geraubt –
> KÖNIGIN. Er ist Ihr Vater.
> KARLOS.   Ihr Gemahl.
> KÖNIGIN.   Der Ihnen
> Das größte Reich der Welt zum Erbe gibt.
> KARLOS. Und *Sie* zur Mutter –
> KÖNIGIN.   Großer Gott! Sie rasen –
> KARLOS. Und weiß er auch, wie reich er ist? Hat er
> Ein fühlend Herz, das Ihrige zu schätzen?
> Ich will nicht klagen, nein, ich will vergessen,
> Wie unaussprechlich glücklich *ich* an Ihrer Hand
> Geworden wäre ...

Don Karlos ist unglücklich, seine leibliche Mutter starb bei der Geburt, die Braut wurde vom Vater geheiratet und der Vater liebt ihn nicht. Wie in den frühen Dramen Schillers – in den »Räubern«, im »Fiesko«, in »Kabale und Liebe« – ist auch im »Don Karlos« die Familie eine brüchige Institution. Vielleicht sehnen sich die Jugendlichen wie Karl Moor und Don Karlos deshalb so nach Freundschaft? Doch zurück zu ihm, der noch als 23-Jähriger heftig um die Liebe des Vaters wirbt:

> Ich will Sie kindlich, will Sie feurig lieben,
> Nur hassen Sie mich nicht mehr. – Wie entzückend
> Und süß ist es, in einer schönen Seele
> Verherrlicht uns zu fühlen, es zu wissen,
> Daß unsre Freude fremde Wangen rötet,

Daß unsre Angst in fremden Busen zittert,
Daß unsre Leiden fremde Augen wässern! –
Wie schön ist es und herrlich, Hand in Hand
Mit einem teuern, vielgeliebten Sohn
Der Jugend Rosenbahn zurückzueilen,
Des Lebens Traum noch einmal durchzuträumen!

Eine weit gemäßigtere Sprache als in Schillers Jugenddramen! Die Helden Moor und Ferdinand haben noch ganz andere Töne angeschlagen, wenn sie ins Schwärmen gerieten. Doch am strengen Philipp II. geht auch diese gebändigte Begeisterung vorbei. Er verfügt natürlich auch nicht über die »schöne Seele«, die zu Schillers Zeit so etwas wie »modern« war, und antwortet kühl: »Zu heftig braust das Blut in deinen Adern.« Eine Ohrfeige auf den Herzenserguss des Sohnes!

Philipp hat seine eigenen Probleme. Dem mächtigsten Mann der Welt macht in seiner Ehe das Altersgefälle zu schaffen. Er ist kein weltgewandter, grau melierter Grande, der die Lage souverän beherrscht. Wenn er zurückdenkt an die erste Begegnung mit der jungen Braut, erinnert er sich an ihren »Blick des Schreckens«, der auf seine grauen Haare fiel. »Geisterbleich« sei Elisabeth geworden.

Vielleicht hätte er sie färben sollen? Oder pudern, so wie Schiller es in der Militär-Pflanzschule tun musste, besonders sorgfältig sogar, weil er rötlich blond war und Herzog Karl Eugen rote Haare nicht ausstehen konnte. Aber bei Philipp geht es ernst und gesetzt zu, und er reagiert genau so, wie er es als Staatsmann gewohnt ist: An sich ändert er nichts, und seine Frau bringt er gewaltsam unter Kontrolle. Er verfolgt sie auf Schritt und Tritt. Am meisten misstraut er seinem Sohn. »Don Karl fängt an, mir fürchterlich zu werden«, sagt er selbst. Und dann heißt es schlicht: »Der König beschließt seines Sohnes Verderben.« Die familiäre Katastrophe nimmt ihren Anfang.

Karlos hat mit seinem Vater wenig Ähnlichkeit. Mit ihm steht wieder ein Rebell im Rampenlicht. Er will die flandrischen Provinzen befreien, die Spanien blutig unterdrückt: Ein politisches Thema, das ihn wieder mit Elisabeth verbindet, die Ansichten dieser im liberalen Frankreich erzogenen jungen Frau passen überhaupt nicht an den strengen spanischen Hof. Philipp II. misstraut ihnen nicht zu Unrecht, wenn er es auch bald übertreibt, einen richtigen Verfolgungswahn entwickelt und fürchtet, dass sein Sohn ihn umbringen wird. Schnell kommt es zum Streit. Eine entscheidende Rolle spielt dabei die schöne und rachsüchtige Prinzessin Eboli. Die Eboli liebt Karlos, Karlos liebt bekanntlich die Königin, und die Eboli wird von Philipp II. geliebt. Auch hier also konkurriert der Vater mit dem Sohn. Keine Dreiecksbeziehung, sondern sogar eine Vierecksbeziehung, und überall steht der Vater im Schatten des Sohnes. Philipp versteigt sich in Wahnvorstellungen. Für ihn steht fest, dass Karlos und Elisabeth ein Verhältnis haben, und er droht seiner Frau mit Hinrichtung.

Merkwürdig, dass hier keine einzige Beziehung »funktioniert«! Allesamt sind sie unterhöhlt, niemand hat Vertrauen zum anderen. Trotzdem ist Schillers Beziehungsskepsis nicht so wahrgenommen worden wie seine Idealisierung des Familienglücks. Besonders im 19. Jahrhundert begeisterten sich die Leser für Schiller als Dichter bürgerlicher Familienidylle. Mit seinem »Lied von der Glocke« hat er wohl alle anderen Eindrücke gelöscht.

Der unglückliche Ehemann und Vater, der mächtige Souverän Philipp II., ist hilflos. Gefühlen kann er nicht befehlen. Aus Schwäche droht er mit Gewalt. Übrigens: Karlos hat kein Verhältnis mit der Stiefmutter. Die ist viel zu edel und Karlos so unschuldig wie frisch gefallener Schnee. Der Kuss, den er der Eboli zur Versöhnung geschenkt hat, ist »der erste seines Lebens« – so erläutert Schiller es in seinen Briefen zu »Don Karlos«. Gegen Ende des Dramas lässt Philipp seinen

Machtapparat auffahren: Karlos ist verhaftet, sein Freund Posa erschossen. Doch der König probiert noch einmal, sich zu versöhnen:

> Komm in die Arme deines Vaters.
> KARLOS *(empfängt ohne Bewußtsein die Arme des Königs – besinnt sich aber plötzlich, hält inne und sieht ihn genauer an).*
> Dein
> Geruch ist Mord. Ich kann dich nicht umarmen.
> *(Er stößt ihn zurück, alle Granden kommen in Bewegung)*
> Nein! Steht nicht so betroffen da! Was hab
> Ich Ungeheures denn getan? Des Himmels
> Gesalbten angetastet? Fürchtet nichts.
> Ich lege keine Hand an ihn. Seht ihr
> Das Brandmal nicht an seiner Stirne? Gott
> Hat ihn gezeichnet.
> KÖNIG *(bricht schnell auf).*
> Folgt mir, meine Granden.
> KARLOS. Wohin? Nicht von der Stelle, Sire –
> *(Er hält ihn gewaltsam mit beiden Händen und bekommt mit der einen das Schwert zu fassen, das der König mitgebracht hat. Es fährt aus der Scheide)*
> KÖNIG.   Das Schwert
> Gezückt auf deinen Vater?
> ALLE ANWESENDEN GRANDEN *(ziehen die ihrigen).*
> Königsmord!
> KARLOS *(den König fest an der einen Hand, das bloße Schwert in der andern).* Steckt eure Schwerter ein. Was wollt ihr? Glaubt
> Ihr, ich sei rasend? Nein, ich bin nicht rasend.
> (. . .) Was ich
> Mit diesem König abzumachen habe,
> Geht euern Leheneid nichts an. Seht nur,
> Wie seine Finger bluten! Seht ihn recht an!
> Seht ihr? O seht auch hieher – *Das* hat er
> Getan, der große Künstler!
> KÖNIG *(zu den Granden, welche sich besorgt um ihn herumdrängen wollen).*
> Tretet alle
> Zurück. Wovor erzittert ihr? – Sind wir
> Nicht Sohn und Vater? Ich will doch erwarten,

Zu welcher Schandtat die Natur –
KARLOS.   Natur?
Ich weiß von keiner. Mord ist jetzt die Losung.
Der Menschheit Bande sind entzwei. Du selbst
Hast sie zerrissen, Sire . . .

Wahrscheinlich ist schon zu viel Schreckliches passiert, als
dass man diesem Gespräch noch eine Chance hätte geben
können. Karlos lehnt den Vater kategorisch ab: »Was ist /
Mir jetzt das Leben? Hier entsag ich allem, / Was mich auf
dieser Welt erwartet. Suchen / Sie unter Fremdlingen sich
einen Sohn –«

Karlos kündigt seine Sohnesbeziehung auf. Der König
holt sich Rat – auch bei einer Vatergestalt, aber einer noch
viel kälteren: dem Großinquisitor – einem Mann, der keine
menschlichen Bindungen in dieser Welt kennt und dessen
Augen »erloschen« sind. Er fordert den Kopf des Rebellen
Karlos. König Philipp, der ohnehin ein gestörtes Verhältnis
zu seinen Gefühlen hat, der zwischen großer Gefühlskon-
trolle und leidenschaftlichen Einbildungen schwankt, fragt
noch einmal matt nach: »Ich frevle / An der Natur – auch
diese mächtge Stimme / Willst du zum Schweigen bringen?«
Der Großinquisitor ist um eine Antwort nicht verlegen:
»Vor dem Glauben / Gilt keine Stimme der Natur.«

Familienbande und Menschenrechte sind hier im Konflikt mit dem, was diktatorisch als »Glauben« bezeichnet
wird. Übrigens waren die Inquisitionsszenen im »Don Karlos« wieder äußerst zensurgefährdet, weil die katholische
Kirche hier ziemlich düster geschildert ist.

In düsterem Licht erscheint auch alles, was mit Macht zu
tun hat. Der Vater missbraucht seine Macht über den Sohn
genauso, wie er als König die Macht über seine Provinzen
missbraucht. Vielleicht vertuscht er auch nur seine persönliche Unsicherheit mit Machtdemonstrationen. Wie dem
auch sei – er nutzt seine Position, um seinen Sohn zum

»Opfer« zu machen, und liefert Karlos tatsächlich der Inquisition aus: »Kardinal, ich habe / Das Meinige getan. Tun Sie das Ihre.«

Die Vater-Sohn-Beziehung, die Schiller hier entwirft, ist wirklich unheimlich! Man kann Philipp nur noch zugute halten, dass er selbst ein Opfer von Täuschungen und Einbildungen ist, dass er nicht zu Unrecht misstrauisch ist in diesem gefährlich unehrlichen höfischen Klima. Der Vater als Herrscher über Leben und Tod: Es gibt keine Nestwärme, keine Liebe und keinen Verlass. Zwar schüttelt es Vater und Sohn zwischendurch immer wieder und sie sehnen sich nach Nähe, von der »Stimme der Natur« sprechen sie dann, aber die hören sie immer nur ganz kurz. Philipp liefert sein eigen Fleisch und Blut einem martervollen Tode aus.

Zugleich hat die Vater-Sohn-Beziehung in diesem Stück eine politische Dimension. Die Vatergestalten Philipp und der Großinquisitor stehen für die alte gesellschaftliche Ordnung. Die Ablösung des Sohnes vom Vater bedeutet zusätzlich eine Ablösung vom alten politischen System. Wir haben hier also einen mehrschichtigen Generationenkonflikt. Don Karlos kann nicht ausbrechen aus der patriarchalischen Ordnung. Er stirbt, der Vater überlebt und mit ihm das konservative Regime.

Man versteht eigentlich nicht, warum der freiheitsliebende Schiller so am Hergebrachten festhält. Warum überleben in seinen Dramen die Väter? Warum sterben die Söhne? Warum siegt das offensichtlich Überholte, das absolutistische Unterdrückungssystem? Und warum ist die Vaterbindung bei Schillers Söhnen so groß?

Man möchte Schiller Mut machen, zu seinen eigenen Rebellen zu stehen! Ein kleiner Trost: Die berühmten Anfangsworte dieses Dramas – »Die schönen Tage in Aranjuez / Sind nun zu Ende« – kann man im übertragenen Sinn verstehen. Auch die monarchisch-klerikale Macht ist bald zu Ende. Es ist höchste Zeit für etwas Neues. Die Väter in diesem Drama Schillers überleben nur knapp und die alte Macht ist in den Grundfesten erschüttert.

»Wallenstein«

Auch im »Wallenstein« bestimmen die Väter das Schicksal ihrer Kinder. Die Kinder – das sind Max, Sohn des Generalleutnants Piccolomini, und Thekla, die Tochter Wallensteins. Sie dürfen sich nicht lieben. Thekla soll nicht nur einfach unter die Haube, sondern unter eine Krone – das steht für Wallenstein fest. Und Max soll seinen Vater politisch und militärisch unterstützen.

In dieser Welt des Kriegs, des Kalküls, in der sich das Rad der Fortuna dreht und dreht und niemand weiß, ob er sich gerade im Aufschwung oder im Abschwung befindet, zeigt das Liebespaar Beständigkeit und Treue. Ihre Familien sind in der Krise. Kein Generationenvertrag, sondern nur Generationenkonflikte. Max und Thekla steigen aus bei diesem Spiel um Macht und Reichtum. Max, mit Octavio Piccolomini als leiblichem und Wallenstein als geistigem Vater, gerät zwischen die Fronten: Jeder will ihn in seine Richtung ziehen, keinem macht er es recht. Octavio will ihn für seine Intrige gegen Wallenstein gewinnen:

> OCTAVIO *(nähert sich ihm).*
> Ich reise ab, mein Sohn.
> *(Da er keine Antwort erhält, faßt er ihn bei der Hand)*
> Mein Sohn, leb wohl!
> MAX. Leb wohl!
> OCTAVIO. Du folgst mir doch bald nach?
> MAX *(ohne ihn anzusehen).* Ich dir?
> Dein Weg ist krumm, er ist der meine nicht.

In dieser Aussprache kommt es zum Bruch. Vater und Sohn fallen sich zwar noch einmal in die Arme, aber Octavio mit der Gewissheit, »keinen Sohn mehr« zu haben. Auch mit Wallenstein wird es kompliziert, sobald heraus ist, dass Max und Thekla sich insgeheim lieben. So sehr Wallenstein den jungen Max mag – als Schwiegersohn akzeptiert er ihn bei weitem nicht. Die Tochter, sein größtes Kapital, will er nicht verschwenden, hier hört die Freundschaft auf:

> ... Und ich sollte nun
> Wie ein weichherzger Vater, was sich gern hat
> Und liebt, fein bürgerlich zusammengeben?
> Und jetzt soll ich das tun, jetzt eben, da ich
> Auf mein vollendet Werk den Kranz will setzen –
> Nein, sie ist mir ein langgespartes Kleinod,
> Die höchste, letzte Münze meines Schatzes,
> Nicht niedriger fürwahr gedenk ich sie
> Als um ein Königsszepter loszuschlagen –

Die Tochter sieht er verdinglicht als »Münze« seines Schatzes – und das Vermögen will er mit ihr mehren. Wieder ein Vater, der sein Kind benutzt! Aber Wallenstein hat auch liebenswerte Seiten – eigentlich ist er ständig hin und her gerissen: Immer wieder schart er liebevoll die Seinen um sich, und dann schlägt wieder der kalkulierende Machtmensch durch. Tochter Thekla kennt ihn, sie schätzt ihren Vater realistisch ein und weiß, dass er in seiner Entscheidung hart bleiben wird. Wie viele Mädchen in Schillers Dramen, wie Luise in »Kabale und Liebe« und Amalia in den »Räubern«, erkennt sie die Situation klarsichtig und kann sich nur nicht aus ihr befreien. Ihrer Liebe zu Max gibt sie keine Zukunft:

> Uns trennt das Schicksal, unsre Herzen bleiben einig.
> Ein blutger Haß entzweit auf ewge Tage
> Die Häuser Friedland, Piccolomini,
> Doch wir gehören nicht zu unserm Hause.

(. . .)
Auf unserm Haupte liegt der Fluch des Himmels,
Es ist dem Untergang geweiht. Auch mich
Wird meines Vaters Schuld mit ins Verderben
Hinabziehn. Traure nicht um mich, mein Schicksal
Wird bald entschieden sein. –

Prophetische Töne von diesem jungen Mädchen! Liebende,
die nur im Tod zueinander finden, zwei verfeindete »Häu-
ser«: Das klingt ganz nach »Romeo und Julia«. Shakespeare,
den Schiller nach Bericht seines Lehrers schon als Schüler
regelrecht verschlungen hat, dürfte für diese Sätze Pate gestanden haben.

Im »Wallenstein« kommt es zu weiteren Abschiedsszenen.
Dramatisch trennt sich der Feldherr von Max. Wallenstein
kann es nicht unterlassen, auch in dieser letzten Begegnung
den Machtmenschen zu spielen. Er übt Druck auf den Jungen aus oder versucht es zumindest. Eigenartig, wo er Max
doch eigentlich wie einen Sohn liebt.

Wie kam Schiller dazu, die Väter so negativ zu zeichnen?
Warum gibt es in seinen Dramen keine netten Väter und
keine intakten Familien – Wilhelm Tell einmal ausgenommen? Vielleicht, weil Schiller es selbst nicht anders erlebt
hat. Sein eigener Vater soll despotisch gewesen sein. Wie
die Mutter erzählt, hat er seine Interessen rücksichtslos auf
Kosten der Familie durchgesetzt: »sein Betragen ist schon
viele jahre gegen den seunige sehr gleich giltig und ist
emmer mehr auf seine Leidenschafften und Begierden
durch zu treiben was er sich in Kopf gesezt, als auf der
seinigen Wohl bedacht . . .« – so klagt die gut 60-Jährige
ihrem erwachsenen Sohn. Übrigens nur ein einziges Mal.
Vermutlich hat sie sonst stumm gelitten, vermutlich hatte
früher die ganze Familie unter dem Vater gelitten, und
Schiller brauchte sich für seine Dramen nur an einige unselige Familienszenen zu erinnern.

Doch weiter mit der komplexen Figur Wallenstein! Er streitet sich mit Max. Der Feldherr wirft in die Waagschale, dass Octavio, der Vater von Max, ihn verraten habe – als Geisel könnte er ihn nehmen, erpressen könnte er ihn damit! Aber er erreicht Max nicht mehr mit solchen irdischen Drohungen. Der hat jede Hoffnung auf Thekla verloren und schon so mit seinem Leben abgeschlossen, dass er nur noch müde abwinkt:

> Du wirst mit mir verfahren, wie du Macht hast.
> Wohl aber weißt du, daß ich deinem Zorn
> Nicht trotze, noch ihn fürchte. Was mich hier
> Zurückhält, weißt du!
> *(Thekla bei der Hand fassend)*
> *Sieh!* Alles – alles wollt ich dir verdanken,
> Das Los der Seligen wollt ich empfangen
> Aus deiner väterlichen Hand. Du hasts
> Zerstört, doch daran liegt dir nichts. Gleichgültig
> Trittst du das Glück der Deinen in den Staub …

Noch einmal schwenkt Wallenstein um, diesmal ins Menschlich-Warmherzige, fast Sentimentale. Auch dieser Despot ist von Schiller nicht eindimensional angelegt:

> Sieh, als man dich im Pragschen Winterlager
> Ins Zelt mir brachte, einen zarten Knaben,
> Des deutschen Winters ungewohnt, die Hand
> War dir erstarrt an der gewichtigen Fahne,
> Du wolltest männlich sie nicht lassen, damals nahm ich
> Dich auf, bedeckte dich mit meinem Mantel,
> Ich selbst war deine Wärterin (…)
> Ich hab viele Tausend reich gemacht,
> (…) – dich hab ich *geliebt,*
> Mein Herz, mich selber hab ich dir gegeben.
> Sie alle waren Fremdlinge, *du* warst
> Das Kind des Hauses – Max! du kannst mich nicht verlassen!

Zu spät! Max führt in einer Art Selbstmordkommando sein Regiment in die Schlacht: »Wer mit mir geht, der sei bereit zu sterben!« So sympathisch der Junge sonst ist, so problematisch ist er in dieser Rolle. Wer darf schon das Leben anderer aufs Spiel setzen, nur weil er selbst vor Liebeskummer lebensmüde ist? Das erinnert an den sonst ganz anders gestalteten Karl Moor, der auch aus persönlichem Kummer seinem Leben eine Wende gibt und viele andere in seinen Untergang mitreißt. Ähnlich bei Max – auch das ist eine Art Machtmissbrauch, dieses Mal vonseiten des jungen Sympathieträgers. Im Drama nimmt ihm das keiner übel, aber als Leser des 21. Jahrhunderts sieht man es kritisch, wenn Soldaten ihrem Anführer blindlings ins Unglück folgen. Alle sterben, einschließlich Max Piccolomini selbst, von dem genau berichtet wird, wie es passiert: Er stürzt vom Pferd und die ganze Reiterei jagt über ihn hinweg – für Thekla Anlass zu ihrer berühmten melancholischen Klage:

> – Da kommt das Schicksal – Roh und kalt
> Faßt es des Freundes zärtliche Gestalt
> Und wirft ihn unter den Hufschlag seiner Pferde –
> – Das ist das Los des Schönen auf der Erde!

Max ist nicht nur der Geliebte, er ist noch viel mehr. Die beiden Jugendlichen Max und Thekla symbolisieren das Gute und Schöne in diesem Drama. Aber auf dem gigantischen Kriegsschauplatz gibt es keinen Nährboden für Liebe und schöne Seelen. Geradlinigkeit und Idealismus haben keine Chance. Darum sucht auch Thekla den Tod und bricht im Schutz der Nacht auf, um am Grab des Geliebten zu sterben. Die beiden Kinder haben zwar versucht, die politische Krise zu nutzen und ihre Eltern zu verlassen, scheitern aber an den äußeren Widerständen. Unter den Bedingungen des großen Krieges wird für sie nur das Grab zum Ort der Selbstbestimmung.

Zeitgenössische Illustration. Thekla und Seni.

Wieder zwei tote Jugendliche und zwei schuldige Väter!
Wer überlebt? Octavio, der Konservative, Ängstliche und
Kaisertreue, der bezeichnenderweise das alte Regime ver-
körpert. Diejenigen, die alte Ordnungen sprengen und neue
Wege betreten, sind des Todes.

»Wallenstein« ist wieder ein Drama des Selbstständigwer-
dens. Max und Thekla sind beide gehorsam und angepasst,
bis die Liebe ihre Entwicklung beschleunigt. Beide hatten
wenig Erfahrung darin, ihre eigenen Entscheidungen zu
treffen. Max sagt deutlich, wie schwer er sich von Wallenstein löst: »Du weißt, ich habe ohne dich zu leben / Noch
nicht gelernt – in eine Wüste geh ich / Hinaus.« Lange hat
er sich dem mächtigen Übervater untergeordnet. Er schüttelt dessen Vormundschaft erst in der Umbruchssituation ab,
als er von Wallenstein zum Verrat am Kaiser und von Octavio zum Verrat an Wallenstein gedrängt wird. Thekla macht
eine ähnliche Entwicklung durch: Sie kommt frisch aus
dem Kloster und hatte noch gar keine Möglichkeit, ihren
eigenen Verstand auszuprobieren. Ständig wurde ihr vor-

geschrieben, was sie tun und denken soll. Die Liebe stellt sie auf eigene Füße: »Daß ich mir selbst gehöre, weiß ich nun«, erkennt sie auf einmal selbstsicher. Sich selbst gehören, sein eigenes Leben bestimmen, selbst denken, eigene Entscheidungen treffen – und möglichst bessere als die Eltern, das ist ihre Aufgabe. Wieder ein Emanzipationsprozess, den Schiller eindrucksvoll vor Augen führt.

Schiller war hochinteressiert an solchen Emanzipationsprozessen. Sein eigenes Leben spiegelt wider, wie weit man sich aus dürftigen und geradezu widrigen Umständen herausarbeiten kann. Natürlich hat er auch Hilfe erfahren – und er hat sich Hilfe geholt. Hilfestellung hat ihm auch die passende Lektüre gegeben. Die Schriften des Philosophen Immanuel Kant waren für ihn wie eine Offenbarung. Kant hatte die wohl bekannteste Devise der Aufklärung formuliert: »Sapere aude!« In dieser kurzen Formel steckt ein ganzer Lebensauftrag: »Wage, zu wissen! Wage, zu ändern! Wage etwas Neues! Verlasse dich nicht auf die anderen ...« Kant hatte 1783 damit die Öffentlichkeit aufgerüttelt und geradezu Epoche gemacht: »Aufklärung ist der Ausgang des Menschen aus seiner selbstverschuldeten Unmündigkeit. Unmündigkeit ist das Unvermögen, sich seines Verstandes ohne Leitung eines andern zu bedienen. (...) Habe Mut, dich deines eigenen Verstandes zu bedienen!« Anstatt blindlings der Kirche, der Obrigkeit, dem Fürsten zu gehorchen oder irgendwelchen alten Vorschriften, den Rollenbildern oder den Wünschen der Eltern zu entsprechen, war jetzt gefordert, selbst zu denken. Natürlich mit moralischer Verpflichtung, da hatte Kant vorgesorgt, aber es war eben eine andere Verpflichtung als vorher.

Vom Aufruf »Sapere aude!« war Schiller tief beeindruckt. Kant war sein Lieblingsphilosoph und dies einer seiner Lieblingssätze. »Erkühne dich, weise zu sein. Energie des Muts gehört dazu, die Hindernisse zu bekämpfen ...«, heißt es bei Schiller. Diese Worte setzte er selbst in seinem Leben immer wieder um, indem er über Barrikaden ging und Neuland betrat. Um Bevormundung, um Mündigkeit, um Mut und darum, den eigenen Verstand zu benutzen, ging es auch Max und Thekla im »Wallenstein«. Sie bezahlen für ihren Mut mit dem Leben.

»Eine Grenze hat Tyrannenmacht«

»Wilhelm Tell«

Nicht immer überleben sie die blutigsten Schlachten und giftigsten Intrigen – die mächtigen Väter und Herrschergestalten. Zum Glück zeigt Schiller auch Alternativen auf: »Eine Grenze hat Tyrannenmacht«, heißt es in seinem späten Drama »Wilhelm Tell«. Tell ist anders und mit sich und seiner Familie im Reinen. Ein schlichter Mann, ein Jäger, der nur durch Zufall zur Ikone der Freiheit wird.

Schiller ist nie weit gereist, er war auch nie in der Schweiz. Dichterkollegen haben das Land schon besucht, auch seine Frau Charlotte. Aber Schiller reiste nicht gern, so heißt es, und er war ja auch oft viel zu krank dafür. Wir haben bereits gehört, wie Schiller sich auf das Thema Schweiz eingestimmt hat. Goethe berichtet:

> Er fing damit an, alle Wände seines Zimmers mit so viel Spezialkarten der Schweiz zu bekleben, als er auftreiben konnte. Nun las er Schweizer Reisebeschreibungen, bis er mit Weg und Stegen des Schauplatzes des Schweizer Aufstandes auf das Genaueste bekannt war. Dabei studierte er die Geschichte der Schweiz; und nachdem er alles Material zusammengebracht hatte, setzte er sich über die Arbeit, und buchstäblich genommen stand er nicht eher vom Platze auf, bis der Tell fertig war. Überfiel ihn die Müdigkeit, so legte er den Kopf auf den Arm und schlief ...

Schiller hat das Drama in Windeseile fertig gestellt, sechs Wochen soll ihn nach Goethe der »Tell« nur gekostet haben.

Im Jahre 1804 hatte der »Tell« seine Uraufführung in Weimar. Es war das letzte vollendete Drama vor seinem Tod. Über dem »Demetrius«, ein Drama über einen falschen Zarensohn, ist Schiller gestorben, voller Pläne für nicht weniger als 30 Stoffe, die er noch gern zu Dramen verarbeitet hätte.

»Wilhelm Tell«, Erstausgabe.

Sein Drama »Tell« wurde ein triumphaler Erfolg. Es ist ein populäres Stück, und sein Publikum war auf »Volksgegenstände«, wie Schiller genau berechnet hatte, »ganz verteufelt erpicht«. Im Herbst 1306 lässt er die Handlung beginnen, zu einer Zeit, als die Schweiz unter österreichischer Herrschaft stand. Landvogt Gessler ist der brutale Tyrann, unter dem der Alpenjäger Tell zum Helden reift, eigentlich zum Rebellen wider Willen. Noch zu Beginn des Dramas meint Tell selbstsicher: »Dem Friedlichen gewährt man gern den Frieden« – und soll bald eines Besseren belehrt werden. Friedlich, geradezu paradiesisch präsentiert sich auch der erste Schauplatz am Vierwaldstätter See: mit Dörfern und Wiesen im Sonnenschein, mit Kuhglockengeläut und singenden Fischerknaben. Doch dann bricht in diese Idylle die historische Realität ein: Ein Flüchtender sucht Hilfe vor den Reitern des Landvogts. Diese Gegenüberstellung prägt das ganze Drama: die prächtige, unschuldige Natur, die so anständige Menschen wie Tell hervorbringt, und die akute geschichtliche Situation, die der blutsaugerische Landvogt Gessler verkörpert.

Natürlich packt der wortkarge Held richtig an, rettet den Verfolgten mit kräftigem Ruderschlag ans andere Ufer – und schürt den Hass des Landvogts. Der Konflikt zwischen den beiden spitzt sich bis zur berühmten Apfelschussszene zu: Gessler zwingt den Jäger, einen Apfel vom Kopf seines Sohnes zu schießen. Tell trifft genau, ohne seinen Sohn zu verletzen, und wird wenig später zum Mörder am Landvogt. Nicht nur er revoltiert gegen den Tyrannen. In der Parallelhandlung verbünden sich die drei Schweizer Urkantone Uri, Unterwalden und Schwyz, und die »Eidgenossen« schwören, das Land von den Habsburgern zu befreien. Der deutsche Kaiser aus dem Hause Österreich wird ermordet.

Die Idylle verwandelt sich kurzfristig in einen Schauplatz des Widerstands. Bald herrschen wieder Frieden und Freiheit, die Schweiz geht einer neuen Idylle entgegen. Schiller baute das Drama auf dem Dreischritt »erste Idylle – Einbruch der Geschichte – zweite Idylle« auf. Das Leben hier hat er bewusst so naiv-idyllisch gezeichnet mit Tell als Prototypen des »naiven«, naturgebundenen und tatkräftigen Menschen. Johanna aus der »Jungfrau von Orleans« hat übrigens ähnliche Charaktermerkmale.

Als die Geschichte in Form der österreichischen Unterdrückung über sie hereinbricht, müssen sich die Menschen ihre zweite Idylle erst wieder erobern. Tell ändert und entwickelt sich, er ist nicht mehr so »naiv« im Sinne von Schillers ästhetischer Schrift »Über naive und sentimentalische Dichtung«, sondern beginnt zu reflektieren. Für ihn ist der Aufstand ein doppelter Vaterkonflikt: Er ist selbst Vater und will seine Familie schützen – aber er muss auch dem Kaiser, der Vatergestalt über ihm, und dem Reichsvogt gehorchen. Der tritt seine Landeskinder mit Füßen:

> GESSLER. Nun, Tell! Weil du den Apfel triffst vom Baume
> Auf hundert Schritte, so wirst du deine Kunst
> Vor mir bewähren müssen – Nimm die Armbrust –
> Du hast sie gleich zur Hand – und mach dich fertig,
> Einen Apfel von des Knaben Kopf zu schießen –
> Doch will ich raten, ziele gut, daß du
> Den Apfel treffest auf den ersten Schuß,
> Denn fehlst du ihn, so ist dein Kopf verloren.
> *(Alle geben Zeichen des Schreckens)*
> TELL. Herr – Welches Ungeheure sinnet Ihr
> Mir an – Ich soll vom Haupte meines Kindes –
> – Nein, nein doch, lieber Herr, das kömmt Euch nicht
> Zu Sinn – Verhüts der gnädge Gott – das könnt Ihr
> Im Ernst von einem Vater nicht begehren!
> GESSLER. Du wirst den Apfel schießen von dem Kopf
> Des Knaben – Ich begehrs und wills.
> TELL.   Ich soll
> Mit meiner Armbrust auf das liebe Haupt
> Des eignen Kindes zielen – Eher sterb ich!
> GESSLER. Du schießest oder stirbst *mit* deinem Knaben.
> TELL. Ich soll der Mörder werden meines Kinds!
> Herr, Ihr habt keine Kinder – wisset nicht,
> Was sich bewegt in eines Vaters Herzen.

Was bei »Don Karlos« möglich war, passt nicht zur idyllischen Lebensweise im Schweizer Mittelalter. Hier stimmt das Konzept Familie noch. Kindesmord, Kindesopfer – das geht gegen den Vaterinstinkt, gegen die Natur, das geht gegen die sittliche Ordnung. Nur der zynische Gessler, der selbst keine Kinder hat, führt mit sadistischem Vergnügen Regie in dem, was er sich als Spektakel ausgedacht hat.

> WALTER TELL *(kommt mit dem Apfel gesprungen)*.
> Vater, hier ist der Apfel – Wußt ichs ja,
> Du würdest deinen Knaben nicht verletzen.

(Tell stand mit vorgebognem Leib, als wollt er dem Pfeil folgen – die Armbrust entsinkt seiner Hand – wie er den Knaben kommen sieht, eilt er ihm mit ausgebreiteten Armen entgegen und hebt ihn mit heftiger Inbrunst zu seinem Herzen hinauf, in dieser Stellung sinkt er kraftlos zusammen. Alle stehen gerührt.)

BERTA. O gütiger Himmel!

WALTER FÜRST *(zu Vater und Sohn).* Kinder! meine Kinder!

STAUFFACHER. Gott sei gelobt!

LEUTHOLD.   Das war ein Schuß! Davon
Wird man noch reden in den spätsten Zeiten.

RUDOLF DER HARRAS.
Erzählen wird man von dem Schützen Tell,
Solang die Berge stehn auf ihrem Grunde.
(Reicht dem Landvogt den Apfel)

GESSLER. Bei Gott! der Apfel mitten durchgeschossen!
Es war ein Meisterschuß, ich muß ihn loben.

RÖSSELMANN. Der Schuß war gut, doch wehe dem, der ihn
Dazu getrieben, daß er Gott versuchte.

Auch Gessler versucht Gott – ein Schillerthema, das wir bestens seit seiner Ballade »Der Taucher« kennen. Gessler fordert die Rache Tells und des versammelten Volks heraus, als er den Jäger nach vollbrachtem »Meisterschuss« und entgegen ihrer Absprache verhaften lässt. Tell kann sich zwar befreien, aber handelt seither, tödlich provoziert und ohne Aussicht, dass Gessler ihn in Ruhe lässt, aus Notwehr. Trotzdem fällt er in eine Krise: Darf er den Tyrannen Gessler töten? Ist ein Mord an ihm gerechtfertigt, wenn er der Familie, der Gemeinschaft hilft? Ein tragischer Konflikt, Tell bedenkt sich lange. Doch dann ist es entschieden: Der Tyrannenmord ist legitim – zumindest in diesem Drama, Tell wird mit »reinen Händen« zum Mörder:

Ich lebte still und harmlos – Das Geschoß
War auf des Waldes Tiere nur gerichtet,
Meine Gedanken waren rein von Mord –
Du hast aus meinem Frieden mich heraus
Geschreckt, in gärend Drachengift hast du

Die Milch der frommen Denkart mir verwandelt,
Zum Ungeheuren hast du mich gewöhnt –
Wer sich des Kindes Haupt zum Ziele setzte,
Der kann auch treffen in das Herz des Feinds.

Die armen Kindlein, die unschuldigen,
Das treue Weib muß ich vor deiner Wut
Beschützen, Landvogt – Da, als ich den Bogenstrang
Anzog – als mir die Hand erzitterte –
Als du mit grausam teufelischer Lust
Mich zwangst, aufs Haupt des Kindes anzulegen –
Als ich ohnmächtig flehend rang vor dir,
Damals gelobt ich mir in meinem Innern
Mit furchtbarm Eidschwur, den nur Gott gehört,
Daß meines *nächsten* Schusses *erstes* Ziel
Dein Herz sein sollte – Was ich mir gelobt
In jenes Augenblickes Höllenqualen,
Ist eine heilge Schuld, ich will sie zahlen.

Du bist mein Herr und meines Kaisers Vogt,
Doch nicht der Kaiser hätte sich erlaubt,
Was *du* – Er sandte dich in diese Lande,
Um Recht zu sprechen – strenges, denn er zürnet –
Doch nicht, um mit der mörderischen Lust
Dich jedes Greuels straflos zu erfrechen,
Es lebt ein Gott, zu strafen und zu rächen.

Auch Tell wird »mündig«. Erstens hat er noch nie so viel
gesprochen wie in diesem Monolog und zweitens betrachtet er seine Lage auf einmal kritisch. Er beginnt sich zu
wehren und aktiviert dadurch seine Freunde und Partei-
gänger. Sie solidarisieren sich und rebellieren gemeinsam.
Nicht nur das ändert sich auf politischer Ebene: Auch
Knechte werden spontan von ihren adligen Herren frei-
gelassen. Alte, patriarchalische Grundmuster lösen sich auf.
Am Ende ist die brutale Macht gebrochen, und die Eidgenossen stehen »fröhlich auf den Trümmern / Der Tyrannei«.
Tell wird mit religiöser Inbrunst als Freiheitsheld gefeiert.

Wilhelm Tell von Jäger.

Was die Darstellung der Volksmenge betrifft, war Schiller nicht kleinlich. »Wilhelm Tell« ist ein Drama mit einem riesigen Aufgebot an Personen. Etwa 50 Schauspieler sind vonnöten, aber in den meisten Theatern damals reichte die Zahl der Schauspieler gar nicht aus. In Weimar mussten 17 männliche Schauspieler 30 Einzelrollen übernehmen. Übrigens begeisterten sich die Nazis später schon deshalb für dieses Stück, weil man beeindruckende Menschenmassen auf die Bühne stellen konnte. Das war ein formaler Aspekt, denn inhaltlich steht Schillers Volksstück der nationalsozialistischen Ideologie natürlich konträr gegenüber und wurde bald verboten.

Denn worum geht es eigentlich? Um eine Revolution, aber es ist eine Revolution ohne Terror, ein Gegenmodell zur Französischen Revolution, die Schiller so sehr beschäftigt hat. Die Schweizer Eidgenossen in Schillers »Tell« machen einiges von dem vor, was die französischen Revolutionäre gefordert hatten: liberté, égalité, fraternité – Freiheit, Gleichheit, Brüderlichkeit. Die Tyrannen sind überwunden, und die siegreichen Rebellen übernehmen das Ruder. Die korrupte, streng hierarchisch gegliederte »Vaterord-

nung« wird ersetzt durch eine gleichberechtigte »Brüder-
ordnung«. Das einzige Mal, dass das in Schillers Dramen
klappt.

Der Tyrann als Freund

»Die Bürgschaft«

Wer will schon einen gefährlichen Tyrannen zum Freund?
Auch wenn der sich zu bessern verspricht ... Und welcher
Tyrann verzeiht einen Mordanschlag gegen ihn? Schiller
erzählt davon in seiner Ballade »Die Bürgschaft«.

Balladen – das sind die spannenden Gedichte mit Krimi-
nal- oder Fantasystoffen. Damals, 1797 im »Balladenjahr«,
haben Schiller und Goethe sich gegenseitig hochgeschaukelt
und eine nach der anderen geschrieben. »Die Bürgschaft«
war auch darunter. »Abends zu Schiller«, notierte Goethe in
sein Tagebuch – es war Sommer, Schiller kam wieder zu
Kräften und die beiden saßen am Gartentisch in Jena.

»Die Bürgschaft« erzählt wieder eine aufregende Geschichte: Damon will den Tyrannen Dionys umbringen und
wird verhaftet, bevor er noch das Attentat verüben kann. Er
soll hingerichtet werden, kann aber die Todesstrafe um
einige Tage aufschieben dank eines Freundes, der sich als
Geisel stellt. Damon nutzt die Zeit und verheiratet seine
Schwester. Sein Freund ist in großer Gefahr, denn Damons
Rückkehr zieht sich in die Länge. Erst in allerletzter Sekunde kann er den Freund auslösen. Unerwartet kommt es zum
Happyend, denn der Tyrann verbrüdert sich mit den Freunden.

So soll es sich in etwa zugetragen haben nach den Schriften des gelehrten Bibliothekars Hygin aus der Antike. Auf

Sizilien spielt das Geschehen, und der Tyrann war Dionysios, der sich als Offizier im Krieg gegen Karthago hochgearbeitet und dann zum Alleinherrscher gemacht hat.

Wieder ein Männerstück mit wortkargen Helden, die in einsamer Wildnis harte Prüfungen bestehen! Dabei kann Damon noch mit unbeugsamer Moral aufwarten:

> Zu Dionys, dem Tyrannen, schlich
> Damon, den Dolch im Gewande;
> Ihn schlugen die Häscher in Bande.
> »Was wolltest du mit dem Dolche, sprich!«
> Entgegnet ihm finster der Wüterich.
> »Die Stadt vom Tyrannen befreien!«
> »Das sollst du am Kreuze bereuen.«

> »Ich bin«, spricht jener, »zu sterben bereit
> Und bitte nicht um mein Leben,
> Doch willst du Gnade mir geben,
> Ich flehe dich um drei Tage Zeit,
> Bis ich die Schwester dem Gatten gefreit,
> Ich lasse den Freund dir als Bürgen,
> Ihn magst du, entrinn ich, erwürgen.«

> Da lächelt der König mit arger List
> Und spricht nach kurzem Bedenken:
> »Drei Tage will ich dir schenken.
> Doch wisse! Wenn sie verstrichen, die Frist,
> Eh du zurück mir gegeben bist,
> So muß er statt deiner erblassen,
> Doch dir ist die Strafe erlassen.«

Der Bürge wird merkwürdigerweise nicht gefragt – er ist überhaupt eine ganz blasse Figur, obwohl er eine so wichtige Rolle spielt – er umarmt Damon nur »schweigend« in idealer Freundesharmonie. Dann bricht Damon auf. Die Hochzeit ist nur eine Zeile wert, doch jetzt folgen neun Strophen mit Abenteuern, die der rasend Zurückeilende bestehen muss: Regenfälle, eingestürzte Flussbrücken, Räu-

ber im nächtlichen Wald, brennende Sonne und nahes Ver-
dursten. Die letzte Prüfung sind die beiläufigen Worte
zweier Wanderer: »Jetzt wird er ans Kreuz geschlagen.«
Keine Frage – diese Worte gelten seinem Freund. Die Frist
ist schon abgelaufen und sein Freund muss dafür büßen. Soll
Damon jetzt flüchten und wenigstens sich selbst retten? Das
liegt nahe, und auch sein Diener rät ihm dazu: »Zurück! du
rettest den Freund nicht mehr / So rette das eigene Leben!«
Doch Damon hält sein versprechen:

> »Und ist es zu spät, und kann ich ihm nicht
> Ein Retter willkommen erscheinen,
> So soll mich der Tod ihm vereinen.
> Des rühme der blutge Tyrann sich nicht,
> Daß der Freund dem Freunde gebrochen die Pflicht,
> Er schlachte der Opfer zweie
> Und glaube an Liebe und Treue.«

Freundestreue contra Tyrannenmacht – das gab es schon
im »Don Karlos«, es ging auch um Leben und Tod, und
der Tyrann siegte. Hier läuft es anders. Damon kündigte
vorhin schon eine Art »pädagogisches Programm« an, der
König soll am Fallbeispiel lernen. Er soll lernen, an »Liebe
und Treue« zu glauben. Offenbar hat es bislang nur am
richtigen Lehrer oder am richtigen Umgang gefehlt, denn
der König nimmt sich Damons Worte wirklich zu Herzen.
Damon rettet seinen Freund, sich selbst – und die Seele
des ehemals bösen Tyrannen. Die edle Selbstüberwindung,
Damons moralisches Kapital, ist nicht vergeudet, sondern
bestens angelegt. Die Ballade zeigt, dass Tugend belohnt
wird:

> Und die Sonne geht unter, da steht er am Tor
> Und sieht das Kreuz schon erhöhet,
> Das die Menge gaffend umstehet,
> An dem Seile schon zieht man den Freund empor,

Da zertrennt er gewaltig den dichten Chor:
»Mich, Henker!« ruft er, »erwürget!
Da bin ich, für den er gebürget!«

Und Erstaunen ergreifet das Volk umher,
In den Armen liegen sich beide
Und weinen für Schmerzen und Freude.
Da sieht man kein Auge tränenleer,
Und zum Könige bringt man die Wundermär,
Der fühlt ein menschliches Rühren,
Läßt schnell vor den Thron sie führen.

Und blicket sie lange verwundert an.
Drauf spricht er: »Es ist euch gelungen,
Ihr habt das Herz mir bezwungen,
Und die Treue, sie ist doch kein leerer Wahn,
So nehmet auch mich zum Genossen an,
Ich sei, gewährt mir die Bitte,
In eurem Bunde der Dritte.«

Rosige Zeiten brechen für Sizilien an. Aus Feinden werden
Freunde, aus dem Tyrannen wird ein Mensch. Der Tyrann
reicht den Bürgern die Hand, lässt sich zu ihnen herab oder
zieht sie zu sich herauf: eine Gemeinschaft von Gleich-
gestellten, ein Bündnis fast wie bei Tells Eidgenossen. Wieder ein freundschaftliches, ein brüderliches Bündnis statt
eines feudalen, patriarchalischen. Die Vatergestalt muss nicht
mehr ermordet werden. Dionys inszeniert seine neue Selbstbestimmung nicht dominant wie ein Herrscher, sondern
stellt eine bescheidene Bitte. Keine Revolution von unten,
von der Straße, sondern eine Art Revolution von oben.

Was Damon hier gelingt, ist Fürstenerziehung. Ein Thema, das zu Schillers Zeit vielen am Herzen lag, die auf
bessere Zeiten hofften: politische Wende mit friedlichen
Mitteln – da braucht es kein Attentat, keine Revolution und
keine rollenden Köpfe. Als Schiller die Ballade schrieb, war
der französische König fünf Jahre zuvor enthauptet worden

und dieses Ereignis noch in lebhafter Erinnerung. In der Ballade lernt auch Damon hinzu, der gescheiterte Attentäter. Obwohl Damon hier ja schon sehr gut dasteht. Aber auch der Tyrann kommt nicht schlecht weg. Er ist eher ein sympathischer älterer Herr, dessen höfliches Freundschaftswerben man nicht abschlagen kann.

In dieser Ballade mit ihren idealisierten Figuren geht es extrem moralisch zu. Sie ist eine Fundgrube an Lebensregeln; der Volkserzieher Schiller hat ganze Arbeit geleistet. Wieder mit Erfolg. Die Leser damals liebten das Gedicht.

Später amüsierte man sich darüber – oder machte bittere Bemerkungen. Brecht zum Beispiel wieder, der ein Sonett »Über Schillers Gedicht ›Die Bürgschaft‹« geschrieben hat. Damals war er vor den Nazis geflohen, lebte im dänischen Exil und konnte nur mit Hohn und Spott reagieren auf so viel treuherzigen Optimismus. Die Zeiten hatten sich geändert seit der deutschen Klassik, in der es, wie Goethe sagte, »verteufelt human« zuging. Einem Tyrannen wie Hitler war nicht beizukommen mit Menschlichkeit, ein glückliches Ende stand nicht in Aussicht, und Brecht musste ganz andere Mittel und Wege finden, um sein Publikum zu erreichen. Sarkastisch schrieb er das Schillergedicht um:

> O edle Zeit, o menschliches Gebaren!
> Der eine ist dem andern etwas schuld.
> Der ist tyrannisch, doch er zeigt Geduld
> Und läßt den Schuldner auf die Hochzeit fahren.
>
> Der Bürge bleibt. Der Schuldner ist heraus.
> Es weist sich, daß natürlich die Natur
> Ihm manche Ausflucht bietet, jedoch stur
> Kehrt er zurück und löst den Bürgen aus.
>
> Solch ein Gebaren macht Verträge heilig.
> In solchen Zeiten kann man auch noch bürgen.
> Und, hat's der Schuldner mit dem Zahlen eilig

Braucht man ihn ja nicht allzustark zu würgen.
Und schließlich zeigte es sich ja auch dann:
Am End war der Tyrann gar kein Tyrann!

»Mein bester Vater, der so viel auf mich rechnet«
Schiller als Sohn und Vater

Schiller war ein begeisterter Vater. Er hatte vier Kinder: einen »Goldsohn« und ein »Goldmännchen« und dann noch zwei unwiderstehliche, »blühend« schöne Töchter. Manchmal waren sie anstrengend – »der Kleine Karl setzt alles in Arbeit« schrieb er dann –, aber diese realistische Einschätzung war eher eine Ausnahme. Jeder, dachte er, muss sich freuen, »der sie sieht«.

Schiller war anders als die Väter seiner Dramen. Er war auch anders als sein eigener Vater. Als kleiner Fritz kannte er seinen Vater kaum. Die Mutter war praktisch allein erziehend. Tochter und Sohn bekamen den Vater nur besuchsweise zu Gesicht. Das änderte sich in Schillers viertem Lebensjahr, als Johann Caspar Schiller – Wundarzt, Hauptmann, Werbeoffizier im Dienste des Herzogs – zusammen mit seiner Familie ein festes Dach über dem Kopf suchte. Von da an übernahm er das Regiment. Er war asketisch und jähzornig, stand vom Tisch auf, wenn es ihm am besten schmeckte, und verlangte das auch vom zarten Sohn. Oberster Befehl war Lernen. Er wünschte sich für Friedrich, was er selbst nicht geschafft hatte: ein Studium. Vater Johann war zu arm gewesen und sein Sohn sollte es besser haben. Pfarrer sollte Fritz werden.

Der Junge spürte den Erwartungsdruck. Sicher, er mochte seine Eltern, er wollte selbst Karriere machen, aber vieles ging ihm gegen den Strich. Er hatte nicht gerade Lust, die

Wünsche anderer zu erfüllen. Zum Glück gab es noch seine warmherzige Mutter, die ihn manchmal vor den väterlichen Strafen beschützt hat.

Aber Schiller hatte auch Ähnlichkeiten mit dem Vater. Zum einen war der ein Original – auf seine Art. Zum andern war er ehrgeizig und unbequem. Er brachte es sogar fertig, den Befehl von Karl Eugen, der nicht nur der Landesherr, sondern auch sein Arbeitgeber war, zu missachten, als Friedrich in die Militär-Pflanzschule sollte. Die Ablieferung hatte er einfach immer weiter hinausgeschoben, bis es nicht mehr anders ging. Als sein Sohn dann erwachsen war, griff er manchmal tief in die Tasche, um dessen Schulden zu bezahlen. Er war stolz auf ihn – aber rückte ihm auch den Kopf zurecht. Jahrelang ging es mit Friedrich Schiller auf und ab und jahrelang hatte dieser Angst, den Vater zu enttäuschen: ». . . mein ehrwürdiger mein bester Vater, der so viel auf mich rechnet, mehr als ich Ihm jemals leisten werde« – er quälte und wand sich richtig, wenn er an ihn dachte.

So ins Stottern kamen Schillers eigene Kinder nicht, wenn sie von ihrem Vater sprachen. Sie waren allerdings auch noch ziemlich klein, als er starb, der Älteste erst elf Jahre alt. Da war die Pubertät noch fern und die Familienmitglieder waren sich nah. Das Schiller'sche Familienleben wurde gerühmt. Wenn die Vermieterin in Jena Geburtstag hatte, stand Karl Schiller vor der Tür und hatte ein Gedicht vom Vater parat:

Mach auf, Frau Griesbach, ich bin da
Und klopf an deine Türe.
Mich schickt Papa und die Mama,
Daß ich dir gratuliere.

Ich bringe nichts als ein Gedicht
Zu deines Tages Feier;
Denn alles, wie die Mutter spricht,
Ist so entsetzlich teuer.

Sag selbst, was ich dir wünschen soll;
Ich weiß nichts zu erdenken.
Du hast ja Küch und Keller voll,
Nichts fehlt in deinen Schränken.

Es wachsen fast dir auf den Tisch
Die Spargel und die Schoten;
Die Stachelbeeren blühen frisch,
Und so die Reineclauden.

Bei Stachelbeeren fällt mir ein,
Die schmecken gar zu süße;
Und wenn sie werden zeitig sein,
So sorge, daß ichs wisse ...

Schiller hat sie versorgt, seine Kinder, nicht nur mit solchen kleinen Geburtstagsgeschenken: Er ließ sie aus dem Haus bringen, wenn ansteckende Krankheiten grassierten, er ließ sie impfen – was damals nicht jeder machte, er konnte vor Sorge nicht weiterarbeiten, wenn eines krank war, er versuchte »so viel zu ersparen«, dass sie »unabhängig sind«. Er spielte mit ihnen. Besucher erzählten amüsiert, wie der hehre Dichter auf dem Boden krabbelte, wie die Kleinen angestrengt an dem langen Mann hochkletterten, um ihn zu küssen. Schiller war ein Familienmensch. Jetzt konnte er nachholen, was er selbst als Kind vermisst hatte.

»Zu Schiller geht man nicht«, hieß es manchmal. Das betraf Fremde. Schiller wollte nämlich seine Ruhe – und die Familie um sich haben. Die Familie: Das waren die liebe »Maus«, seine Frau, die selbst hochschwanger in rumpelnder Reisekutsche mitmusste, wenn er verreiste, die Kinder Karl und Ernst, die 1793 und 1796 geboren wurden, und Caroline und Emilie, die 1799 und 1804 auf die Welt kamen.

So viele in einem turbulenten Haus: schwierig, wenn man dabei noch dichten wollte! Als Ernst ein Baby war, schickte Schiller die »Xenien« ab mit einem Stoßseufzer:

Der Kleine leidet viel von Säure und Krämpfen, doch scheint er sich nach und nach an die neue Nahrung zu gewöhnen. Man sollte nicht denken, daß man bey so viel Sorgen von innen und aussen einen leidlichen Humor behalten oder gar Verse machen könnte. Aber die Verse sind vielleicht auch darnach.

Damit nicht alle Verse »darnach« wurden, schirmte ihn Charlotte ab:

... ich suchte mit Allem, was in meinen menschlichen Kräften stand, von ihm abzuwenden, was ihm hätte nachtheilig sein können. Ich habe seinen Geist, seine volle rege Thätigkeit unterhalten, indem ich nur für ihn lebte. Ohne mich wäre er vielleicht nicht so lange der Welt geblieben.

Manchmal besuchte sie mit den Kindern die Großmutter, dann hatte Schiller Ruhe zum Dichten. Solange er das aushielt – denn bald fühlte er sich leer und »abgeschnitten« und fragte nach den kleinsten Sprechfortschritten. Wenn man genau hinschaut, hat er manchmal solche Kindersprüche in seinen Werken verarbeitet. Im »Wilhelm Tell« zum Beispiel. Da fragt Sohn Walter den Vater Tell: »Gibts Länder, Vater, wo *nicht* Berge sind?« – das klingt doch so, als ob es der Autor direkt vom Kindermund zu Papier gebracht hätte.

Die Schillerkinder haben ihren Vater alle lange überlebt, selbst der zweite Sohn Ernst, der genauso krankheitsanfällig wie sein Vater war – übrigens auch im selben Alter starb – und der als Kind seiner Familie schon manch schlaflose Nacht bereitet hatte: »Der kleine Ernst hat zwey ganze Jahre gebraucht um sich von seiner Schwächlichkeit zu erhohlen, und hat uns mehrmals durch gefährliche Zufälle in Schrecken gesetzt«, so Schiller 1799 an seine Mutter, der das wohl sehr bekannt vorkam. Sie hatte um den kleinen Sohn Friedrich mit seinen wiederkehrenden Krämpfen selbst größte Ängste ausgestanden.

Einen prominenten Vater zu haben – ist das eher schön oder schwierig? Die Schillerkinder und -enkel konnten sich sonnen in seinem Ruhm. Das 19. Jahrhundert verehrte Schiller mit prächtigen Gedenkfeiern, und 1859, zum 100. Geburtstag, wurde für ihn in 500 deutschen Orten das größte Dichterfest aller Zeiten gefeiert. Es war auch das größte Massenfest des Jahrhunderts in Deutschland. Dichtung hatte eine zusätzliche Bedeutung bekommen – nach der gescheiterten Revolution von 1848 wurden nationale Hoffnungen in sie hineinverlagert. Was hätte Schiller zu dem nationalen Rausch gesagt, den die Feier von 1859 ausgelöst hatte?

Doch zurück zu seiner Familie: Sie hat den einzigartigen Aufstieg des berühmten Ehemannes, Vaters und Großvaters begleitet. Schon 1839, als das erste Schillerdenkmal eingeweiht wurde, lüftete ein Enkel das Tuch, unter dem das Standbild verhüllt war. Schillers jüngste Tochter Emilie, später verheiratete von Gleichen-Rußwurm, die noch nicht einmal ein Jahr alt war, als der Vater starb, verwaltete den Nachlass. Der Urenkel Alexander von Gleichen-Rußwurm bereicherte noch 1932 das Schillermuseum mit Erbstücken. Und Schillers Ehefrau Charlotte, die den Dichter um 21 Jahre überlebte, hatte sich ohnehin ganz dem Andenken ihres Mannes gewidmet. Sie empfing Besucher aus aller Welt in ihrem letzten Wohnhaus in Weimar, das sie wie ein Heiligtum hütete: »Alle Nationen sind zu mir gekommen, um das Haus zu sehen (...) es hat mich innig gerührt«.

Zugegeben, es war alles ziemlich traditionell und die Rollen waren festgelegt. Charlotte, eine gebildete und künstlerisch interessierte Frau, hat nach heutigen Maßstäben sehr zurückgesteckt und sich ganz auf die Familie konzentriert. Aber trotzdem, wenn man den Zeitzeugen glauben darf, lief alles wunderbar. Schillers waren eine rundum nette Familie.

X.
DER »GANZE MENSCH« – »ÜBER DIE
ÄSTHETISCHE ERZIEHUNG DES MENSCHEN«

Ein neuer Lehrer

Von 1791 bis 1795 war Schiller hauptsächlich Philosoph. Im Selbststudium plante er eigene Bildungslücken zu schließen. In den Jahren davor hatte er sich in das Gebiet der Geschichte eingearbeitet. Als Professor in diesem Fach war er seinen Studenten gerade immer um einige Bücher voraus. Dank eines Stipendiums konnte Schiller jetzt eine lang ersehnte Lektüre der Werke des Philosophen und Zeitgenossen Immanuel Kant aufnehmen. Zugleich erarbeitete er sich damit ein theoretisches Fundament, um sich als Dichter weiterzuentwickeln. In dieser Zeit hat er neben der intensiven Kant-Lektüre eine Reihe von philosophisch-ästhetischen Schriften verfasst. Die bedeutendsten davon sind: »Über Anmut und Würde« (1793), »Vom Erhabenen« (1793), »Briefe über die ästhetische Erziehung des Menschen« (1795), »Über naive und sentimentalische Dichtung« (1795).

> Alles unser Wissen ist ein Darlehen der Welt und der Vorwelt
> Der tätige Mensch trägt es an die Mitwelt und die Nachwelt ab
> Der Untätige stirbt mit einer unbezahlten Schuld
> Jeder, der etwas Gutes wirkt, hat für die Ewigkeit gearbeitet.

Diesen strengen Leitsatz hat Vater Schiller dem kleinen Sohn ans Herz gelegt. Viel später, als dieser nicht »als Arzt dem Vaterland dienen« will, tut er es als Dichter und Kulturvermittler. Viele seiner theoretischen und klassischen Werke folgen, im weitesten Sinn, einem Bildungsauftrag. Die Aufgaben, die sich der Dramenschreiber, Historiker und Philosoph stellt, sind immens: mittels Dichtung den Geschmack des Publikums zu verbessern, den allgemeinen Bildungsstand zu heben, damit eine freie und humane Gesellschaft entstehen könne. Geholfen hat ihm dabei nicht zuletzt sein eigener Bildungshunger.

Schillers Bildungshunger wurde von Lehrern der Karlsschule entscheidend gefördert. Jakob Abel zum Beispiel, der neue Lehrer, ist ein Glücksfall für ihn. Er unterrichtet Psychologie, Philosophie, Anthropologie und Moral. Statt der sonst üblichen Monologe im trockenen Vorlesungsstil setzt Abel, 23 Jahre jung, auf anschauliche Methoden. Im Fach Psychologie erklärt er zum Beispiel die Affektenlehre an Shakespeares »Othello«. In Shakespeares Dramen erfährt der junge Schiller alles über das spannungsreiche Innenleben der Menschen und die Möglichkeiten der Bühnenwelt. Abels Wissen ist breit, fundiert und auf dem neuesten Stand. Er bringt den Schülern die maßgeblichen neuen Werke der Zeitgenossen aus Wissenschaft und Literatur nahe. Letzteres war neu, denn der Herzog misstraute dem Einfluss von Gedichten und Dramen in einer »Militärakademie«.

Entgegen der landläufigen Denkschule René Descartes' (bekanntes Motto: »Ich denke, also bin ich«) bringt Abel das Gedankengut der englischen Empiristen Hobbes, Locke und Hume mit. Er fordert, selbst zu denken und nicht auswendig zu lernen wie bisher. Philosophie macht er zum Kernfach mit einem ganzheitlichen Ansatz. »Erfahrung« heißt das neue Schlüsselwort, und es bedeutet, dass jedem Gedanken und jedem Gefühl eine gelebte Erfahrung vorausgeht. Das leuchtet den jungen Eleven ein, der Herzog aber schluckt. Beobachtende Erfahrung ist auch die Methode der Medizinstudenten. Durch Abel lernt Schiller die »Philosophischen Ärzte« kennen und die Lust am philosophischen Denken überhaupt. Abels Einfluss auf Schiller ist groß und Schiller ist ihm dankbar. Sein zweites Drama, den »Fiesko«, widmet er ihm.

Aus Jakob Abels Erinnerungen wissen wir, dass ihm vor allem Schillers Leidenschaft für philosophische, ethische und geschichtliche Fragen aufgefallen ist. Diese Themen »interessierten ihn, denn er hörte nicht nur mit Aufmerksamkeit zu, und las nicht nur die besten Schriften in allen diesen Fächern, die er erhalten konnte, sondern er unterredete sich auch über dieselben, so oft er nur konnte ...«. Man konnte Schiller trotzdem nicht als Streber bezeichnen, denn er war ein wacher und unbequemer Denker. Das beweist er in seinen Dissertationen, in denen er verbürgte Autoritäten in Frage stellt und Themen aus der Philosophie, Anthropologie und Medizin auf ungewöhnliche Weise verknüpft. Er war einfach sehr neugierig und sehr fleißig.

Besser als Kant

Gut zehn Jahre später – Schiller ist mittlerweile ein bekannter Bühnenautor und Professor der Geschichte an der Universität Jena – schreibt er an seinen Freund Körner, dass bei ihm »die alte Lust am Philosophieren« wieder erwacht sei. Mindestens drei Auslöser dürfte es dafür gegeben haben: der Schock über den Verlauf der Revolution im französischen Nachbarland, etliche ungelesene Bände des Zeitgenossen Immanuel Kant auf dem Schreibtisch und vor allem ein »Geschenk des Himmels«, das dreijährige Stipendium der dänischen Förderer aus Kopenhagen. Vorläufig ist seine Existenz gesichert, und er kann es sich leisten, Kant zu lesen. Außerdem erholt er sich nur langsam von einer schweren Krankheit, die ihm das Dichten vorerst nicht erlaubt. Aber was Kant über das Schöne und den Geschmack schreibt, fasziniert ihn. Mit dem Kunstschönen, wie er es nach diesem nennt, wird er der Menschheit noch ein wirksames Allheilmittel verschreiben, »weil es die Schönheit ist, durch welche man zu der Freiheit wandert«. Wie aber Schönheit und Freiheit zusammenhängen, ist für uns nicht so nahe liegend wie für Schiller.

Seinem Freund Körner vertraut er Ende 1792 sein neues Projekt an: Nichts weniger als eine »Theorie des Schönen« möchte er entwickeln und dabei Kant überflügeln:

> Über die Natur des Schönen ist mir viel Licht aufgegangen, so dass ich Dich für meine Theorie zu erobern glaube. Den objektiven Begriff des Schönen, der sich eo ipso auch zu einem objektiven Grundsatz des Geschmacks qualifiziert und an welchem Kant verzweifelt, glaube ich gefunden zu haben. Ich werde meine Gedanken darüber ordnen und in einem Gespräch ›Kallias oder über die Schönheit‹ auf die kommenden Ostern herausgeben. (...) Eine Beschäftigung, die mich äußerst interessiert, erhebt mich über alle körperlichen Bedrückungen. Oft wünsche ich, dass mir meine Gesundheit auch nur so lange bleiben möchte, bis dieser ›Kallias‹ geendigt ist. Du wirst Deine Freude daran erleben, denn es wird in mir heller mit jedem Schritt.

Diese Ankündigung enthält bereits die zentralen Begriffe seiner theoretischen Überlegungen: den objektiven Begriff des Schönen, die Gesetze des Geschmacks, das griechische Vorbild in der Figur des Kallias aus Platons Dialogen. Solche Herausforderungen sind es, die Schiller vom Krankenbett an den Schreibtisch treiben.

Wie es zu der berühmten philosophischen Schrift »Über die ästhetische Erziehung des Menschen« von 1795 kommt, ist schnell gesagt. Im Briefwechsel mit seinem Freund Körner entwickelt Schiller das so genannte »Kallias«-Fragment (»Kallias oder über die Schönheit«, 1793), das in überarbeiteter Form später die Grundlage für die Briefe an seinen Förderer Prinz von Augustenburg bildet. Diese werden wie-

derum, ausgefeilt und erweitert, zur maßgeblichen philosophisch-ästhetischen Schrift der Weimarer Klassik. Es geht
um die Erfahrung des Schönen, des »ästhetischen Zustands«,
der den »Übergang zum Vernunftstaat« bildet. Schiller variiert Kants Schönheitsdefinition vom »Symbol des Sittlich-
Guten«, indem er sie als »Freiheit in der Erscheinung« begreift. Damit meint er, dass die Idee der Willensfreiheit und
der Selbstbestimmung in der idealen Schönheit der großen
Kunstwerke zum Ausdruck kommt. Aber Schönheit und
Kunst als Weg zum freien, vernünftigen Staat? Wie soll das
möglich sein? Hier sei gleich davor gewarnt, konkrete und
realisierbare Umsetzungsvorschläge von Schiller zu erwarten. Ihn interessiert vor allem die theoretische gedankliche
Anstrengung, die der praktischen Verwirklichung vorausgeht. Diese theoretischen Überlegungen gehen in die 27
Briefe ein, die er aus Dankbarkeit von 1793 bis 1794 an den
Prinzen von Augustenburg schreibt. Im einleitenden Brief
begründet er, warum es unverzichtbar ist, sich jetzt mit dem
Schönen zu beschäftigen:

Und bei Ihnen, mein verehrungswürdigster Prinz, werde ich wohl
keine Apologie dafür nötig haben, daß ich die wirksamste aller
Triebfedern des menschlichen Geistes, die seelenbildende Kunst,
zum Rang einer philosophischen Wissenschaft erhoben wünsche.
Wenn ich der Verbindung nachdenke, in der das Gefühl des Schönen
und des Großen mit dem edelsten Teil unsers Wesens steht, so kann
ich sie unmöglich für ein bloßes subjektives Spiel der Empfindungs-
kraft halten, welches keiner andern als empirischer Regeln fähig ist.
Auch die Schönheit, dünkt mir, muß wie die Wahrheit und das
Recht auf ewigen Fundamenten ruhn, und die ursprünglichen Gesetze der Vernunft müssen auch die Gesetze des Geschmäcks sein.
Der Umstand freilich, daß wir die Schönheit fühlen und nicht erkennen, scheint alle Hoffnung, einen allgemein geltenden Grundsatz für
sie zu finden, niederzuschlagen, weil alles Urteil aus dieser Quelle
bloß ein Erfahrungsurteil ist. Gewöhnlich hält man eine Erklärung
der Schönheit nur darum für gegründet, weil sie mit dem Ausspruch
des Gefühls in einzelnen Fällen übereinstimmend ist, anstatt daß,

wenn es wirklich eine Erkenntnis des Schönen aus Prinzipien gäbe, dem Ausspruch des Gefühls nur deswegen trauen sollte, weil er mit der Erklärung des Schönen übereinstimmend ist. Anstatt seine Gefühle nach Grundsätzen zu prüfen und zu berichtigen, prüft man die ästhetischen Grundsätze nach seinen Gefühlen. – Dies ist der Knoten, dessen Auflösung leider selbst Kant für unmöglich hält ...

Einfacher gesagt: Weil das Kunstschöne eine so große Wirkung im Individuum erzielen kann, glaubt Schiller, das Wesen des Schönen objektiv bestimmen zu müssen. Damit Schönheit nicht bloß subjektiv, nicht bloß anarchisches Geschmacksurteil bleibt.

Schiller war natürlich nicht der einzige deutsche Intellektuelle, der damals über den Weg zu einer vernünftigen, freien Gesellschaft intensiv nachdachte. Hitzige Debatten hatten die Vorgänge im Nachbarland ausgelöst. Darf man einen König hinrichten, war die brennende Frage. Schiller, einst begeisterter Anhänger der Revolution, ist von den gewalttätigen Exzessen abgestoßen. Er stellt sich den Weg zum »Vernunftstaat« völlig anders vor als die Franzosen. Die haben sich schlicht und folgenschwer in der Reihenfolge geirrt. Schiller ist überzeugt, dass erst das Individuum »ganz« und »mit sich einig« sein müsse, dann kann auch der ideale Staat gelingen. Trotzdem glaubt er sich rechtfertigen zu müssen, dass er über das Schöne philosophiert und den »ästhetischen Weg« wählt, während im Nachbarland die Revolution tobt. Der Prinz von Augustenburg, ein handfester Aufklärer, wird sich schon beim ersten Brief gewundert haben, warum die Schönheit, genauer das Schöne, bei der Bildung eines freien Staates dermaßen wichtig sein soll.

Aber sollte ich von der Freiheit, die mir von Ihnen verstattet wird, nicht vielleicht einen bessern Gebrauch machen können, als Ihre Aufmerksamkeit auf dem Schauplatz der schönen Kunst zu beschäftigen? Ist es nicht wenigstens außer der Zeit, sich nach einem Gesetzbuch für die ästhetische Welt umzusehen, da die Angelegenheiten der moralischen ein soviel näheres Interesse darbieten und der philosophische Untersuchungsgeist durch die Zeitumstände so nachdrücklich aufgefordert wird, sich mit dem vollkommensten aller Kunstwerke, mit dem Bau einer wahren politischen Freiheit zu beschäftigen? (...) Wie anziehend müßte es für mich sein, einen solchen Gegenstand mit einem ebenso geistreichen Denker als liberalen Weltbürger in Untersuchung zu nehmen und einem Herzen, das mit schönem Enthusiasmus dem Wohl der Menschheit sich weiht, die Entscheidung heimzustellen! Wie angenehm überraschend, bei einer noch so großen Verschiedenheit des Standorts und bei dem weiten Abstand, den die Verhältnisse in der wirklichen Welt nötig machen, Ihrem vorurteilfreien Geist auf dem Felde der Ideen in dem nämlichen Resultat zu begegnen! Daß ich dieser reizenden Versuchung widerstehe und die Schönheit der Freiheit vorangehen lasse, glaube ich nicht bloß mit meiner Neigung entschuldigen, sondern durch Grundsätze rechtfertigen zu können. Ich hoffe, Sie zu überzeugen, daß diese Materie weit weniger dem Bedürfnis als dem Geschmack des Zeitalters fremd ist, ja daß man, um jenes politische Problem in der Erfahrung zu lösen, durch das ästhetische den Weg nehmen muß, weil es die Schönheit ist, durch welche man zu der Freiheit wandert.

Den Prinzen von Augustenburg konnte er vielleicht von diesem rätselhaften Argument überzeugen. Aber viele Zeitgenossen und Nachfahren haben es Schiller sehr übel genommen, dass er sich nicht aktiv für die Menschenrechte und die Veränderung der gesellschaftlichen Verhältnisse engagiert hat. Das hatte man einfach erwartet vom Verfasser der »Räuber« und des »Don Karlos«. Die Pariser Nationalversammlung hatte ihn sogar zum Ehrenbürger Frankreichs ernannt. Mit einer Urkunde, die ihn erst Monate später erreichte, als die Unterzeichnenden bereits hingerichtet waren und »Monsieur Gille« den gewaltsamen Entwicklungen enttäuscht den Rücken gekehrt hatte. Um eben in den theoretischen Schriften seine Antwort zu liefern: ästhetische Erziehung des *Einzelnen* statt Revolution, Veränderung ohne Gewalt! Und hier die deutlichste Erklärung Schillers zu seiner Entscheidung für die Ästhetik und gegen das politische Engagement.

> Wäre das Faktum wahr (...), dass die politische Gesetzgebung der Vernunft übertragen, der Mensch als Selbstzweck respektiert und behandelt, das Gesetz auf den Thron erhoben und wahre Freiheit zur Grundlage des Staatsgebäudes gemacht worden, so wollte ich auf ewig von den Musen Abschied nehmen und dem herrlichsten aller Kunstwerke, der Monarchie der Vernunft, alle meine Tätigkeit widmen. Aber dieses Faktum ist es eben, was ich zu bezweifeln wage.

Schiller misstraut den politischen Institutionen, den aufgeregten Massen und ihrer Veränderbarkeit zutiefst: »Die losgebundene Gesellschaft, anstatt aufwärts in das organische Leben zu eilen, fällt in das Elementarreich zurück.« Aufklärung und Zivilisation waren nur eine äußerliche Errungenschaft, die Menschen innerlich noch Barbaren, wie er an der Entwicklung der Französischen Revolution abliest. Wie aber sollte ausgerechnet das Schöne, die ästhetische Erziehung des Einzelnen diesem Problem beikommen? Dazu ist seiner Meinung erst eine kritische Analyse der Verhältnisse, eine Zeitdiagnose notwendig. Die Thesen des Schriftstellers und Zivilisationskritikers Jean-Jacques Rousseau, die ihm noch aus der Karlsschulzeit vertraut sind, zeigen ihm dabei die Richtung.

»Der Weg zu dem Kopf durch das Herz«

In den ersten zehn Briefen beschäftigt sich Schiller also mit den gesellschaftlichen Bedingungen seines Erziehungsprojekts. Wie ein Arzt untersucht er die Symptome, stellt die Diagnose und verschreibt die Medizin. Gleich mehrere Übel sind es, an denen die Gesellschaft krankt. Eines davon ist die nicht vollendete Aufklärung. Zwar habe sich der Verstand – in Maßen – entwickelt, doch die emotionale Reife sei drastisch zurückgeblieben. Deswegen sind »wir noch immer Barbaren«. In der einseitig rationalen Kultur sieht er den Hauptgrund für die moralischen Defizite und die psychischen Beschädigungen der Menschen. Als erster Schritt müsse also dringend das »Empfindungsvermögen« verfeinert werden, »weil der Weg zu dem Kopf durch das Herz geöffnet« wird, so Schiller wörtlich, die emotionale Intelligenz (EQ) müsse also im selben Maße wie die kognitive Intelligenz (IQ) gefördert werden. Bei Rousseau hatte er es so gelesen: »Menschen sind wir durch Vernunft, aber was uns leitet, ist die Empfindung!« Und sein Kollege Gottfried Herder wandelt René Descartes' Motto »Ich denke, also bin ich« frech um in: »Ich empfinde mich! Ich bin!« Der Gedanke, dass Dichtung den Menschen emotional *und* intellektuell bilde, stammt übrigens auch von Herder. Dichtung also als Leitmedium der ästhetischen Erziehung!

Weiterhin schaden, laut Schiller, die entfremdeten Arbeitsverhältnisse dem Individuum erheblich. Das heißt, dass der Mensch in der arbeitsteiligen Gesellschaft nicht mehr die Vielfalt seiner Anlagen ausbilden kann und nur noch ein »verkrüppeltes Gewächs« ist. Schiller sieht »ganze Klassen von Menschen nur einen Teil ihrer Anlagen entfalten«. Um das Individuum also ist es schon damals schlecht bestellt: emotional unreif und zivilisationsgeschädigt, in entfremdeter Arbeit und entweder zu sehr triebgesteuert (die »ungebildeten Massen«) oder dekadent erschlafft (der »untätige Adel«). Den »doppelten Riss«, den der große Philosoph des Idealismus, Georg Friedrich Hegel, erst später feststellte, erkennt Schiller schon zu seiner Zeit. Das gespaltene Individuum in einer fragmentierten Gesellschaft beschreibt er mit verblüffend modernen Begriffen. Im sechsten Brief heißt es dazu:

> Ewig nur an ein einzelnes kleines Bruchstück des Ganzen gefesselt, bildet sich der Mensch selbst nur als Bruchstück aus, ewig nur das eintönige Geräusch des Rades, das er umtreibt, im Ohre, entwickelt er nie die Harmonie seines Wesens, und anstatt die Menschheit in seiner Natur auszuprägen, wird er bloß zu einem Abdruck seinen Geschäfts, seiner Wissenschaft.

Der »ganze Mensch« ist das Ziel der »ästhetischen Erfahrung«, die harmonische Ausbildung *aller* seiner Fähigkeiten und Talente. Das Ziel, sich ganz zu entwickeln, das zu werden, was man kann, ist für Schiller lebenslang ein Anliegen geblieben. »Man muss können, was man will«, lautet sein berühmter Satz dazu. Aber schon die »entfremdete Arbeit« und der »ganze« Mensch sind dabei unversöhnliche Gegensätze: »Das schöne Ganze menschlicher Natur wird durch jede Arbeit augenblicklich und durch ein arbeitendes Leben anhaltend zerstört«, heißt es kurz und bündig in seiner dichtungstheoretischen Schrift »Über naive und sentimentalische Dichtung«. Aus dem Mund eines überzeugten Workaholic überrascht eine solche Behauptung.

Hier ist es nur noch ein kleiner Schritt zur These von der »Ausbeutung und Verelendung der arbeitenden Klasse«, die Karl Marx gute 50 Jahre später aufgestellt hat. Rousseau und Schiller gelten in der Forschung auch als die Väter des modernen Entfremdungsbegriffes im Sinne von Karl Marx und Friedrich Engels.

Schiller benützt Begriffe, die erst viel später zum gängigen Vokabular der Sozialwissenschaften gehören: »Fragmentierung« oder »Zerstückelung« des Individuums im arbeitsteiligen Produktionsprozess. Arbeit ist deshalb Gift, weil durch die zunehmende »Spezialisierung« der Mensch seine »Ganzheit« vollends verliert und ein »Rädchen im Getriebe« ist. Für Rousseau hilft nur ein »Zurück zur Natur«, um der

Selbstentfremdung zu entgehen. Für Schiller, den Arzt, Philosophen, Historiker und Schriftsteller, liegt das Heilmittel in der Erfahrung des Schönen, im »ästhetischen Zustand«. Genauer gesagt des Schönen in der Kunst und der Dichtung – nach griechischem Muster.

»Ohne das Schöne würden wir unsre Menschheit versäumen«

Natürlich wurde Schönheit damals nicht als äußerliches Plus verstanden, sondern als Ausdruck von Vollkommenheit und Humanität, als Ausdruck eines nicht entfremdeten »ganzen« Lebens. Die Erfahrung des Schönen im »ästhetischen Zustand« löst so viel vitale Energie im Menschen aus, dass der »sinnliche Mensch ... zum Denken« und der »geistige Mensch ... zur Sinnenwelt« geführt wird. Das Schöne wird so zum Ausdruck einer glücklichen Aussöhnung zwischen Vernunft und Sinnlichkeit. Und erst derart »ganze« Menschen sind in der Lage, einen humanen Staat zu bilden, so Schiller in den »Ästhetischen Briefen«. Er hat grenzenloses Vertrauen in das Potenzial des Schönen, er wertet es zu einem mächtigen Wirkstoff auf, denn »ohne das Schöne würde zwischen unsrer Naturbestimmung und unsrer Vernunftbestimmung ein immerwährender Streit sein (...) würden wir unsre Menschheit versäumen«, schreibt er 1793 in »Vom Erhabenen«.

Hier hat der Philosoph Schiller die Kant'schen Schriften eindeutig als Dichter gelesen, denn dieser kann sich den vernünftigen Staat nur mit Hilfe strenger Pflichten und Regeln vorstellen.

Für Schillers Idee vom »ästhetischen Zustand« und der Utopie einer glücklich versöhnten Menschheit konnten sich auch noch im 20. Jahrhundert selbst die größten Skeptiker erwärmen. Denn auch dann war die Idee vom »ganzen« Menschen und einer freien und vernünftigen Gesellschaft noch immer nicht eingelöst. Überhaupt sind viele bedeutende Philosophen wie Georg Wilhelm Friedrich Hegel, Max Weber oder Ernst Bloch zum Beispiel bei Schiller fündig geworden. Oder auch Bertolt Brecht mit seinen berühmten Gedanken über die menschliche Würde, die er so griffig auf den Punkt bringt: »Erst das Fressen, dann die Moral«. Schiller hat es so formuliert: »Zu essen gebt ihm, zu wohnen. Habt ihr die Blöße bedeckt, gibt sich die Würde von selbst.« Treffend stellt ein Schiller-Forscher fest, dass die Grenzen zwischen materialistischer (Brecht) und idealistischer (Schiller) Sicht minimal sind.

»Er bedarf eines Übersetzers«

Der Prinz von Augustenburg wiederum, der Empfänger der »Ästhetischen Briefe«, war nicht immer angetan von Schillers Zeichen der Dankbarkeit. Die Briefe sind alles andere als leichte Kost. »Schiller ist eben doch kein Philosoph«, stöhnt er und mahnt »etliche Verdunkelungen« des Stils an. Heute verwirren vielleicht eher die immer neuen Gegensatzpaare (»Formtrieb«, »Stofftrieb« etc.), die Schiller nicht müde wird zu entwerfen, um sie dann mehr oder weniger geglückt zu versöhnen. Oder der wilde Mix von Begriffen, die er aus unterschiedlichen Fachgebieten verstrickt. Eindrucksvoll ist der »Spieltrieb«, da er uns laut Schiller überhaupt »erst zum Menschen« macht. Mit Vergnügen lesen wir aber auch, dass selbst der große Philosoph Gottlieb Fichte, ein Kollege Schillers, seine Mühe mit den ästhetischen Schriften hatte und damit nicht hinterm Berg hielt:

Ihre Art aber ist völlig neu (...) Sie fesseln die Einbildungskraft, welche nur frei sein kann, und wollen dieselbe zwingen, zu denken. Das kann sie nicht. Daher, glaube ich, stammt die ermüdende Anstrengung, die mir Ihre philosophischen Schriften verursachen, und die sie mehreren verursacht haben. Ich muss alle von ihnen erst übersetzen, ehe ich es verstehe, und so geht es anderen auch.

Warum soll die Fantasie nicht denken können? Dass Fichte ihn so unverblümt kritisiert, hat mit seinem Groll auf Schiller zu tun. Dieser hatte als Chefredakteur der »Horen«, eine der besten Kulturzeitschriften damals, ein Manuskript Fichtes abgelehnt. Zwist zwischen Kollegen! Manchmal wäre allerdings auch für uns eine exakte Übersetzung der Schillerschen Begriffflichkeit hilfreich. Er war eben Dichter und unkonventioneller Denker und kein streng systematisch argumentierender Philosoph. Vielleicht haben aber auch die zahlreichen durchwachten Nächte bei literweise Kaffee und so mancher »bouteille« seine »Einbildungskraft« in alle Richtungen gejagt.

»In einigen wenigen auserlesenen Zirkeln«

Wie aber soll der »ästhetische Staat« wirklich aussehen? Im letzten, dem 27. Brief an den Prinzen, führt Schiller seine Vision näher aus:

In dem ästhetischen Staate ist alles – auch das dienende Werkzeug ein freier Bürger, der mit dem edelsten gleiche Rechte hat, und der Verstand, der die duldende Masse unter seine Zwecke gewalttätig beugt, muß sie hier um ihre Beistimmung fragen. Hier also, in dem Reiche des ästhetischen Scheins, wird das Ideal der Gleichheit erfüllt, welches der Schwärmer so gern auch dem Wesen nach realisiert sehen möchte; und wenn es wahr ist, daß der schöne Ton in der Nähe des Thrones am frühesten und am vollkommensten reift, so müßte man auch hier die gütige Schickung erkennen, die den Menschen oft nur deswegen in der Wirklichkeit einzuschränken scheint, um ihn in eine idealische Welt zu treiben.

Existiert aber auch ein solcher Staat des schönen Scheins, und wo ist er zu finden? Dem Bedürfnis nach existiert er in jeder feingestimmten Seele, der Tat nach möchte man ihn wohl nur, wie die reine Kirche und die reine Republik, in einigen wenigen auserlesenen Zirkeln finden, wo nicht die geistlose Nachahmung fremder Sitten, sondern eigne schöne Natur das Betragen lenkt, wo der Mensch durch die verwickeltsten Verhältnisse mit kühner Einfalt und ruhiger Unschuld geht und weder nötig hat, fremde Freiheit zu kränken, um die seinige zu behaupten, noch seine Würde wegzuwerfen, um Anmut zu zeigen.

Wie schon gesagt, hier lässt Schiller unsere Erwartungen im Stich. Denn wie der »ästhetische Staat« zu verwirklichen sei, hat ihn praktisch nicht interessiert. Für ihn waren ohnehin die »Annäherung« an einen ersehnten Zustand, das »Bedürfnis« danach oder sogar seine Unerfüllbarkeit viel aufregender als die reale Umsetzung. In die »idealische Welt getrieben« zu werden, das begeisterte ihn. Damals wurde gemunkelt, er habe, aus purer Dankbarkeit, den Kleinstaat Sachsen-Weimar oder die aufgeklärte Hofgesellschaft des dänischen Prinzen, seines Mäzens, als idealen Ort in der Art einer griechischen Polis vor Augen gehabt. Wir wissen es nicht. Seine humane Vision ist auf jeden Fall ein ganz verblüffendes Ideengebäude, wenn man bedenkt, dass ein häufig schwer kranker, meist mittelloser, unablässig arbeitender Mann sich diese Theorien ausgedacht hat. Und auch er selber war, wie bekannt ist, meist gut gelaunt und optimistisch. Da kommt einem Herders sprichwörtliche miese Laune in den Sinn, die Zeitgenossen mit seinem hartnäckigen Augenleiden erklärten. Ganz anders Schiller: Das Bild des »vernünftigen Staates« liest sich stellenweise wie eine kindliche Wunschfantasie vom Paradies: Menschen mit »feingestimmter Seele« leben ohne arbeiten zu müssen und erfahren sich durch ihren »Spieltrieb« im ästhetischen Genuss ganzheitlich. Alle sind rundum zufrieden, da die »Schönheit allein (. . .) alle Welt [beglückt], und jedes Wesen (. . .) seine Schranken [vergißt], solang es ihren Zauber erfährt«. Eine heile Welt, weit entfernt von der realen, auch der ihres Erfinders. Es überrascht daher auch nicht, dass Schiller in seinem Essay »Über naive und sentimentalische Dichtung« einzig die Natur und die Kindheit von allen schädlichen und entfremdenden Einflüssen der Zivilisation ausnimmt:

> Deswegen ist das Gefühl, womit wir an der Natur hangen, dem Gefühle so nahe verwandt, womit wir das entflohene Alter der Kindheit und der kindlichen Unschuld beklagen. Unsere Kindheit ist die einzige unverstümmelte Natur, die wir in der kultivierten Menschheit noch antreffen, daher es kein Wunder ist, wenn uns jede Fußstapfe der Natur außer uns auf unsre Kindheit zurückführt.

So könnte das auch Jean-Jacques Rousseau gesagt haben!

In gewissem Sinn ist es Schiller gelungen, das Schöne objektiv zu bestimmen, also Kant zu überflügeln, wie er es Körner angekündigt hat. »Schönheit ist Freiheit in der Erscheinung«, lautet die wundersame Formel und bedeutet, dass das Kunstschöne mit seinen Materialien – der Sprache oder anderen Bausteinen – auf eine Weise spielt, dass deren je Eigenes »mit gleichem Recht« so zum Einsatz kommt, dass es sich »frei« dem Ganzen des Kunstwerks einordnet. Stoff und Form gehen also ein freies, gleichberechtigtes Zusammenspiel ein, das als schön erscheint. »Das ästhetische Unternehmen«, schreibt ein Philosoph und Schiller-Biograph von heute, »ist der grandiose Versuch, den Geist der Freiheit ansteckend zu machen und über die ganze erscheinende Welt (. . .) auszubreiten.« Und für die Freiheitsanstrengungen der Franzosen heißt das, dass sie, nach Schiller, noch nicht »freiheitsfähig« waren. Die »Ästhetischen Briefe zur Erziehung des Menschen«, die Schiller 1795 in den »Horen« erstmals veröffentlicht, sind Fragment geblieben. Aus diesen

Briefen aber ist das nachhaltigste Erziehungsprogramm, das der ganzheitlichen humanistischen Bildung, hervorgegangen. Und Schiller hat dieses Bildungsideal als Kunstideal in den Dramen der Weimarer Klassik weiterleben lassen. So hat der Philosoph dem Dichter zugearbeitet.

Das Kunst- und Bildungsprogramm der ästhetischen Erziehung

»Fast ein Grieche«

Schon für die »Ästhetischen Briefe« hatte sich Schiller an Rousseau und Kant und vor allem an den »Alten« orientiert. Bei ihnen fand er ein bewährtes Vorbild für seine Ideen. Schon deshalb wäre er zu gern Grieche gewesen! Nicht als Jugendlicher auf Identitätssuche, sondern als erwachsener Mann wünschte er sich das. Am liebsten wäre er einer von denen gewesen, die vor gut 2000 Jahren in einer Polis lebten, Werke in klassischem Versmaß schrieben, mit sich, der Welt und den Göttern rundum einverstanden waren und bei den Olympischen Spielen einen Olivenkranz gewannen. Mit diesen Fantasien lag er voll im Trend. Der Kunsthistoriker Johann Joachim Winckelmann hatte in seinem zentralen Werk »Gedanken über die Nachahmung der griechischen Werke« (1755) die Leidenschaft von Künstlern und Intellektuellen für die griechische Antike entzündet. Sie bildeten eine ideale Projektionsfläche! Alles schien dort besser gewesen zu sein – die Menschen »ganz«, die Kunst ideal. Winckelmann ging es um die Harmonie von Körper und Seele, die es erlaubt, auch bei Grenzerfahrungen Würde zu bewahren, wie er es in der »Laokoon-Gruppe« vorbildhaft verkörpert sieht.

Künstler und junge Adelige aus ganz Europa zogen auf der »Kavalierstour« nach Italien, um wenigstens auf römischem Boden »Arkadien« (Goethe) oder das »Elysium« zu betreten, wie Schiller diesen verheißungsvollen Ort nannte, ohne je dort gewesen zu sein. Das reale Griechenland gehörte damals den Osmanen und war nicht gerade ein verlockendes Reiseziel für unsportliche Künstler und verweichlichte Adelige. Goethe kutschierte zweimal in den Süden, das erste Mal blieb er fast zwei Jahre (1786–1788), um dann als reifer »klassischer« Dichter die Weimarer zu verblüffen. Schiller kam nur bis zum Antikensaal in Mannheim, aber allein diese Begegnung erhitzte ihn so, dass er sofort wieder Griechisch lernen wollte, um Sophokles und andere Dichter im Original zu lesen. Die Ideale der »Simplizität« (Einfachheit), der »Vollkommenheit«, der Harmonie und der Schönheit des »ganzen« Menschen, selbst die Regeln der Dichtkunst fanden die Dichter in der antiken Literatur und Kunst und wählten sie zum Vorbild. Sich bei den »Alten« die Regeln der Dichtkunst abzuschauen war wirklich nichts Neues, das hatten schon Generationen von Kollegen vor ihnen getan. »Nur ein Zufall«, so Schiller selbstbewusst, »trennt (ihn) vom Griechentum«, und Goethe schrieb noch 1818 in seinem Aufsatz »Über Kunst und Altertum«, dass der wahre Künstler »fühlt, denkt, handelt ... wie ein Grieche«. Und jetzt, original, Schillers Griechenland-Euphorie im sechsten »Ästhetischen Brief« an den Augustenburger:

Aber bei einiger Aufmerksamkeit auf den Zeitcharakter muß uns der Kontrast in Verwunderung setzen, der zwischen der heutigen Form der Menschheit und zwischen der ehemaligen, besonders der griechischen, angetroffen wird. Der Ruhm der Ausbildung und Verfeinerung, den wir mit Recht gegen jede andre *bloße* Natur geltend machen, kann uns gegen die griechische Natur nicht zustatten kommen, die sich mit allen Reizen der Kunst und mit aller Würde der Weisheit vermählte, ohne doch, wie die unsrige, das Opfer derselben zu sein. Die Griechen beschämen uns nicht bloß durch eine Simplizität, die unserm Zeitalter fremd ist; sie sind zugleich unsre Nebenbuhler, ja oft unsre Muster in den nämlichen Vorzügen, mit denen wir uns über die Naturwidrigkeit unsrer Sitten zu trösten pflegen. Zugleich voll Form und voll Fülle, zugleich philosophierend und bildend, zugleich zart und energisch sehen wir sie die Jugend der Phantasie mit der Männlichkeit der Vernunft in einer herrlichen Menschheit vereinigen (...)

Ich verkenne nicht die Vorzüge, welche das gegenwärtige Geschlecht, als Einheit betrachtet und auf der Waage des Verstandes, vor dem besten in der Vorwelt behaupten mag; aber in geschlossenen Gliedern muß es den Wettkampf beginnen und das Ganze mit dem Ganzen sich messen. Welcher einzelne Neuere tritt heraus, Mann gegen Mann mit dem einzelnen Athenienser um den Preis der Menschheit zu streiten?

Wie man sieht, lässt sich Schiller keine Gelegenheit entgehen, wieder neue Gegensatzpaare aufzustellen. Er ruft doch tatsächlich zu einem Wettkampf zwischen den »Alten« und den »Neuen« auf. Aber, o Wunder, die Gewinner sind die »Neuen«!

Wie kommt es dazu?

Schillers bekanntestes Gegensatzpaar, das er später in seinem Essay »Über naive und sentimentalische Dichtung« (1795) ausgeführt hat, klingt hier bereits an. Die Griechen sind »naiv« im besten Sinn und Schillers Zeitgenossen »sentimentalisch«. »Naiv« sein heißt, »einig mit sich selbst und glücklich im Gefühl seiner Menschheit« zu sein. »Sentimentalisch« ist der moderne Mensch, da er weder mit sich noch mit seiner Umwelt identisch ist, aber sich inständig danach sehnt. Sich selbst hat Schiller bei den »Sentimentalischen« eingereiht, weil er mit seiner »Zerrissenheit« schwer zu kämpfen hatte. Goethe hingegen, als »griechischer Rhapsode«, gehört zu den »Naiven«, wie Schiller zu wissen meint. Ein Experte kommentiert Schillers Einteilung heute so, dass Goethe sich keineswegs als »antiker Geist« in die Moderne verirrt habe, sondern dass er bloß »auf beunruhigende Weise immun gegen die sentimentalischen Zumutungen der eigenen Zeit« sei. Das Bild eines »beunruhigend« gesunden und rundum mit sich zufriedenen Goethe gilt auch heute noch.

Das Goethe-Schiller-Denkmal von Ernst Rietschel vor dem Nationaltheater in Weimar.

Die »beschränkten Alten«

Obwohl Schiller und Goethe die Werke der antiken Dichter für absolut mustergültig halten, liegt ihnen doch daran, nicht bloß nachzuahmen oder die zeitliche Distanz zu unterschlagen. Orientierung an den »Alten« ja, vor allem als Schutzwall gegen die boomende Trivialliteratur, »hohe Tragödie« gegen rührseliges Familientrauerspiel ja, aber bloß keine Imitation.

Deshalb untersucht Schiller in »Über naive und sentimentalische Dichtung« schließlich, was die »modernen« Dichter von den »Alten« unterscheidet. Das überraschende Fazit von Schillers Untersuchung: Die modernen Dichter leisten mehr!

Da der naive Dichter bloß der einfachen Natur und Empfindung folgt und sich bloß auf Nachahmung der Wirklichkeit beschränkt, so kann er zu seinem Gegenstand auch nur ein einziges Verhältnis haben, und es gibt, in *dieser* Rücksicht, für ihn keine Wahl der Behandlung. Der verschiedene Eindruck naiver Dichtungen beruht (vorausgesetzt, daß man alles hinwegdenkt, was daran dem Inhalt gehört, und jenen Eindruck nur als das reine Werk der poetischen Behandlung betrachtet), beruht, sage ich, bloß auf dem verschiedenen *Grad* einer und derselben Empfindungsweise; selbst die Verschiedenheit in den äußern Formen kann in der Qualität jenes ästhetischen Eindrucks keine Veränderung machen. Die Form sei lyrisch oder episch, dramatisch oder beschreibend: wir können wohl schwächer und stärker, aber (sobald von dem Stoff abstrahiert wird) nie verschiedenartig gerührt werden. Unser Gefühl ist durchgängig dasselbe, ganz aus *einem* Element, so daß wir nichts darin zu unterscheiden vermögen. Selbst der Unterschied der Sprachen und Zeitalter ändert hier nichts, denn eben diese reine Einheit ihres Ursprungs und ihres Effekts ist ein Charakter der naiven Dichtung.

Ganz anders verhält es sich mit dem sentimentalischen Dichter. Dieser *reflektiert* über den Eindruck, den die Gegenstände auf ihn machen, und nur auf jene Reflexion ist die Rührung gegründet, in die er selbst versetzt wird und uns versetzt. Der Gegenstand wird hier auf eine Idee bezogen, und nur auf dieser Beziehung beruht seine dichterische Kraft. Der sentimentalische Dichter hat es daher immer mit zwei streitenden Vorstellungen und Empfindungen, mit der Wirklichkeit als Grenze und mit seiner Idee als dem Unendlichen zu tun, und das gemischte Gefühl, das er erregt, wird immer von dieser doppelten Quelle zeugen.

Schiller präzisiert, was die »Alten« nämlich nicht können: ». . . in dem, was undarstellbar und unaussprechlich ist, kurz, in dem, was man in Kunstwerken Geist nennt«, müssen sie hinter den »Modernen« zurückbleiben, weil sie allein auf die Darstellung und Nachahmung der Wirklichkeit beschränkt bleiben. Schiller schreibt, »dass das Ziel, zu welchem der Mensch durch Kultur strebt, demjenigen, welches er durch Natur erreicht, unendlich vorzuziehen ist«. Hier hat Schiller Ansätze zu einer Theorie der Moderne formuliert, zu der bereits hundert Jahre vorher französische Autoren in der »Querelle des anciens et des modernes« den Grundstein gelegt haben. Dabei hat er dem »griechischen Rhapsoden« Goethe – rein theoretisch und ganz beiläufig – eins ausgewischt. Denn er, Schiller, ist ja der leistungsstarke sentimentalische Dichter! So hat er die Vorzüge der Literatur seiner Zeit aus dem Windschatten der Antike befreit und eine eigenständige Position erarbeitet.

Schiller als Erzieher

»Der verkennt mich ganz, der mich als Lehrer schätzen will«, behauptete Schiller einmal. Doch gerade als Lehrer einer durchschnittlich überfüllten Schulklasse bei dem Thema »Die klassische Ballade« erscheint er uns heute einfach Klasse! Für ihn jedoch muss es mindestens die ganze Menschheit sein. Die Menschheit bilden, den Geschmack verfeinern, das ist für den klassischen Schiller das erste Ziel.

Schon Gotthold Ephraim Lessing hatte mit seiner Schrift »Die Erziehung des Menschengeschlechts« (1780) dem aufklärerischen Erziehungsgedanken einen entscheidenden Impuls gegeben. Das Weimarer Klassikprojekt, das die Bildung des »ganzen Menschen« mit allen seinen Talenten zu fördern sucht und bis zur Mitte des zwanzigsten Jahrhunderts Vorbild war, ist in letzter Zeit rapide in Vergessenheit geraten, da Schüler meist nur nützliche Schlüsselkompetenzen für den Arbeitsmarkt erwerben sollen. Dagegen zielte Schillers ästhetische Erziehung darauf, dass das Individuum »endlich als Selbstzweck (geehrt) und die wahre Freiheit zur Grundlage der politischen Verbindung (gemacht)« werde. Bei ihm bedeutet das, wie wir wissen, Bildung durch die ästhetische Erfahrung, durch Lektüre und Genuss von –

vorrangig – griechischer Dichtkunst und bildender Kunst. Doch schon damals setzte die Mehrheit des Publikums auf leichte Kost, wollte »lieber Wassersuppen als kräftige Speise«, wie er lamentierte. Vor dem Genuss stand für die zu Bildenden erst mühsame Plage, wie sie sich Schiller auch abverlangt hatte. Glaubt man ihm, muss das Niveau der deutschen Durchschnittsleser eine echte Katastrophe gewesen sein:

> Es gibt nichts Roheres als den Geschmack des jetzigen deutschen Publikums, und an der Veränderung dieses elenden Geschmacks zu arbeiten, nicht meine Modelle von ihm zu nehmen, ist der ernstliche Plan meines Lebens. Zwar habe ich es noch nicht dahin gebracht, aber nicht weil meine Mittel falsch gewählt waren, sondern weil das Publikum eine zu frivole Angelegenheit aus seiner Lektüre zu machen gewohnt ist.

So klagt er diskret seinem Freund Körner. Über die Geschmacklosigkeit der Deutschen haben sich schon früher viele Autoren die Haare gerauft und Verbesserungskampagnen gestartet. Allein um den Anschluss an das kulturelle Niveau der europäischen Nachbarn haben sich vor den »Weimarer Riesen« schon Johann Christoph Gottsched und Gotthold Ephraim Lessing bemüht, der Erstere in Anlehnung an die Franzosen, der Zweite an die Griechen.

Paradoxerweise ist es gerade die Leselust eines wachsenden Publikums, wie die beiden Weimarer meinen, die die Maßstäbe der Literatur zersetzt. Geradezu süchtig greifen vor allem »Frauenzimmer« aus bürgerlichen Kreisen zu aufregendem Lesestoff und verschlingen einen mittelmäßigen Roman nach dem anderen.

Dabei ist die Kunst endlich unabhängig. Sie hat sich zum Ende des 18. Jahrhunderts erfolgreich aus den Fängen kirchlicher Bevormundung, des Geschmacksdiktats eines französisch orientierten Hofs und des pädagogischen Anspruchs übereifriger Aufklärer befreit. Und da droht ihr ein schlech-

ter Geschmack den Garaus zu machen! Um die Unabhängigkeit der Kunst von den Gesetzen des Marktes geht es
Schiller und Goethe und vor allem um die eigenen Standards, die sie schützen wollen.

Der rapide wachsende Markt billiger Unterhaltungsliteratur
stürzt Schiller in große Sorgen. Früher hat er anders gedacht. Zehn Jahre zuvor, 1784, vogelfrei und auftraglos,
verfasst er in der Ankündigung seiner ersten Zeitschrift, der
»Rheinischen Thalia«, geradezu eine Liebeserklärung an das
Publikum, dessen Geschmack damals sicher keinen Deut
besser war:

> Ich schreibe als Weltbürger, der keinem Fürsten dient. (...) Das Pub-
> likum ist mir jetzt alles, mein Studium, mein Souverain, mein Ver-
> trauter. Ihm allein gehör ich jetzt an.

Der junge Schiller hätte noch am liebsten für alle geschrieben. Den »Geisterseher« beispielsweise, aus heutiger Sicht
ein echter Bestseller. Als ihn in den 90er-Jahren einige
Verleger dringend um eine Fortsetzung bitten, winkt er
genervt ab. Schließlich ist die Gattung »Roman« nur der
»Halbbruder der Dichtung« und folglich unter Schillers
Würde. Jetzt gehört er der Weimarer Elite an. Lieber mit
Goethe, dem Halbgriechen, ein paar gemeine Xenien gegen das grassierende Mittelmaß verfasst und gegen den Kollegen Gottfried August Bürger einen fetzigen Verriss. Bürger legt Wert darauf, Volksdichter zu sein und in »Palästen
und Hütten« gelesen zu werden. Für Schiller ein billiger
Kompromiss. Solche Kollegen, die sich am Geschmack brei-
ter Schichten orientieren, verderben die mühsam errunge-
nen Maßstäbe. Diese Haltung sollte Goethe und Schiller
noch oft die Bezeichnung »elitäre Säcke« eintragen. Das
Publikum, da sind sich die beiden einig, müsse sich zu ihrem
Niveau hocharbeiten und nicht sie vom Höhenkamm hi-
nunterklettern. Von wegen die Leser dort abholen, wo sie

sich befinden. Nur Schillers und Goethes Kunst und Kunstideale können die »Brücke zum vernünftigen Staat« schlagen. Sie bleiben ihren künstlerischen Visionen treu und
fordern eine Elitebildung für alle. Schiller ist optimistisch,
dass die Ideale der Wenigen durch ästhetische Erziehung
zum Bildungsgut aller werden.

Wie es möglich wäre, mehr Leser für die anspruchsvolle
Literatur zu gewinnen, den Bildungsauftrag für möglichst
viele einzulösen, wusste er allerdings genau:

> . . . wenn bessere Schriftsteller sich herablassen möchten, den schlech-
> ten die Kunstgriffe abzusehen, wodurch sie sich Leser erwerben, und
> zum Vorteil der guten Sache davon Gebrauch zu machen (. . .) bis
> unser Publikum kultiviert genug sein wird, um das Wahre, Schöne
> und Gute ohne fremden Zusatz für sich selbst lieb zu gewinnen.

Für ihn selbst kam das »Herablassen« grundsätzlich nicht in
Frage, weil »das einzige Verhältnis gegen das Publikum, das
einen nicht reuen kann, der Krieg« ist. Harte Worte! Mit
seinem letzten Drama, dem »Wilhelm Tell«, macht er allerdings noch einmal eine Ausnahme und wendet sich einem
breiten Publikum zu. »Ein rechtes Stück für das ganze
Publikum verspreche ich Ihnen.« So kündigt er Iffland, dem
Direktor des Schauspielhauses in Berlin, seinen »Tell« im
November 1803 an. Aber nicht nur der schlechte Geschmack der deutschen Leserschaft bedroht die Weimarer
Maßstäbe, auch das zunehmend marktwirtschaftliche Denken von Autoren und Verlegern. Dem Prinz von Augustenburg hat er im zweiten Brief geklagt:

> . . . die Kunst ist die Tochter der Freiheit, und von der Notwendigkeit
> der Geister, nicht von der Notdurft der Materie will sie ihre Vor-
> schrift empfangen. (. . .) Der Nutzen ist das große Idol der Zeit, dem
> alle Kräfte fronen, und alle Talente huldigen (. . .) Auf dieser groben

Waage hat das geistige Verdienst der Kunst kein Gewicht, und, aller Aufmunterung beraubt, verschwindet sie von dem lärmenden Markt des Jahrhunderts.

Wenn Schiller hier den »Nutzen« als »Idol der Zeit« beklagt, dann ist dies vergleichbar mit heutigen Kulturkritikern, die hartnäckig rügen, dass Kulturpolitik nur noch Finanzpolitik ist, dass Quoten über Qualität entscheiden, kurz, dass sich ästhetische Erziehung rechnen muss. Sie fordern von den öffentlichen Fernsehanstalten vergeblich, ihren Bildungsauftrag einzulösen. Diese Verflachung der Bildungsideale durch die öffentlichen Institutionen hat schon zu Schillers Zeiten ihren Anfang genommen.

Als Experten für die ästhetische Erziehung und Bildung geht es Schiller und Goethe gerade um die Qualitätssicherung der eigenen Kunstideale. Dazu wenden sie eine smarte Strategie an. Erstens: Distanzierung von den Gesetzen des Marktes, zweitens: Gründung exklusiver Fachzeitschriften. Schiller ruft »Die Horen« mit handverlesenen Autoren ins Leben und Goethe zieht mit den »Propyläen« nach. Sie arbeiten professionell, mit einem hochkarätigen Herausgeberstab, einem Abonnenten-System, abgesprochenen Rezensionen und gezielter Werbung. Trotzdem überleben beide Zeitschriften nur zwei Jahrgänge. Nächster Schritt: Hassgedichte (»Xenien«) zur Abwertung der Konkurrenz, (zusätzlich genährt vom Ärger über die schnell schrumpfenden Leserzahlen der »Horen«). Schiller hatte wieder mal zu große Erwartungen in den finanziellen Ertrag gesetzt.

Die Musterknaben

... nach dem tollen Wagestück mit den Xenien müssen wir uns bloß
großer und würdiger Kunstwerke befleißigen und unsere proteische
Natur, zu Beschämung aller Gegner, in die Gestalten des Edlen und
Guten umwandeln.

So treibt Goethe Schiller im November 1796 an, es jetzt
den Kollegen zu zeigen. Tatsächlich hat ihr gehässiger
Rundumschlag in den »Xenien« eine lange produktive Pha-
se zur Folge, in der beide Dichter in einzigartig fruchtbarer
Zusammenarbeit die großen klassischen Werke schaffen.
Zugleich reflektieren sie in täglichen Gesprächen und Briefen, was Dichtung leisten kann und wie sie sein muss.
Dasselbe gilt für das Selbstverständnis des Künstlers und für
seine Aufgaben. Umfassende Selbstbildung ist die Mindest-
ausstattung für einen Künstler! Dies als Pflichtübung zu
verstehen wäre jedoch ein großer Irrtum. Bildungslust und
-hunger liegen auch am Ende des 18. Jahrhunderts noch in
der Luft. Schiller hat damals sogar einen »Erkenntnistrieb«
und einen »Bildungstrieb« festgestellt.

Der nächste Punkt im Strategieplan ist ein Gütesiegel »echt
deutsche Klassik«, natürlich ohne es so zu nennen. An ihm
tüfteln, direkt oder indirekt, nur wenige Auserwählte: Außer Schiller und Goethe haben noch der Schriftsteller Karl
Philipp Moritz, Christian Gottlieb Körner, Wilhelm von
Humboldt und Immanuel Kant die Hand im Spiel. Dabei
wird dem Dichter dringend »Realitätsferne« verordnet. Da
»dem Zeitgeist nur durch zeitloses Denken« beizukommen
ist, stellt sich Schiller den idealen Dichter nicht als realitäts-
tüchtigen »Macher« vor, sondern als einen, der es versteht,
»sich aus dem Gebiet der wirklichen Welt (zurückzuzie-
hen), der ... seine eigene Welt formieret ... da ihn die
Wirklichkeit nur beschmutzen würde«. Nur so ist garan-

tiert, dass »Kunst das reine Produkt der Absonderung« wird. Er selbst äußert deshalb nicht ohne Stolz: ». . . und es ist im buchstäblichsten Sinne wahr, dass ich gar nicht in meinem Jahrhundert lebe . . .« Das ist wieder gut schillerisch übertrieben.

Dem älteren Schiller – er ist jetzt Mitte vierzig – entspricht diese »klassische« Position bestens: Erfahrung und Leidenschaften sind, wie wir wissen, für den jungen Dramenschreiber die zentrale Quelle der Kreativität gewesen. Später, vor allem nach den schweren Krankheiten, lässt er die subjektiven Elemente der Erfahrung hinter sich. Keinen Schauplatz seiner Dramen hat er je gesehen, nie die Schweiz oder Italien bereist, sondern alles aus seiner Vorstellungskraft geschöpft! Natürlich betreibt er akribisch Quellenstudien und genaue Recherchen, aber am Schreibtisch und im Gespräch mit den Freunden. »Erfahrung« und »Anschauung«, die Schlüsselbegriffe seiner Jugend, sind dem Reich der Ideen und der Einbildungskraft gewichen.

Ein weiterer Schritt zum Weimarer Olymp besteht aus einem festen Regelpaket, das formale und inhaltliche Richtlinien für die Gattungen festlegt. Dazu schreiben Schiller und Goethe gemeinsam einen Aufsatz mit dem Titel »Über epische und dramatische Dichtung« (1797). Die jungen Romantiker, ehrgeizige Dichter der folgenden Generation, wie die Gebrüder Schlegel und der junge Schelling etwa, lachen nur über das »klassische Korsett« und vermischen die Gattungen, wie sie Lust haben – ein Sakrileg für die »Klassiker«. In deren Augen muss der Dichter über handwerkliche Kompetenz verfügen, die griechischen Reim- und Versmaße souverän beherrschen, die Poetik des Aristoteles kennen und Sinn für Klarheit und Proportion, Maß und Stil haben. Von den griechischen Skulpturen lesen sie unter anderem das ideale Menschenbild ab. Alles Schiefe, Krumme, Maßlose, Nicht-Proportionierte und Dunkle ist aus der Weimarer Harmonieästhetik rigoros verbannt.

Die Figur der Iphigenie aus Goethes Tragödie »Iphigenie auf Tauris« verkörpert mit der »schönen Seele« das Humanitätsideal der klassischen Erziehung. Das Bild der »schönen Seele« hat viele Künstler fasziniert. Schiller hat sie so definiert:

Eine schöne Seele nennt man es, wenn sich das sittliche Gefühl aller Empfindungen des Menschen endlich bis zu dem Grad versichert hat, daß es dem Affekt die Leitung des Willens ohne Scheu überlassen darf und nie Gefahr läuft, mit den Entscheidungen desselben im Widerspruch zu stehen. Daher sind bei einer schönen Seele die einzelnen Handlungen eigentlich nicht sittlich, sondern der ganze Charakter ist es. Man kann ihr auch keine einzige darunter zum Verdienst anrechnen, weil eine Befriedigung des Triebes nie verdienstlich heißen kann. Die schöne Seele hat kein andres Verdienst, als daß sie ist. Mit einer Leichtigkeit, als wenn bloß der Instinkt aus ihr handelte, übt sie der Menschheit peinlichste Pflichten aus, und das heldenmutigste Opfer, das sie dem Naturtriebe abgewinnt, fällt wie eine freiwillige Wirkung eben dieses Triebes in die Augen. Daher weiß sie selbst auch niemals um die Schönheit ihres Handelns, und es fällt ihr nicht mehr ein, daß man anders handeln und empfinden könnte; dagegen ein schulgerechter Zögling der Sittenregel, so wie das Wort des Meisters ihn fordert, jeden Augenblick bereit sein wird, vom Verhältnis seiner Handlungen zum Gesetz die strengste Rechnung abzulegen. Das Leben des letztern wird einer Zeichnung gleichen, worin man die Regel durch harte Striche angedeutet sieht und an der allenfalls ein Lehrling die Prinzipien der Kunst lernen könnte. Aber in einem schönen Leben sind, wie in einem Tizianischen Gemälde, alle jene schneidenden Grenzlinien verschwunden, und doch tritt die ganze Gestalt nur desto wahrer, lebendiger, harmonischer hervor.

Hier ist Schiller wieder der große Versöhner: Den Widerstreit zwischen Sinnlichkeit und Vernunft (»Neigung« und »Pflicht«) vereint er in der »Charakterschönheit«, der »schönen Seele« oder »Herzensbildung«, wie es im Volksmund heißt.

Eine männliche Verkörperung der »schönen Seele« hat Goethe übrigens schon 1789 in den »Römischen Elegien«

entworfen und zugleich ein wunderschönes Beispiel für ein ganzheitliches Bildungserlebnis – inspiriert von seinen Erfahrungen in Rom. So könnte man sich die ideale »ästhetische Erfahrung« vorstellen.

Froh empfind' ich mich nun auf klassischem Boden begeistert,
    Vor- und Mitwelt spricht lauter und reizender mir.
Hier befolg' ich den Rat, durchblättre die Werke der Alten
    Mit geschäftiger Hand, täglich mit neuem Genuß.
Aber die Nächte hindurch hält Amor mich anders beschäftigt;
    Werd' ich auch halb nur gelehrt, bin ich doch doppelt beglückt.
Und belehr' ich mich nicht, indem ich des lieblichen Busens
    Formen spähe, die Hand leite die Hüften hinab?
Dann versteh' ich den Marmor erst recht: ich denk' und vergleiche,
    Sehe mit fühlendem Aug', fühle mit sehender Hand.
Raubt die Liebste denn gleich mir einige Stunden des Tages,
    Gibt sie Stunden der Nacht mir zur Entschädigung hin.
Wird doch nicht immer geküßt, es wird vernünftig gesprochen,
    Überfällt sie der Schlaf, lieg' ich und denke mir viel.
Oftmals hab' ich auch schon in ihren Armen gedichtet
    Und des Hexameters Maß leise mit fingernder Hand
Ihr auf den Rücken gezählt. Sie atmet in lieblichem Schlummer,
    Und es durchglüht ihr Hauch mir bis ins Tiefste die Brust.
Amor schüret die Lamp' indes und denket der Zeiten,
    Da er den nämlichen Dienst seinen Triumvirn getan.

Einmalig. Allerdings wieder eine exklusiv männliche Erfahrung!

Eine gewisse Breitenwirkung dieser anspruchsvollen Bildungsziele hat es bis zum Beginn des 20. Jahrhunderts doch gegeben. Wilhelm von Humboldt, ein guter Freund Schillers, gründete 1806 die erste preußische Universität in Berlin und berief den Philosophen Fichte zum Rektor. Aus den klassischen Idealen der umfassenden Bildung hat er ein Bildungsprogramm für Generationen von Schülern und Schülerinnen herausgearbeitet. Sie bilden sich – heute in drastisch schwindender Zahl – unter anderem am griechischen Vorbild, lesen die griechischen und römischen Klassiker mal mit Vergnügen, mal unter Qualen im Original.

Aus heutiger Sicht und an Schillers eigenen Ansprüchen gemessen sind seine humanistischen Bildungsideale jedoch gescheitert. Spätestens seit dem Zivilisationsbruch im Zweiten Weltkrieg ist klar, dass die »ästhetische Erziehung« die hohen Erwartungen nicht einlösen konnte. Schade, dass Schiller sich nie für die Umsetzung seiner Ideen in die Praxis interessiert hat. In dieser Hinsicht gehörte er unbedingt zu den »Naiven« im heutigen Wortsinn.

Zwei Stimmen von bedeutenden Geistesgrößen des 20. Jahrhunderts, eine wütend-enttäuschte und eine liebevoll-versöhnliche, zeigen, wie konträr Schillers Wirkung nach dem Zweiten Weltkrieg unter diesem Aspekt bewertet wurde:

Der Soziologe und Kulturkritiker Theodor Wiesengrund Adorno in »Minima Moralia« (1945/51) und der Kollege Thomas Mann in »Versuch über Schiller« (1955).

... Dicht hinter dem Ideal steht das Leben. Die Rosendüfte von Elysium, viel zu wortselig, als daß man ihnen die Erfahrung einer einzigen Rose glauben dürfte, riechen nach dem Tabak der Amtsstube, und das schwärmerische Mondrequisit ward nach der Ölfunzel geschaffen, in deren sparsamem Licht der Student fürs Examen büffelt. Als Kraft hat Schwäche den Gedanken des angeblich aufsteigenden Bürgertums zu der Zeit schon an die Ideologie verraten, da es gegen die Tyrannei wetterte. Im innersten Gehäuse des Humanismus, als dessen eigene Seele, tobt gefangen der Wüterich, der als Faschist die Welt zum Gefängnis macht.
Theodor W. Adorno, *Minima Moralia*

... Und wer wollte denn auch in Schillers Wesen, bei allem tiefbemühten, heiligen und mit enormem Scharfsinn ausgestatteten Ernst, der ihm eignet, das Kindliche verkennen, die edelmütige Naivität, die uns so manches Mal ein verehrendes Lächeln auf die Lippen lockt, da sie doch unablöslich seiner spezifischen und ganz unvergleichlichen Größe angehört, – einer Großheit, generös, hochfliegend, flammend, emporreißend, weltallstrunken und menschheitlich-kultur-pädagogisch, männlich in alledem aufs höchste. Aber das Lächeln, das wir uns gelegentlich zu verbeißen haben vor Schiller'scher Grandiosität, gilt einem Ewig-Knabenhaften, das zu ihr gehört, dieser Lust am höheren Indianerspiel, am Abenteuerlichen und psychologisch Sensationellen, ungeheuerer Tugend und erhabenem Verbrechen, am Pitaval, an Jesuiten-Intrigen, Inquisition, Bastille und Opfer des Glückspiels. Es ist da ein phantastischer Hang zum Planen großer Geschäfte, ein beständiges Anregen weitgespannter Unternehmungen, ein Wälzen spekulativer Ideen.

Thomas Mann, *Versuch über Schiller*

Goethe und Schiller haben sich selbst nie als »Klassiker« von überzeitlicher Mustergültigkeit verstanden, aber Goethes kluge Mutter hat vor der Kanonisierung ihrer Werke schon 1807 in einem Brief an ihren Sohn gewarnt:

Und du und Schiller ihr seid hernach Classische Schriftsteller – wie Horaz – Lifius – Ovid und wie sie alle heißen (...) was werden alsdann die Professoren Euch zergliedern – auslegen – und der Jugend einpleuen.

349

XI.
»Die Muse schweigt«
Schiller benutzt und parodiert

Schiller im Dritten Reich

Sind die Deutschen in irgendetwas besonders gut? Können sie irgendetwas besonders schlecht? Der Dichter Schiller antwortete auf solche Fragen mit dem Gedicht »Deutsche Größe«. Es blieb im Entwurf stecken. In den fertigen Strophen lässt Schiller deutsche Geschichte Revue passieren, nimmt Maß an den Engländern, den Franzosen und kommt zu dem Schluss:

> Stürzte auch in Kriegesflammen
> Deutschlands Kaiserreich zusammen,
> Deutsche Größe bleibt bestehn.

Das ist jetzt 200 Jahre her und Schiller verstand unter »deutsch« etwas anderes als wir heute. Allein das, was wir heute als »Deutschland« bezeichnen, war damals zersplittert in viele kleinere und größere Fürstentümer. Aber trotzdem – es gibt etwas, worauf die Deutschen sich laut Schiller mit aller Energie stürzen sollten, etwas, worin sie besonders stark sind: im Denken.

> Das ist nicht des Deutschen Größe
> Obzusiegen mit dem Schwert,
> In das Geisterreich zu dringen
> Vorurteile zu besiegen
> Männlich mit dem Wahn zu kriegen
> Das ist seines Eifers wert.

»Geisterreich« statt Kaiserreich. Im Geistigen haben die Deutschen ihre besondere Stärke. Überhaupt gilt: »Höhern Sieg hat der errungen, / Der der Wahrheit Blitz geschwungen, / Der die Geister selbst befreit . . .«

»Deutsche Größe« – das sollte sein, sich im besseren Menschsein auszubilden, Wahrheit zu suchen und den Geist zu kultivieren. Thomas Mann hielt Schiller zu Ehren eine Rede zum 150. Todestag. Ihm liegt dieser Gedanke besonders am Herzen. Nach Schiller, so Thomas Mann, seien die Deutschen sogar unfähig, sich zu einer Nation zu bilden. Der große Deutsche – das ist der feine, gebildete, nach den höchsten Idealen strebende Mensch. So lautet es auch in einem Xenion: »Zur Nation euch zu bilden, ihr hoffet es, Deutsche, vergebens;/Bildet, ihr könnt es, dafür freier zu Menschen euch aus.« Also bitte kein politischer, erst recht kein militärischer Ehrgeiz!

Thomas Mann hielt seine Rede 1955, zehn Jahre nach dem Zweiten Weltkrieg und dem Ende des Dritten Reichs. Er griff diese Verse nicht von ungefähr auf, denn damals musste man einiges am Schillerbild wieder zurechtrücken.

Was war passiert? Wir machen einen Sprung in die Zeit des Nationalsozialismus, in eine Zeit, in der mit Schiller und seinen Werken propagandistischer Missbrauch getrieben wurde. Sicher kann man einen Dichter unterschiedlich lesen und interpretieren, und es gilt geradezu als Qualität eines Kunstwerkes, wenn es so komplex und schillernd ist, dass jeder für sich etwas Besonderes darin findet. Jetzt sprechen wir aber nicht von einer subjektiven oder zeitbedingten Lesart. Jede Generation liest Schiller anders, aber in der Zeit des Nationalsozialismus wurde die Kunst und klassische Dichtung böswillig benutzt.

1934 in Weimar: Adolf Hitler, ungewöhnlich elegant im Frack, verneigte sich vor Schillers Denkmal im Deutschen Nationaltheater. Mittags schon gab es eine Kranzniederlegung an Schillers Grab in der Fürstengruft. Dann kam als Höhepunkt der abendliche Staatsakt mit Konzert und Rede des Reichspropagandaministers Josef Goebbels. Ein großes Fest zum 175. Geburtstag des großen Dichters, den die Nationalsozialisten plump und skrupellos für sich ausbeuteten.

Sie machten es sich leicht mit der Aneignung der deutschen Klassik, zitierten, was ihnen passte, und interpretierten willkürlich. Der Rest wurde verboten. Dabei kam es zu wunderlichen Kehrtwendungen: Der volkstümliche »Wilhelm Tell« war zuerst ein Lieblingsstück der Nazis – und 1941 verbot Hitler selbst alle weiteren Aufführungen. Da war ihm wohl aufgefallen, dass Tell ein Tyrannenmörder ist. So ein »Heckenschützendrama« konnte der selbst attentatsgefährdete Diktator keinesfalls dulden.

Aber es gab ja sonst noch genug bei Schiller. »Schiller als Kampfgenosse Hitlers« – absurde Thesen wurden formuliert, und ganz auf dieser Linie lag Goebbels' Ansprache zu Schillers 175. Geburtstag. Über die Jahrhunderte hinweg reichen sich da Schiller und Hitler die Hände, »einsam in der Größe, heroisch in der Auffassung, stark im Glauben und fest im Idealismus«. Hitler in der Nachfolge Schillers, der deutsche Nationalsozialismus in direkter Tradition der deutschen Klassik. Schiller wurde vereinnahmt als Vorläufer des »Führers«, als ein Genie, das für seine Nation gekämpft und das Leben revolutioniert hat, ein Genie, das den Deutschen ein neues Selbstwertgefühl geschenkt hatte. Schiller als Mann, der tatkräftig zum Aufbruch blies, ein Lehrer des neuen Staates, ein Künder des neuen Glaubens. Werte, für die Schiller in seiner Zeit eingetreten ist, wurden im Nationalsozialismus einfach über ganz andere Situationen und Bezüge gestülpt.

Für die Nazis war Schiller der ideale Deutsche, ein Mann mit politischer »Sendung«, ihr »geistiger Führer im Krieg«. Gedichtbände trugen so befremdliche Titel wie: »Der heldische Schiller«.

Was für Anknüpfungspunkte bot Schiller den Nazis? Schiller hatte Helden, Befreiungskriege und Massen beschrieben, auch mal Gewalt als politisches Mittel gezeigt und Hymnen auf Männerbündnisse und Männlichkeit angestimmt – das alles mit hohem Pathos. Dabei übersahen die Nazis vieles, etwa die Brüchigkeit seiner Charaktere und wesentliche Aspekte wie den Freiheitsbegriff. Aber so genau wollten sie auch gar nicht hinschauen. Für die Nazis war klar, dass Schiller in seinen Werken lauter Führergestalten darstellte. Seine Dramen galten als Aufforderung zum Krieg, als eindeutiges Bekenntnis zur deutschen Nation, und selbst seine doch unbestreitbar französische »Jungfrau« interpretierten sie als Vorläuferin deutscher Soldaten im Krieg gegen Frankreich. Wallenstein war der erste große Nationalsozialist, seine Soldaten Vorbild für die deutsche Wehrmacht. Kameradschaft und Gehorsam gegenüber dem Führer ließ sich da angeblich beispielhaft studieren – man übersah, dass der Heerführer von den eigenen Leuten zur Strecke gebracht wird. Selbst »Kabale und Liebe« wurde für die Propaganda zurechtgebogen: Wie gut hätten es Ferdinand und Luise im Schoße echter, nationalsozialistisch wertvoller Volksgemeinschaft gehabt!

Die Nazis fanden, was sie in Schillers Werk finden wollten: Treue, Ehre, Blut und Boden. Übrigens ging es anderen Dichtern nicht viel besser, auch Heinrich von Kleist und Friedrich Hölderlin mussten für die neue Propaganda herhalten. Schon in der Schule ging es los. Mithilfe des uminterpretierten Schiller sollten junge Nazis geschmiedet werden. Die »Glocke« und die Balladen mussten die Schüler lernen, selbst seine Dramen konnten sie halb auswendig. Eifrig diskutierten die Zuständigen neue Wege der Erziehung. »Deutschkunde« war die Lösung und wichtigstes Fach im Unterricht. Das humanistische Bildungsideal hatte ausgedient, jetzt prasselte es deutsch-national und volkserneuernd auf die Jugendlichen ein.

Die Nazis haben Jugend- und Schiller-Bewegung höchst erfolgreich kombiniert und ihre jungen Anhänger listig eingefangen. So zum Beispiel mit ihrer Massenveranstaltung zum 175. Geburtsjahr Schillers. Die Jugendlichen strömten nur so zur Feier nach Marbach. 15 000 »Hitlerjungen« brachen von den Grenzen des »Reichs« auf, stießen in Schillers Geburtsort zusammen, holten Texte von und Texte zu Schiller aus ihren Staffelhölzern und verlasen sie ergriffen.

Zum Glück hatte Schiller noch andere Leser: solche, die ihn nicht für ihre Zwecke missbrauchten, die sich nicht von der herrschenden Ideologie beirren ließen. Sie lasen ihn als Dichter, der Tyrannei, Gewalt und Dummheit verabscheute, sich für übernationale und humanitäre Ziele einsetzte und seinen Mitmenschen, egal ob deutsch oder nicht, ganz kritisch auf die Finger schaute. Diese Leser machten nicht mit bei der Schillerverehrung im Nazistil. Im Gegenteil: Der Schillerkenner Otto Dann berichtet, wie es bei einem der Dichterjubiläen zum Skandal kam: Ein Mann hatte sich zum Mikrofon gedrängt und sprach hinein: »An den Genius Schillers: Dein Geist tut Not! Hilf, dass der Wahnsinn, der nazistische Wahnsinn aus den Hirnen schwindet (...) Fürs heil'ge deutsche Vaterland, der Freiheit hohes Unterpfand, zünd ich die Todesfackel an.« Hans Burrer, so hieß der mutige Mann, wurde gleich darauf verhaftet.

Die Widersprüche in der Schillerrezeption, also darin, wie man Schiller gelesen und wahrgenommen hat, waren in der Zeit des Nationalsozialismus extrem. Der »Don Karlos« ist ein gutes Beispiel dafür. Merkwürdig, dass die Nazis ihn nicht gleich verboten, dass sie seine politische Sprengkraft nicht gleich erkannt haben!

Doch schließen wir dieses Kapitel! Der »Don Karlos« war beliebt. Auch bei den Nazigegnern. Ihnen machte er Mut. Sie klatschten auf offener Szene, wenn der Marquis von Posa vom spanischen König fordert: »Geben Sie Gedankenfreiheit«. In Berlin, in Bremen, in vielen deutschen Theatern applaudierten Nazigegner bei diesen damals revolutionären Worten. In dieser Zeit, in der so viele Menschen unterdrückt, verfolgt und ermordet wurden, waren die rebellischen Ideen von Don Karlos und dem Marquis von Posa wieder aktuell. So aktuell und berührend, dass man die berühmte »Don Karlos«-Szene sogar in Konzentrationslagern gespielt hat, Häftlinge spielten sie unter Lebensgefahr. Die Szene war absolut verboten, die Aufführung illegal – aber trotzdem hielten sie an ihr fest, denn sie erfüllte einen höheren Zweck: Solches Theater legte »neue Hoffnung in die gequälten Kumpel und rief sie zum Widerstand«, wie ein ehemaliger Gefangener berichtet. Worte wie diese von Schiller halfen ihnen weiterzuleben.

»Dumm ist mein Kopf und schwer wie Blei, die Tobaksdose ledig«

Schiller konnte bissig sein. Er verriss Schriftsteller in seinen Rezensionen, er stichelte in Epigrammen gegen Kollegen und lästerte mit Goethe über das dumme Publikum.

Er hat sich auch selbst parodiert wie in seinem Gedicht »Bittschrift«. Geschrieben hat er es, als er eigentlich ein paar Stunden Ruhe für den »Don Karlos« gebraucht hätte – und von der Waschfrau nebenan gestört wurde. Die »Bittschrift« ist ein komischer Hilfeschrei des Dichters:

> Dumm ist mein Kopf und schwer wie Blei,
> Die Tobaksdose ledig,
> mein Magen leer – der Himmel sei
> dem Trauerspiele gnädig.
> (...)

Die Wäsche klatscht vor meiner Tür,
　　es scharrt die Küchenzofe –
und mich – mich ruft das Flügeltier
　　nach König Philipps Hofe.

Ich steige mutig auf das Roß;
　　in wenigen Sekunden
seh ich Madrid – am Königsschloß
　　hab ich es angebunden.

Ich eile durch die Galerie
　　und – siehe da! – belausche
die junge Fürstin Eboli
　　in süßem Liebesrausche.

Jetzt sinkt sie an des Prinzen Brust,
　　mit wonnevollem Schauer,
in *ihren* Augen Götterlust,
　　doch in den *seinen* Trauer.

Schon ruft das schöne Weib Triumph,
　　schon hör ich – Tod und Hölle!
Was hör ich? – einen nassen Strumpf
　　geworfen in die Welle.

Und weg ist Traum und Feerei,
　　Prinzessin, Gott befohlen!
Der Teufel soll die Dichterei
　　Beim Hemderwaschen holen.

Ein einziger Stoßseufzer des jungen Autors, der im Moment keinen vernünftigen Satz des »Don Karlos« zu Ende bringt. Aber er war bester Laune bei seinen neuen Freunden in Sachsen, amüsierte sich mit solchen Versen und fröhlich kolorierten, höchstpersönlich gezeichneten Cartoons, die er »Avanturen des neuen Telemach« nannte. Seinen Spott richtet er auch gegen sich selbst – in den Zeichnungen genauso wie in der »Bittschrift«, die er ironisch unterzeichnet mit »F. Schiller. Haus- und Wirtschaftsdichter«.

Aber auch andere machten sich über ihn lustig. Nach seinem Tod begann Schillers zweite Karriere. Er wurde verehrt – und verspottet. Schiller war ein beliebtes Parodieobjekt, gerade weil so viele seiner Verse zu geflügelten Worten wurden und in den Volksmund eingingen, gerade weil er zum nationalen Vorbild und allmählich zum »Schulautor« wurde.

Mit den Parodien fing es schon zu Schillers Lebzeiten an. Die Brüder Schlegel reagierten sich bereits mit giftigen Kommentaren ab. Viele Spottgedichte zu Schiller haben gequälte Schüler geschrieben, deren Namen längst vergessen sind. »Gluck, gluck, weg war er« – diese gnadenlose Kurzfassung von Schillers »Taucher« kann wohl kaum etwas anderes sein

als die erboste Reaktion desjenigen, der mit dem Auswendig-
lernen der Mammutballade traktiert wurde. Auch Kabarettis-
ten und Komiker machten ihrem Ärger Luft. Zielscheibe
ihres Witzes waren immer wieder dieselben zentralen und
hochberühmten Texte – wie etwa »Die Glocke« oder »Der
Taucher«. Hier ein Beispiel des Künstlers Heinz Erhardt:

Der Tauchenichts

»Wer wagt es, Knappersmann oder Ritt,
zu schlunden in diesen Tauch?
Einen güldenen Becher habe ich mit,
den werf ich jetzt in des Meeres Bauch!
Wer ihn mir bringt, ihr Mannen und Knaben,
der soll meine Tochter zum Weibe haben!«
Der Becher flog.
Der Strudel zog
ihn hinab ins greuliche Tief.
Die Männer schauten,
weil sie sich grauten,
weg. – Und abermals der König rief:
»Wer wagt es, Knippersmann oder Ratt,
zu schlauchen in diesen Tund?
Wer's wagt – das erklär ich an Eides Statt –
darf küssen meins Töchterleins Mund!
Darf heiraten sie. Darf mein Land verwalten!
Und auch den Becher darf er behalten!«

Schillers Verse sind bekannt für ihren einprägsamen Rhyth-
mus, keinen anderen Dichter kann man so gut auswendig
lernen. Genauso berühmt ist er für seine Weisheiten, die auf
alle erdenklichen Lebenssituationen zu passen scheinen.
Schiller ist ein Dichter, dessen Sprüche zu neuen Pointen
und dessen Sprachrhythmus zum Herunterleiern geradezu
einladen. Peter Orthofer parodiert ihn in »Die Wirtin an
der Lahn«:

Mit dem Dolche im Gewande
Eilte er zur wilden Lahn,
Schiffte über bis zum Strande
Und betrat die fremden Lande,
Um dem Wirtshaus sich zu nah'n!

Bei der Wirtin, der umbuhlten,
War das Zimmer immer voll.
Die, die sich im Schmutze suhlten,
Bös' Verlangen bei ihr schulten,
Trieben es im Haus wie toll!
(...)
Nacht und Lager mußt' er teilen!
Frühstückseigeblendet noch
Wollt' er dann von dannen eilen,
ohne nochmals kurzzuweilen –
Aber schließlich tat er's doch!

Auch Georg Kreisler nimmt Schiller aufs Korn, zum Beispiel in seinem kabarettistischen Stück »Das klassische Gedicht«. Hier ein kurzer Auszug daraus:

Spieler: ...
    Fest gemauert in der Erden
    steht die Form aus Lehm gebrannt.
    Heute muß die Glocke werden –
Stimme: Einen Moment! Ich glaube, damit bringen Sie sich selbst in
    die allergrößten Schwierigkeiten.
Spieler: Ich? Wieso? Mit wem?
Stimme: Mit der Gewerkschaft natürlich. Sie sagen »Heute muß die
    Glocke werden!« Das läßt sich doch keine Gewerkschaft gefallen.
    Könnten Sie das nicht vielleicht ändern?
Spieler: Ändern?
Stimme: Nun ja, Sie könnten zum Beispiel sagen: »Nächste Woche
    könnte eventuell die Glocke fertig werden.«
Spieler: Ausgeschlossen! Das wäre unmöglich. Ach – wissen Sie was –
    mir fällt da ein anderes Gedicht ein (...)
    Zu Dionys, dem Tyrannen, schlich
    Damon, den Dolch im Gewande –

Stimme: Wir wollen keinerlei Zensur ausüben, aber Terroristenlyrik geht zu weit.

Spieler: Terroristenlyrik? Dieses Gedicht ist von Schiller!

Stimme (nach einer kleinen Pause): Vom Ministerialrat Schiller?

Spieler: Aber nein, von Friedrich Schiller, dem Dichterfürsten.

Stimme: Das habe ich mir ja gleich gedacht. Lieber Herr, Sie sind doch kein Neuling bei uns. Von Tyrannen und Dolchen und Sachen im Gewande können wir hier nicht reden. Es sitzen ja schließlich Kinder vor der Mattscheibe. Ich verstehe auch überhaupt nicht, warum Sie immer ein neues Gedicht anfangen. Es wäre doch viel einfacher, die alten so zu ändern, daß niemand an ihnen etwas auszusetzen hat. Das machen wir schon seit Jahren so.

Spieler (müde): Gut – ich werde es versuchen:
Zu Dionys, dem – Lebensmittelhändler – schlich
Damon, eine Tafel Schokolade im Gewande.
Ihn schlugen die Häscher in Bande.

Stimme: Warum?

Spieler: Da haben Sie recht. Eine Tafel Schokolade ist kein Anreiz für einen Häscher. Ich werde es ändern:
Er kam mit den Häschern zu Rande.
Dann holte er sich einen Bürgen,
einen netten Mann, namens Jürgen.
Sie spielten zusamm' in der Kneipe Skat,
eine Stunde lang, bis Dionys bat:
Ich sei, gewährt mir die Bitte,
bei eurem Skatspiel der Dritte.

Stimme: Na also, bravo! Warum haben Sie das nicht gleich gesagt?

Zum Schluss eine Zitatcollage von Edwin Bormann, die er unter dem Titel »Schiller-Quintessenz« allen »zitatenbedürftigen Gemütern« widmet:

Fern von Madrid, auf seines Daches Zinnen,
In seiner Kaiserpracht saß König Franz.
Wie wird mir? brüllt er mit vergnügten Sinnen;
Was ist das Leben ohne Liebesglanz?
Der Helm ist mein! Das ist das Los des Schönen

In seines Nichts durchbohrendem Gefühl;
Und will der Lorbeer hier sich nicht gewöhnen –
Platz! Platz! O unglücksel'ges Flötenspiel!

Leicht beieinander wohnen die Gedanken.
Du hast's erreicht, Oktavio! spricht Zeus.
So fordr' ich mein Jahrhundert in die Schranken,
Denn nur die Liebe ist der Liebe Preis.
Des Lebens Mai blüht einmal und nicht wieder,
O Königin, das Leben ist doch schön!
Das aber denkt ganz wie ein Seifensieder:
Max, bleibe bei mir! bleib, der Mohr kann gehn!

Blendwerk der Hölle, du bist blaß, Luise!
Was ist der langen Rede kurzer Sinn?
Ein Augenblick gelebt im Paradiese,
Das ist die Stelle, wo ich sterblich bin.
Und sieh, er zählt die Häupter seiner Lieben,
Das Spiel des Lebens sieht sich heiter an:
Kurz ist der Schmerz, das Phlegma ist geblieben,
Die Axt im Haus erspart den Zimmermann.

Es wächst der Mensch mit seinen größern Zwecken,
Eng ist die Welt, und das Gehirn ist weit;
Spät kommt ihr, doch ihr kommt, den Leu zu wecken,
Ernst ist der Anblick der Notwendigkeit.
Der Lebende hat Recht, den Leib zu malen;
Wer wagt es, was die innre Stimme spricht?
Nacht muß es sein, wo Friedlands Sterne strahlen!
Unsinn, du siegst, und Minna kennt mich nicht!

Auch Parodien sind Lesarten. Sie zeigen: Schiller ist lesenswert, er ist immer noch zitierfähig. Das gilt auch für die Loblieder, die auf ihn angestimmt wurden. »Denn er war unser!« – allein dieser Ausspruch eines tieftraurigen, nach Schillers Tod vereinsamten Goethe ist unzählige Male variiert worden. »Sollen andere über Schiller sprechen, ich spreche über meinen Schiller«, so der Schriftsteller Martin Walser. »Man könnte sagen: Er reicht ja für alle, unser Schil-

ler. Aber eben darum sage ich doch: jedem seinen Schiller.«
Unser Schiller, mein Schiller, Schiller für alle. Schiller für
den Alltag. Schiller als Luxus, den sich jeder leisten kann.

Die letzten Worte spricht er am besten selbst:

Abschied vom Leser

Die Muse schweigt, mit jungfräulichen Wangen,
Erröten im verschämten Angesicht,
Tritt sie vor dich, ihr Urteil zu empfangen,
Sie achtet es, doch fürchtet sie es nicht.
Des Guten Beifall wünscht sie zu erlangen,
Den Wahrheit rührt, den Flimmer nicht besticht,
Nur wem ein Herz empfänglich für das Schöne
Im Busen schlägt, ist wert, daß er sie kröne.

Nicht länger wollen diese Lieder leben,
Als bis ihr Klang ein fühlend Herz erfreut,
Mit schönern Phantasien es umgeben,
Zu höheren Gefühlen es geweiht;
Zur fernen Nachwelt wollen sie nicht schweben,
Sie tönten, sie verhallen in der Zeit.
Des Augenblickes Lust hat sie geboren,
Sie fliehen fort im leichten Tanz der Horen.

Der Lenz erwacht, auf den erwärmten Triften
Schießt frohes Leben jugendlich hervor,
Die Staude würzt die Luft mit Nektardüften,
Den Himmel füllt ein muntrer Sängerchor,
Und jung und alt ergeht sich in den Lüften
Und freuet sich und schwelgt mit Aug und Ohr.
Der Lenz entflieht! Die Blume schießt in Samen,
Und keine bleibt von allen, welche kamen.

Zeittafel

1759 Am 10. November wird Johann Christoph Friedrich Schiller als zweites Kind (Schwester Christophine geb. 1757) in Marbach am Neckar geboren. Eltern sind die Gastwirtstochter Elisabeth Dorothea Schiller (geb. Kodweiß 1732) und der Wundarzt und spätere Offizier Johann Kaspar Schiller (geb. 1723).

1764–66 Die Familie zieht nach Lorch. Schiller erhält Elementar- und Lateinunterricht bei Pfarrer Moser.

1766 Umzug der Familie in die Residenzstadt Ludwigsburg. Geburt der Schwester Louise Dorothea Katharine. Geburt seiner späteren Frau Charlotte von Lengefeld.

1767 Schiller besucht die Lateinschule in Ludwigsburg zur Vorbereitung auf die geistliche Laufbahn.

1770 Herzog Karl Eugen gründet auf dem Schloss Solitude bei Stuttgart ein Waisenhaus für Kinder niedriger Offiziersgrade, es wird 1771 erweitert zur »Militär-Pflanzschule« mit Gymnasialbetrieb.

1772 Konfirmation. Schillers erste Trauerspiele »Die Christen« und »Absalom«, beide verloren gegangen.

1773 Auf Befehl des Herzogs Karl Eugen und gegen den Wunsch der Eltern tritt der dreizehnjährige Schiller in die »Militär-Pflanzschule« (sog. Karlsschule, später Militärakademie) auf der Solitude bei Stuttgart ein. Er befreundet sich mit Friedrich Scharffenstein und Friedrich von Hoven.

1774 Schiller studiert Jura an der »Militär-Pflanzschule«. Seine Eltern müssen unterschreiben, dass er dem Herzog »übereignet« ist und sein Leben lang dem Hause Württemberg dienen wird. Er liest Johann Wolfgang Goethes »Werther«.

1775 Die Schule wird nach Stuttgart hinter das Neue Schloss verlegt. Schillers Vater beendet seine Militärlaufbahn und wird Leiter der herzöglichen Baumschule auf Schloss Solitude.

1776 Schiller wechselt zum Medizinstudium über. Bei Jakob

Friedrich Abel Vorlesungen in Philosophie, Psychologie, Ästhetik und Geschichte. Schiller liest William Shakespeares Dramen. Bruch mit Scharffenstein. In Haugs »Schwäbischem Magazin« veröffentlicht er sein Gedicht »Der Abend«, seine erste Publikation.

1777 Geburt der Schwester Karoline Christiane (Nanette).

1779 Erste Dissertation »Philosophie der Physiologie« wird abgelehnt. Er liest Christoph Martin Wieland, Johann Joachim Winckelmann, Jean-Jacques Rousseau, Gotthold Ephraim Lessings »Laokoon« und Johann Gottfried Herders »Auch eine Philosophie der Geschichte zur Bildung der Menschheit«. Er arbeitet an seinem ersten Drama »Die Räuber«.

1780 Schiller stellt »Die Räuber« fertig, während er nachts als Krankenwärter arbeitet. Im Juni stirbt sein Freund August von Hoven. Schiller schreibt die Protokolle zur psychischen Erkrankung des Mitschülers Joseph Friedrich Grammont. Die zweite Dissertation »De discrimine febrium inflammatoriarum et putridarum« (»Fieberschrift«) wird abgelehnt. Die dritte Dissertation »Versuch über den Zusammenhang der tierischen Natur des Menschen mit seiner geistigen« wird angenommen. Schiller besteht das Examen, wird aus der Militärakademie entlassen und beginnt in Stuttgart als Regimentsarzt zu arbeiten.

1781 Schiller mietet sich bei Luise Vischer ein, wohl die »Laura« seiner frühen Gedichte. »Die Räuber« erscheinen anonym im Selbstverlag. Er lernt Andreas Streicher und Henriette von Wolzogen kennen. Er begegnet dem Dichter Christian Friedrich Daniel Schubart, der auf der Festung Hohenasperg eingekerkert ist.

1782 Bei der Uraufführung der »Räuber« ist Schiller anwesend. Seine erste Gedichtsammlung erscheint, die »Anthologie auf das Jahr 1782«. Er reist ein zweites Mal nach Mannheim ohne Genehmigung, dafür erhält er zweiwöchigen Arrest und Schreibverbot von Herzog Karl Eugen. Heimlich arbeitet Schiller an »Die Verschwörung des Fiesko zu Genua«. Am 22. September flieht er mit Streicher aus Stuttgart. Von Dezember 1782 bis Juli 1783 wohnt er in Bauerbach/Thüringen auf dem Gut der Henriette von Wolzogen. Er begegnet dort dem Bibliothekar Wilhelm Reinwald und der jungen Charlotte von Wolzogen.

1783 Schiller arbeitet an »Luise Millerin« (später »Kabale und Liebe«) und am »Don Karlos«. Uraufführung von »Die Verschwörung des Fiesko in Genua« in Bonn. Ende Juli kehrt Schiller nach Mannheim zurück, wird dort vom Intendanten Wolfgang Heribert von Dalberg als Theaterdichter angestellt und erkrankt im Herbst schwer an Malaria.

1784 Der »Fiesko« wird endlich in Mannheim aufgeführt und »Kabale und Liebe« mit großem Erfolg in Mannheim uraufgeführt. Der Vertrag mit dem Theaterintendanten Dalberg wird nicht erneuert. Schiller liest in Darmstadt dem Herzog Karl August von Sachsen-Weimar aus dem »Don Karlos« vor und erhält den Titel eines Weimarischen Rats. Er lernt Charlotte von Kalb kennen.

1785 Das erste Heft der »Rheinischen Thalia« (zählt später als erstes Heft der »Thalia«) erscheint. Schiller wirbt beim Verleger Christian Friedrich Schwan um dessen Tochter Margaretha. Drückende Schulden. Von Mannheim reist Schiller nach Leipzig und befreundet sich mit Ludwig Ferdinand Huber und den Schwestern Dora und Minna Stock. 1785–1787 lebt Schiller als Gast von Christian Gottfried Körner in Leipzig, Gohlis, Dresden und Loschwitz. Er lernt den Verleger Georg Joachim Göschen kennen. Hymnus »An die Freude«. Er arbeitet am »Don Karlos«, an Prosaerzählungen (»Verbrecher aus Infamie«, später »Der Verbrecher aus verlorener Ehre« genannt) und an historischen Studien.

1786 Die »Thalia« erscheint (bis 1795, ab 1792 »Neue Thalia«), im 2. Heft mit der Prosaerzählung »Verbrecher aus Infamie«. Schiller arbeitet am Roman »Der Geisterseher« und an der historischen Studie »Geschichte des Abfalls der Niederlande«. Seine Schwester Christophine heiratet den Bibliothekar Reinwald in Meiningen.

1787 Schiller verliebt sich in Henriette von Arnim. »Don Karlos« erscheint bei Göschen in Leipzig. »Der Geisterseher« erscheint in Fortsetzungen bis Ende 1789. Juli bis Mai Aufenthalt in Weimar. Er trifft dort Charlotte von Kalb, Wieland und Herder. Goethe ist auf einer Italienreise. In Rudolstadt besucht er zum ersten Mal die Familie Lengefeld mit Charlotte, seiner späteren Ehefrau.

1788 Ab Februar steht Schiller mit Charlotte von Lengefeld in Briefkontakt. Er veröffentlicht die »Geschichte des Abfalls der vereinigten Niederlande von der spanischen Regierung«. In Rudolstadt begegnet er Goethe zum ersten Mal. Obwohl sie sich nicht näher kennen lernen, schlägt Goethe ihn für eine Professur in Jena vor.

1789 Schiller wird zum unbesoldeten Professor für Geschichte ernannt und zieht nach Jena. Im Mai hält er seine berühmte Antrittsvorlesung, die später unter dem Titel »Was heißt und zu welchem Ende studiert man Universalgeschichte?« erscheint. Freundschaft mit Wilhelm von Humboldt. Verlobung mit Charlotte von Lengefeld.

1790 Schiller erhält ein festes Jahresgehalt von Herzog Karl August und den Titel eines Hofrats. Er arbeitet an der »Geschichte des Dreißigjährigen Krieges«. Heirat mit Charlotte von Lengefeld. Er lernt den Dichter Friedrich Leopold von Hardenberg (Novalis) kennen.

1791 Schiller liest die philosophischen Schriften von Immanuel Kant. Im Januar lebensgefährliche Erkrankung an einer Lungen- und Rippenfellentzündung, von der er sich nie mehr richtig erholt. Rückfall im Mai. Im November gewähren ihm der dänische Herzog von Schleswig-Holstein-Augustenburg und Graf Ernst von Schimmelmann ein dreijähriges Stipendium.

1792 Im Januar wird Schiller wieder krank. Im August wird ihm das französische Bürgerrecht durch die Nationalversammlung verliehen. Er studiert weiterhin Kant und hat Pläne zu eigenen philosophisch-ästhetischen Schriften. Er hält Vorlesungen zur Ästhetik. Arbeit am »Dreißigjährigen Krieg«, erste Pläne zu »Wallenstein«. Im Frühling fährt er für vier Wochen zu Körner nach Dresden. Durch ihn lernt er Friedrich Schlegel kennen.

1793 Arbeit an den philosophischen Schriften »Über Anmut und Würde« und »Über das Erhabene«. Anfang August reist

Schiller zum ersten Mal wieder in seine Heimat Württemberg, zusammen mit seiner hochschwangeren Frau. Am 14. September Geburt ihres ersten Sohnes Karl. Schiller besucht die Eltern, Geschwister, Freunde und ehemalige Lehrer. Im Oktober stirbt Herzog Karl Eugen, der Schiller während seines Aufenthalts unbehelligt lässt. Schiller lernt Friedrich Hölderlin kennen. Er arbeitet an den philosophisch-ästhetischen Schriften an den Herzog von Augustenburg, die später unter dem Titel »Über die ästhetische Erziehung des Menschen« erscheinen.

1794 Schiller knüpft Kontakt zu seinem zukünftigen Verleger Johann Friedrich Cotta. Von Johann Heinrich Dannecker entsteht die erste Büste Schillers. Im Mai kehrt Schiller nach Jena zurück. Er stellt seine Vorlesungen ein. Seit dem Sommer hat er viel Kontakt zu Johann Gottlieb Fichte und Humboldt, der auf Schillers Vorschlag nach Jena gezogen ist. Im Juli hat er ein intensives Gespräch über die »Urpflanze« mit Goethe nach einer Sitzung der Naturforschenden Gesellschaft in Jena. Beginn ihrer Freundschaft. Im September ist er zu Gast bei Goethe in Weimar. Sie stehen in regelmäßigem Briefwechsel. Hölderlin besucht Schiller in Jena.

1795 Bei Cotta erscheinen die ersten Hefte der »Horen« (bis 1797) mit Gedichten und philosophischen Schriften Schillers. An den »Horen« arbeiten Goethe, Fichte, Herder, Humboldt, August Wilhelm Schlegel etc. mit. Im April zieht Schiller in das Haus der Familie Griesbach. Im Sommer ist Schiller häufig krank. Im Dezember erscheinen die ersten Jahrgänge des »Musenalmanachs« (bis 1799), Mitarbeiter sind Goethe, Herder, Hölderlin, A. W. Schlegel, Ludwig Tieck etc.

1796 Am 11. Juli wird der zweite Sohn Ernst geboren. Schillers Schwester Nanette stirbt im März und sein Vater stirbt im September. Kontakt zu Friedrich Wilhelm Schelling. Jean Paul besucht ihn. Schiller verfasst mit Goethe zusammen die »Xenien« und »Tabulae votivae« für den Musenalmanach des Jahres 1797. Er arbeitet am »Wallenstein«.

1797 Schiller kauft sein Gartenhaus in Jena. Im Mai kommt er mit F. Schlegel in Konflikt wegen seiner »Horen«-Kritik und entlässt A. W. Schlegel als Mitarbeiter. Den »Wallenstein«, über den er sich intensiv mit Goethe austauscht, dichtet Schiller in Jamben um. Es ist auch das berühmte »Balladenjahr« von Schiller und Goethe: Im Sommer dichtet Schiller die Balladen »Der Taucher«, »Der Handschuh«, »Der Ring des Polykrates« etc.

1798 Schiller zieht im Mai ins Jenaer Gartenhaus ein. Es entstehen weitere Balladen und Schiller arbeitet am »Wallenstein«. Im Oktober wird das umgebaute Weimarer Theater mit »Wallensteins Lager« eröffnet.

1799 »Die Piccolomini« und »Wallensteins Tod« werden in Weimar uraufgeführt. Schiller beginnt mit »Maria Stuart«. Er besucht mehrfach Goethe in Weimar und erhält Besuch von Tieck. Sein Hofratsgehalt wird verdoppelt. Am 11. Oktober kommt die erste Tochter Caroline zur Welt. Seine Frau Charlotte erkrankt schwer nach der Geburt und Schiller kümmert sich sehr um sie. Umzug nach Weimar in eine Wohnung in der Windischengasse. Das »Lied von der Glocke« erscheint im Musenalmanach für das Jahr 1800.

1800 »Maria Stuart« wird in Weimar uraufgeführt. Schiller beginnt mit der »Jungfrau von Orleans«. Er bearbeitet Shakespeares »Macbeth«.

1801 Im März zieht Schiller sich ins Jenaer Gartenhaus zurück, um die »Jungfrau von Orleans« zu beenden. Er reist nach Dresden und Loschwitz und sieht dort zum letzten Mal seinen Freund Körner. Im September wird die »Jungfrau von Orleans« in Leipzig uraufgeführt, nach der dritten Aufführung in Leipzig wird Schiller vom Publikum gefeiert. Er bearbeitet »Turandot« von Gaspare Gozzi.

1802 Schiller kauft sich in Weimar das Haus an der Esplanade (heute »Schillerstraße«). Tod der Mutter, am selben Tag, an dem er in sein neues Haus einzieht. Im Sommer erkrankt Schiller wieder für längere Zeit. Er beginnt mit der »Braut von Messina« und hat Pläne für »Wilhelm Tell«. Im November wird Schiller geadelt.

1803 »Die Braut von Messina« wird in Weimar uraufgeführt. Schiller, der jetzt regelmäßig Besuche bei Hof abstattet, trifft dort zum ersten Mal auf Madame de Staël. Er arbeitet an »Wilhelm Tell«.

1804 »Wilhelm Tell« wird in Weimar uraufgeführt. Schiller arbeitet am »Demetrius«, den er nicht mehr vollenden kann. Vom 26. April bis 31. Mai reist Schiller mit Familie und Cotta nach Berlin, wo er der Aufführung von mehreren seiner Stücke beiwohnt. Er wird vom Publikum gefeiert und von Königin Luise ins Schloss Charlottenburg eingeladen. Schiller überlegt, nach Berlin überzusiedeln. Nach der Rückkehr nach Weimar verdoppelt ihm Herzog Karl August das Gehalt. Am 25. Juli wird das vierte Kind, seine Tochter Emilie, geboren. Ab dem Sommer hat Schiller wieder schwere Koliken.

1805 Im Januar arbeitet Schiller an einer Übersetzung von Jean Baptiste Racines »Phèdre«. Im Februar erkrankt er schwer. Trotz Fieberanfällen und Lungenentzündung arbeitet er am »Demetrius« weiter. Am 1. Mai geht er ins Theater und trifft Goethe zum letzten Mal. Heftiger Schüttelfrost. Am 9. Mai stirbt Schiller an akuter Lungenentzündung. Am 11. Mai wird er im »Landschaftskassen-Gewölbe« auf dem Weimarer Jakobsfriedhof bestattet.

1827 wird Schiller in der Weimarer Fürstengruft beigesetzt.

Schillers Wege

Verwendete Literatur

Adorno, Theodor W.: Minima Moralia. © Suhrkamp Verlag, Frankfurt 1969. »Dicht hinter dem Ideal steht das Leben . . .«.

Albert, Claudia (Hrsg.): Deutsche Klassiker im Nationalsozialismus. Schiller – Kleist – Hölderlin. Stuttgart, Weimar 1994.

Alt, Peter-André: Schiller. Leben – Werk – Zeit, 2 Bde. München 2000.

Berghahn, Klaus L.: Briefwechsel zwischen Schiller und Körner. München 1973.

Ders.: Schiller. Ansichten eines Idealisten. Frankfurt 1986.

Berief, Renate: Selbstentfremdung als Problem bei Rousseau und Schiller. Univ. Diss. Köln 1990.

Borchmeyer, Dieter: Weimarer Klassik. Portrait einer Epoche. Weinheim 1998.

Ders.: Macht und Melancholie. Schillers »Wallenstein«. Frankfurt 1988.

Bormann, Edwin: Schiller Quintessenz. Aus: Frei nach Goethe. Parodien nach klassischen Dichtungen Goethes und Schillers. Hrsg. von Wolfgang Hecht. Berlin 1963.

Brecht, Bertolt: Werke. Große kommentierte Berliner und Frankfurter Ausgabe, Bd. 11. © Suhrkamp Verlag 1988. Über Schillers Gedicht ›Die Bürgschaft‹ aus dto., Band 10, Der Messingknauf S. 838.

Burschell, Friedrich: Schiller. Hamburg 1958.

Conradi-Bleibtreu, Ellen: Die Schillers. Der Dichter und seine Familie. Münster 1986.

Dann, Otto: Schiller. In: Deutsche Erinnerungsorte. Hrsg. v. Etienne François und Hagen Schulze. München 2002.

Darsow, Götz-Lothar. Friedrich Schiller. Stuttgart 2000.

Erhardt, Heinz: Der Tauchenichts. In: Das große Heinz Erhardt Buch. © Lappan Verlag, 2001.

Fuhrmann, Helmut: Zur poetischen und philosophischen Anthropologie Schillers. Vier Versuche. Würzburg 2001.

Koopmann, Helmut: Schillers Leben in Briefen. München 2002.

Ders.: Don Karlos. Vortrag anlässlich eines Literaturprojekts der Stadt Augsburg am 20. 2. 2003.

Ders.: Schiller. Eine Einführung. München, Zürich 1988.

Ders.: Schiller-Handbuch. Stuttgart 1998.

Kreisler, Georg: Das klassische Gedicht. In: Taubenvergiften für Fortgeschrittene. © Thomas Sessler Verlag GmbH, Wien.

Lahnstein, Peter: Schillers Leben. München 1981.

Mann, Thomas: Versuch über Schiller. Berlin, Frankfurt a. M. 1955.

Matten-Gohdes, Dagmar: Schiller ist gut. Ein Schiller-Lesebuch. Weinheim, Basel 2002.

Metzger, Angela Esther: Wahrheit aus Tränen und Blut. Theater in nationalsozialistischen Konzentrationslagern von 1933–1945. Eine Dokumentation. Hagen 1966.

Nerjes, H. Guenther: Ein unbekannter Schiller. Kritiker des Musenhofes. Berlin 1965.

Oellers, Norbert: Schiller. Stuttgart 1989.

Orthofer, Peter: Die Wirtin an der Lahn. In: Als wärs ein Stück von ihm. © Buchverlag Karl Schwarzer. A-3002 Purkersdorf, Hießbergergasse 1/1.

Pilling, Claudia/Schilling, Diana/Springer, Mirjam: Friedrich Schiller. Eine Monographie. Reinbek 2002.

Riha, Karl: Auf weißen Wiesen weiden grüne Schafe. Parodien deutscher Lyrik und Prosa. Ausgewählt von Karl Riha und Hans Wald. Frankfurt a. M., Leipzig 2001.

Schiller, Friedrich: Briefe. Ausgewählt und herausgegeben von Reinhard Buchwald. Leipzig o. J.

Schiller, Friedrich: Schillers Briefe. In: Schillers Werke. Begr. v. Julius Petersen, fortgef. v. Lieselotte Blumenthal ... Hrsg. im Auftrag der Stiftung Weimarer Klassik und des Schiller Nationalmuseums in Marbach von Norbert Oellers. Weimar 1943 –, Bd. 23–32.

Schiller, Friedrich: Schiller-Nationalausgabe. Band 41 II, Selbstzeugnisse Schillers. Bearbeitet von Martin Schalhorn. Marbach, 2005.

Schiller, Friedrich: Werke in vier Bänden. Dritter Band: Gedichte, Erzählungen. Die Gedichte wurden ausgewählt von Hans Magnus Enzensberger, eingeleitet von Hans Mayer und textkritisch herausgegeben von Dieter Schmidt. Frankfurt 1966.

Schiller, Friedrich: Sämtliche Werke in fünf Bänden. Hrsg. von Peter-André Alt, Albert Maier, Wolfgang Riedel unter Mitarbeit von Irmgard Müller und Jörg Robert. München 2004.

Schiller, Friedrich: Medizinische Schriften. Hrsg. von Deutsche Hoffmann-La Roche AG 1959.

Schlegel, Friedrich: Lucinde. Hrsg. v. Karl Konrad. Polheim, Stuttgart 1999.

Stenzel, Jürgen: Über die ästhetische Erziehung eines Tyrannen. Zu Schillers Ballade *Die Bürgschaft*, in: Gedichte und Interpretationen. Bd 3: Klassik und Romantik. Hrsg. von Wulf Segebrecht. Stuttgart 1984.

Streicher, Andreas: Schillers Flucht. Hrsg. von Paul Raabe. Stuttgart 1959.

Ueding, Gert: Friedrich Schiller. München 1990.

Wilpert, Gero von: Schiller-Chronik. Sein Leben und Schaffen. Stuttgart 2000.

Zeller, Bernhard (Hrsg.): Schillers Leben und Werk in Daten und Bildern. Frankfurt 1966.

Zymner, Rüdiger: Friedrich Schiller. Dramen. Berlin 2002.

Danksagung

Für hilfreiche Anregungen und geduldiges Testlesen danken wir sehr herzlich:

Iris Buchheim, Ulrike Draesner, Wolfgang Everling, Eva Gruber, Cornelia Gyárfás, Andrea Hahn, Christian Heuschneider, Florian Kaiser, Helmut Koopmann, Johannes Ebner-Link, Barbara Meyer, Friedbert Mühldorfer, Elke Schuster, Astrid Thome, Jutta Weisz.

Rafik Schami
Uwe-Michael Gutzschhahn
Der geheime Bericht
über den Dichter Goethe

Reihe Hanser   dtv 62068

Der 26. Mai 1890. Thomas und seine Mutter, eine deutsche Fürstin, finden auf der Insel Hulm Asyl und bald freundet sich Thomas mit Hakim, dem Sohn des Sultans, an. Als dieser selbst Sultan wird, beschließt er, das Haus der Weisheit zu bauen. In der Bibliothek sollen nur die besten und spannendsten Bücher der Weltliteratur stehen. In neun langen Nächten stellt ihm Thomas die Werke Goethes vor.

Gerhard Staguhn
Die Rätsel des Universums

Reihe Hanser   dtv 62079

Mit dem Urknall beginnt die Geschichte des Universums.
Wie es tatsächlich entstand, können die Forscher bis heute
nicht sagen. Erst die Zeit danach, der Temperaturanstieg
um 30 Milliarden Grad und die Entstehung der ersten Ele-
mentarteilchen, lässt sich beschreiben. Doch was hält die
Erdkugel eigentlich zusammen? Die allerneusten Erkennt-
nisse der Wissenschaft werden hier genau beschrieben. Sta-
guhn geht auch der Frage nach Lebewesen im All nach.
Eine spannende und unterhaltsame Geschichte des Universums, geschrieben wie ein fesselnder Krimi.